国家文化产业资金支持媒体融合重大项目

21世纪高等职业教育精品教材·房地产类

张雪玉 主编

李娜 裴艳慧 张雪燕 副主编

房地产经济学

FANGDICHAN JINGJIXUE

（第二版）

东北财经大学出版社
Dongbei University of Finance & Economics Press
大连

图书在版编目（CIP）数据

房地产经济学/张雪玉主编. —2版. —大连：东北财经大学出版社，2022.3

（21世纪高等职业教育精品教材·房地产类）

ISBN 978-7-5654-4469-2

Ⅰ. 房… Ⅱ. 张… Ⅲ. 房地产经济学 Ⅳ. F293.30

中国版本图书馆CIP数据核字（2022）第030022号

东北财经大学出版社出版

（大连市黑石礁尖山街217号 邮政编码 116025）

网　址：http：//www.dufep.cn

读者信箱：dufep@dufe.edu.cn

大连永盛印业有限公司印刷　　东北财经大学出版社发行

幅面尺寸：185mm×260mm　　字数：301千字　　印张：13.75

2022年3月第2版　　　　　　　　2022年3月第1次印刷

责任编辑：李丽娟　刘　佳　吉　扬　　责任校对：宋雪凌

封面设计：张智波　　　　　　　　　　版式设计：原　皓

定价：35.00元

第二版前言

近几年房地产业在解决人民住有所居方面持续取得新进展。党和国家坚持"房子是用来住的、不是用来炒的"这一定位使房地产业正在发生一系列新的变化。随着我国经济发展速度的加快和发展水平的提高，房地产企业需要结合国家政策认真研究房地产行业未来的发展变化趋势，遵循房地产经济发展规律，掌握我国房地产行业未来发展趋势，引导企业把握好助力民生和企业发展的关系，为经济发展创造更多有效需求，促进民生改善和经济发展。

在当前形势下，高等职业院校房地产专业的学生作为未来房地产行业的从业者，进行系统的房地产经济学的理论和实践学习非常必要。为了更好地满足学生学习的需求，编者对《房地产经济学》教材进行了修订。本次修订对全书内容进行了系统梳理，对一些案例和内容进行了更新、修订和补充。编者在教材中设置了知识目标、技能目标、案例分析、知识链接、思政拓展与思考、本章小结、关键概念、基础知识练习、实践操作训练、拓展阅读等内容，方便学习者掌握相关理论知识和进行实践训练，满足课程思政教学的需求。

本书共分为9章，主要内容包括：房地产经济学概述、地租与区位理论、土地与住房制度、房地产市场、房地产价格、房地产投资、房地产金融、房地产周期循环与房地产泡沫、房地产宏观调控。

本书可作为高等职业院校房地产专业学生的教学用书，也可作为房地产相关行业从业人员岗位培训教材或参考书。

本书由内蒙古建筑职业技术学院教授、高级经济师张雪玉任主编，内蒙古建筑职业技术学院李娜和裴艳慧、张雪燕老师任副主编。具体编写分工为：裴艳慧编写第1章、第2章；李娜编写第3章、第8章；张雪玉编写第4章；刘小英编写第5章；刘燕编写第6章；张雪燕编写第7章及案例；吴晨欣编写第9章；内蒙古麦迪逊置业有限公司、晟基置业有限公司总经理简贵来负责更新案例和知识链接的审核工作。

本书在编写过程中，曾得到国内同行业专家、学者的指导和大型房地产开发企业的大力支持。同时，我们参考了国内外一些相关著作及文献资料、著作和新闻稿件，东北财经大学出版社对本书的出版也不辞辛劳。在此，对相关作者和编辑表示诚挚的谢意！

由于编者水平有限，书中难免存在不妥之处，恳请各位专家和读者批评指正，以便日后完善！

张雪玉

2021年10月

目录

第1章

房地产经济学概述

知识目标

1. 掌握房地产的含义、分类、特性；
2. 了解房地产业的含义、构成要素、运行过程、主要经营活动及其行业特性；
3. 了解房地产业与国民经济的关系；
4. 熟悉房地产业在国民经济中的地位和作用。

技能目标

1. 能够判别哪些经济活动是房地产经济活动；
2. 能够用房地产业的特性分析房地产经济活动。

引例　　**2020年经济形势这么严峻，为什么不能靠房地产继续拉动经济？**

生产力有多少，财富就有多少。

刺激房地产背后是购房者负债15～30年的代价。普通人很少有大额储蓄，居民利用储蓄全款购房的现象并不普遍。

如果过于刺激房地产，当居民背负的债务过多时，消费欲望会随之降低。好比以前你下班会喝杯奶茶，现在不喝了。以前每周会下次馆子，现在也不下了，从而导致内需减少。

高额的房价，相对应会产生高额的租金。大量买房投资的人都指望以租还贷，这样，商业地产也会更为昂贵。

买房的人背负巨额债务，导致消费欲望降低。不买房的人因为高额的租金，消耗了手中大量的资金，没能力去消费。商业地产因为房价的上升导致成本增加。要么是房租更昂贵，要么就是挣不到钱。

这个恶性循环就像三把刀，刀刀刺痛内需的增长。

如果大众过于热衷地去炒高房价，大家蜂拥而上的时候，感受不明显；一旦节奏慢下来，房价就会像多米诺骨牌一样崩溃。

拉升房价最大的问题，在于对生产力不仅没有提升，还会造成房地产行业的畸形发展。一方面，因为利润回报丰厚，很多企业纷纷转向投资房地产行业，而企业大多都要向银行举债，为了快速回笼资金赚快钱，势必缩短建设周期，造出来的房子也极可能是豆腐渣工程；另一方面，因为房价过高，购房者势必要从银行贷更多的款，增加了个人的金融风险，最后苦的还是购房者。

良好的房地产行业，应该有统一标准，要进行淘汰换代。高标准的房地产能够为购房者提供更智能、更便捷的居住体验和更舒适的环境，这才能配得上楼盘昂贵的价格。

购房者应该是为智能便捷的居住体验埋单，为房屋的质量提升埋单。打个比方，你现在买了一部手机，和五年前的手机一比对，发现内存一样，像素一样，你会不会很失望？

转换成房子也是一样的道理。房价的上升是因为科技的附加值，因为建造工艺的进步，这才是有意义的，而不应该是地价的上升导致的。

资料来源：吕游. 利川房产超市 ［EB/OL］. (2020-07-26). https://mp.weixin.qq.com/s/FNilv4tIUbRNf5Icpy8pmg.html.

房地产经济学是一门相对年轻的学科。目前，人们对它的认识还在不断深化之中。本章从房地产的基本概念出发，介绍与房地产经济学有关的一些基本知识，使读者对房地产经济学有一个初步认识。

1.1　房地产概述

1.1.1　房地产的概念

房地产是指土地及附着在土地之上的建筑物、构筑物和其他附属物及其衍生的权利。房地产的概念包含两个层次：一是土地和建筑物、构筑物等固着物的整体；二是它们所附带的各种权益（如所有权、处置权、获益权等）。

人们通常认为，在物质形态上，房地产有三种存在形式：单纯的地产、单纯的房产、房产与地产相结合的房地产。房地产中的地产是指承载用地，即建筑用地、城市用地等，是指土地及其上下的一定空间，包括地下的各种基础设施、水域以及地面道路等。房产是指建筑在土地上的各类房屋，例如住宅、商场、办公楼、厂房、医院、图书馆等各种设施用房。房产与地产相结合作为一个整体来考虑，就是房地产。房屋和土地既有各自独立的物质内容，又是一个密不可分的整体，地产能够单独存在，而房产建筑在土地上，不能脱离土地而独立存在。从价值形态来说，在市场经济条件下，房地产作为商品是使用价值和价值的统一体。从产权关系来说，房地产作为一种资产，体现了一定的经济权利关系，而且这些关系十分复杂，国家必须制定相关法律法规加以严格规范。

与房地产类似的名词有不动产、地产、物业等，它们与房地产有不同的内涵。一般来说，"房地产"和"不动产"在中国大陆可以通用，而中国台湾地区更倾向使用"不动产"。"不动产"不仅包括土地与建筑，还包括诸如"树木"等固着物。中国香港地区习惯把土地与房产统称为"地产"。物业是单元性房地产。一般来说，物业用来指某项具体的房产、地产或房地产，房地产则是指一个国家、地区或城市所有的房产与地产，但也不排除用于指某项具体的房地产，即物业通常用于个体，房地产通常用于整体。

1.1.2　房地产的分类

可以根据不同的需要，按照不同的标准，从不同的角度对房地产进行分类。常见的房地产分类主要有以下几种：

1.1.2.1　按用途划分

按照房地产的用途，首先可把房地产分为居住房地产和非居住房地产两大类。非居住房地产又可分为商业房地产、办公房地产、工业房地产、农业房地产、特殊用途房地产等，具体可细分为以下 10 类：

（1）居住房地产，是指供家庭或个人居住使用的房地产，又可分为住宅和集体宿舍两类。住宅是指供家庭居住使用的房地产，又可分为普通住宅、高档公寓和别墅。集体宿舍又可分为单身职工宿舍、学生宿舍等。

（2）办公房地产，是指供处理各种事务性工作使用的房地产，即办公楼，又可分为商务办公楼（俗称写字楼）和行政办公楼两类。

（3）商业房地产，是指供出售商品使用的房地产，包括商业店铺、百货商场、购物中心、超级市场、批发市场等。

（4）旅馆房地产，是指供旅客住宿使用的房地产，包括宾馆、酒店、度假村、旅店、招待所等。

（5）餐饮房地产，是指供顾客用餐使用的房地产，包括酒楼、美食城、餐馆、快餐店等。

（6）体育和娱乐房地产，是指供人健身、消遣使用的房地产，包括体育场馆、保龄球馆、高尔夫球场、滑雪场、影剧院、游乐场、娱乐城、康乐中心等。

（7）工业房地产，是指供工业生产使用或直接为工业生产服务的房地产，包括厂房、仓库等。工业房地产按照用途，又可分为主要生产厂房、辅助生产厂房、动力用厂房、储存用房屋、运输用房屋、企业办公用房、其他（如水泵房、污水处理站等）。

（8）农业房地产，是指供农业生产使用或直接为农业生产服务的房地产，包括农地、农场、林场、牧场、果园、种子库、拖拉机站、饲养牲畜用房等。

（9）特殊用途房地产，包括汽车站、火车站、机场、码头、医院、学校、博物馆、教堂、寺庙、墓地等。

（10）综合用途房地产，是指具有上述两种以上（含两种）用途的房地产，如商住楼。

1.1.2.2　按开发程度划分

按照房地产的开发程度，可把房地产分为下列五类：

（1）生地，是指不具有城市基础设施的土地，例如荒地、农地。

（2）毛地，是指具有一定的城市基础设施，有待征收的房屋，尚未完成房屋拆迁补偿的土地。

（3）熟地，是指具有较完善的城市基础设施且场地平整，能直接在其上建造建筑物的土地。按照基础设施的完善程度，熟地又可分为"三通一平""五通一平""七通一平"等。"三通一平"，一般是指通路、通水、通电和场地平整；"五通一平"，一般是指具有道路、供水、排水、电力、电信等基础设施条件以及场地平整；"七通一平"，一般是指具有道路、供水、排水、电力、电信、燃气、热力等基础设施条件以及场地平整。

（4）在建工程，是指建筑物已开始建造但尚未建成、不具备使用条件的房地产。该房地产不一定正在开发建设之中，也可能停工多年，因此在建工程包括停缓建工程。另外，有些在建工程从另一角度通常又被称为"房地产开发项目"。在实际估价中，判定是否为在建工程，以是否完成工程竣工验收为标志。未完成工程竣工验收的，即为在建工程。完成工程竣工验收的，应当有工程竣工验收报告。在建工程可以按照工程进度，如形象进度、投资进度（投资完成额）、工作量进度（完成工程量）、工期进度等进行分类。例如，按照形象进度可以把在建工程分为基础某层、正负零、结构某层、结构封顶、完成外装修等。

（5）现房，是指已建造完成、可直接使用的建筑物及其占用范围内的土地。现房按照新旧程度，又可分为新的房地产（简称新房）和旧的房地产（简称旧房）。其中，新房按照装饰装修状况，又可分为毛坯房、粗装修房和精装修房。

1.1.2.3 按实物形态划分

按照房地产的实物形态，可把房地产分为下列九类：

（1）土地，又可分为无建筑物的土地（即空地），和有建筑物的土地。

（2）建筑物，又可分为已建造完成的建筑物和尚未建造完成的建筑物。已建造完成的建筑物又可分为新的建筑物和旧的建筑物。尚未建造完成的建筑物又可分为正在建造的建筑物和停缓建的建筑物（如烂尾楼等）。

（3）土地与建筑物的综合体，又可分为土地与已建造完成的建筑物的综合体，即现房，以及土地与尚未建造完成的建筑物的综合体，即在建工程或房地产开发项目。

（4）房地产的局部，例如不是整体房屋，而是其中的某层、某套。

（5）未来状况下的房地产，其中最常见的一种是期房。期房是指目前尚未建造完成而以将来建造完成后的建筑物及其占用范围内的土地为标的的房地产。

（6）已经灭失的房地产，例如已被拆除的房屋，已被火灾、地震等灾害完全损毁的房屋。

（7）现在状况下的房地产与过去状况下的房地产的差异部分，例如建筑物的装饰装修部分，房地产受损状况与完好状况的差异部分。

（8）以房地产为主的整体资产或者包含其他资产的房地产，例如，正在运营、使用的宾馆、餐馆、商场、汽车加油站、高尔夫球场、影剧院、游乐场、码头等。

（9）整体资产中的房地产，例如一个企业中的土地或房屋。需要指出的是，上述房地产虽然是从实物角度来划分的，但其价值仍然包括实物、权益和区位三个方面。

1.1.2.4 按是否产生收益划分

按照房地产是否产生收益，可把房地产分为收益性房地产和非收益性房地产两大类。收益性房地产是指能直接产生租赁收益或者其他经济收益的房地产，包括住宅（特别是其中的公寓）、写字楼、旅馆、餐馆、游乐场、影剧院、停车场、汽车加油站、标准厂房（用于出租的）、仓库（用于出租的）、农地等。非收益性房地产是指不能直接产生经济收益的房地产，例如未开发的土地、行政办公楼、教堂、寺庙等。

判定一处房地产是收益性房地产还是非收益性房地产，不是看该宗房地产目前是否正在产生经济收益，而是看该种类型的房地产在本质上是否具有产生经济收益的能力。例如，某套公寓或某栋写字楼目前尚未租出或空置着，虽然没有产生经济收益，但仍然属于收益性房地产。因为同类的公寓和写字楼存在着大量的出租现象，为房地产所有人直接带来经济收益，该尚未租出的公寓和写字楼的可能收益可以通过市场比较法来求取。收益性房地产可以采用收益法估价，非收益性房地产则难以用收益法估价。

1.1.2.5 按经营使用方式划分

房地产的经营使用方式主要有销售、出租、营业和自用四种，相应地可把房地产分为销售的房地产、出租的房地产、营业的房地产和自用的房地产四类。

有的房地产既可以销售，也可以出租或营业，如商店、餐馆。有的房地产可以出租或销售，也可以自用，如公寓、写字楼。有的房地产主要是营业，如旅馆、影剧院。有的房地产主要是自用，如行政办公楼、学校、特殊厂房。

1.1.3　房地产的特性

1.1.3.1　房地产的自然特性

（1）房地产的二元性。房地产的二元性，是指房地产由土地和建筑物两部分组成。从自然特性角度对土地的内涵加以界定，不仅指一定土地的范围，即土地面积，还包括地面、地面以上空间和地面以下空间。建筑物是指按照规划、设计的要求，通过施工安装，将各种建筑材料有机组合而成的整体结构物。在房地产开发初期，土地可单独作为房地产项目进行交易，但建筑完工后，在房地产交易中，建筑物必须依存于土地。

（2）土地面积的有限性和不可再生性。土地是有限的、不可再生的，其外围面积是固定性的，人类可以不断改变和革新土地利用技术，如移山填海、提高容积率、建造高楼等，但这些举措并不能增加土地面积，仅仅改变了土地的用途或土地利用率。

（3）位置的固定性和独特性。房地产的空间位置是不可移动的，而每个位置都有不同于其他位置的自然地理位置、交通位置与社会经济位置的特殊性。房地产的这种特性决定了房地产市场是一个区域市场，它的交易以产权交易为标的的。

（4）房地产使用的耐久性和效用的多层次性。土地作为一种生产要素，"只要处理得当，土地就会不断改良"，而建筑物寿命可达几十年甚至几百年。房地产在使用、效用上具备生存资料、享受资料和发展资料三个不同层次的性质。

【知识链接1−1】 --●

房产专业术语

房屋在买卖过程中，经常会用到很多关于房屋类型的专业术语，下面为大家梳理如下：

1.商品房，是指经政府有关部门批准，由具有开发资质的房地产公司开发，用于出售出租的房屋，包括住宅、商业用房和其他建筑物，能够办理产权证书和国土证书。自建、参建、委托建设的自用住宅，或者其他建筑物不属于商品房范畴。

2.公有房，又被称为公有住房、国有住宅。它指由国家或国有企业、事业单位投资兴建、销售的房屋。在房屋没有在市场上出售之前，其房屋产权归国家所有。

3.廉租房，是指政府以租金补贴，或实物配租的方式，向所有符合城镇最低生活保障标准，并且住房困难的家庭，提供的社会保障性住房。

4.房改房，又可称为已购公房，是指居民将现住公房，扣除房屋折算后，以成本价购买的公房。

5.集资房，是改变住房建设由国家和单位统包的制度，实行政府、单位、个人三方面共同承担，通过筹集资金所建造的房屋。

6.回迁房，是指土地开发商在征收居民房屋时，承诺补偿给拆迁居民的房子。

7.平价房，是指以成本价加上3%的管理费作为销售价格的、为中低收入家庭提供的房屋。

8.限价房，是指被限制房价和限制地价的商品房。这是政府为解决中低收入家庭住房困难，并且限制高房价，而推出的一种临时性举措。限价房不属于经济适用房。

9.经济适用房，是一种具有社会保障性质的房屋。它指由各地政府组织房地产开发商建造的，以成本价向城镇中低收入家庭提供的保障性住房。

10.安居房，属于经济适用房，是国家为了实施"安居工程"而建造的房屋。

11.小产权房，不是法律概念，而是约定俗成的一种称谓。小产权房是指在农民集体土地上建设的，没有缴纳土地出让金等费用的房屋。小产权房的产权证不是由国家房管部门颁发的，而是由乡政府或村政府颁发的，所以也被称作"乡产权房"。小产权房没有国家颁发的土地使用证和预售许可证，购房合同也不能在房管局备案，没有真正的产权。

12.学区房，是指重点小学划片范围内的房子，因为我国城市的小学在入学政策上采取的是就近面试入学政策，每所重点小学（或初中），都对应划分了一个入学范围片区，只有这个片区里的学生，能够上这所重点小学（或初中）。

13.底商，是指住宅楼的一层和二层。开发商会把一层和二层的房子改为商业性质的房产，可以卖得更贵一些。底商适合用来做商业用途，不适合居住，因太过吵闹。底商又可以分为服务小区内部的底商和服务小区外部的底商。商铺，是被用来从事商业活动的房屋，价格较贵，不适合居住。

14.别墅，是指一栋独立建筑或多栋建筑组成的住宅。别墅按照建筑形式，又可分为独栋别墅、联排别墅、双排别墅、叠加式别墅、空中别墅等。

15.央产房，全称是中央在京单位已购的公有房。

资料来源：作者根据相关资料整理。

1.1.3.2 房地产的经济特性

房地产的经济特性是以房地产的自然特性为基础在经济活动中产生的。

（1）房地产供给的稀缺性和需求的普遍性。房地产的需求来自社会政治、经济、生活的各个方面，居住、商业、办公、工厂、医院、图书馆等都需要，由于人口不断增加和社会经济文化的发展，对房地产的需求量不断增加。供给的稀缺性主要指可供利用的土地是有限的，而且土地位置的固定性和独特性，使某些位置和某种用途的土地尤其稀缺。

（2）房地产具有高资本价值特性，并且房地产是一种耐用商品，兼有投资品和消费品的特点。房地产作为商品是使用价值和价值的统一体，主要凝结了土地价值和附着在其上的建筑物的价值，需要投入大量的资本，具有高资本价值特性。同时，它的价格不仅由房地产商品市场所决定，而且受到金融投资市场的极大影响，具有投资品的特性。

（3）房地产项目的积聚效应和外部性。房地产的开发利用必然影响某一区域内的自然生态环境、经济发展和社会环境。基础设施的改善、公共服务设施的优化将产生积聚效应，带动前向、后向产业链的发展。当然房地产开发利用也存在着外部性，如相邻不动产利用时的干扰、环境污染、私人收益与成本和社会收益与成本不等造成的负外部性、房地产商品过多等。

（4）房地产利用的报酬递减性。房地产利用的报酬递减性是指在技术不变的条件下，对房地产的投入超过一定限度时，就会和众多产业一样产生报酬递减现象。

1.2　房地产业概述

1.2.1　房地产业的概念

　　房地产业是指从事房地产开发、经营、管理和服务的行业或产业。房地产业并非仅限于流通领域的产业，而是生产、流通兼容的产业，即除了第三产业的性质外，还具有第二产业的性质。一方面，房地产业是土地与建筑产品的经营部门，同时又从事土地开发和房屋建设，具有第二产业的性质；另一方面，房地产业从事房地产产权交易，以及提供中介、咨询、设计、信托等劳务服务，又具有第三产业的性质。因此，房地产业是介于第二产业和第三产业之间的复合型产业。随着社会经济和现代房地产业自身的发展，出现了大量从事房地产综合开发经营、纵向组合的大型房地产企业集团，融房地产开发建设和营销为一体，从项目前期策划、开发建设、销售经营直至物业管理一条龙运作服务，承担全程投融资风险，这是现代房地产业发展的主导形式，也是现代纵向组合企业集团生产经营一条龙运作的基本特征。房地产业是一个综合性的行业，涉及建筑业、金融信托业、建材业、装饰装修业及服务业等行业。房地产业包括开发、经营、管理、服务等各个环节或过程的经济活动。各类经济组织和经纪人以及各类技术人员构成了上述要素的有机体系。

1.2.2　房地产业的构成要素

　　房地产业分为房地产服务业和房地产投资开发业。房地产服务业又分为房地产中介服务行业、物业管理行业。其中，房地产咨询行业、房地产评估行业、房地产经纪行业可归为房地产中介服务业。房地产投资开发业又分为房地产一级市场开发行业和房地产二级市场开发行业，如图1-1所示。

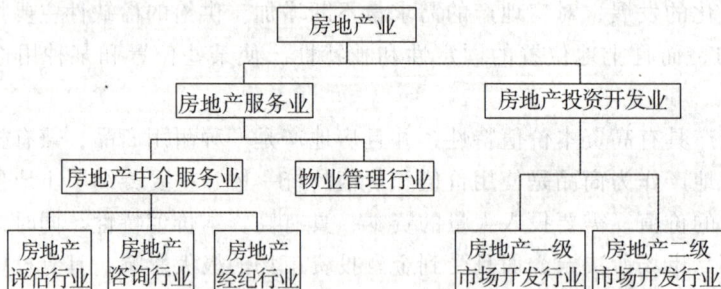

图1-1　房地产业的构成

1.2.2.1　房地产投资开发

　　房地产投资开发是指在依法取得国有土地使用权的土地上投资进行基础设施、房屋建设的行为。房地产投资开发需要土地、建筑材料、城市基础设施、公共配套设施、劳动力、资金和专业人员等诸多方面。房地产投资开发除了取得土地、建造房屋然后预售或出售新建的房屋这种方式，还可以购买房屋后出租，购买房屋后出租一段时间再转让，或者购买房地产后等待一段时间再转让。开发也不仅是建造新房屋，还可以把土地（生地、毛地）变为熟地之后转让，可以对旧房屋进行装修改造，或者接手在建工程后继续开发等。房地产开发具有资金量大、回报率高、风险大、附加值高、产业关联性强等特点。

1.2.2.2　房地产咨询

房地产咨询是指为有关房地产活动的当事人提供法律法规、政策、信息、技术等方面服务的经营活动。房地产咨询的具体业务有：接受当事人的委托进行房地产市场调查研究、房地产投资项目可行性研究、房地产开发项目策划等。

1.2.2.3　房地产价格评估

房地产价格评估，简称房地产估价或房地产评估，是指专业房地产估价人员根据特定的估价目的，遵循公认的估价原则，按照严谨的估价程序，运用科学的估价方法，在对影响房地产价值的因素进行综合分析的基础上，对房地产在特定时点的价值进行测算和判定的活动。目前，中国的房地产估价制度、房地产估价人员执业资格认证制度等已经确立，房地产估价队伍也已初具规模。

1.2.2.4　房地产经纪

房地产经纪是指以收取佣金为目的，为促成他人房地产交易而从事居间、代理等经纪业务的经济活动。房地产经纪业务，不仅代理新房的买卖，还代理旧房的买卖；不仅代理房地产的买卖，还代理房地产的租赁等业务。

1.2.2.5　物业管理

物业管理是指业主通过选聘物业管理企业，由业主和物业管理企业按照物业服务合同约定，对房屋及配套的设施设备和相关场地进行维修、养护、管理，维护相关区域内的环境卫生和秩序的活动。物业管理是一种经营型、企业化的管理，通过质价相符的有偿服务和一业为主、多种经营来实现独立核算、自负盈亏、自我发展和自我完善。

物业管理行业是伴随着现代市场经济体制的确立而产生并发展起来的一个行业，并且通过对计划经济体制下传统的房屋管理体制的不断改革替代而最终确立了物业管理新体制。

中国传统的房屋管理是由政府的职能部门以行政手段对房屋进行管理，其具有以下几个重要特征：

（1）管理者为政府职能部门，如市、区房管局和基层单位房管所；

（2）管理单位并非企业，而属于事业单位性质；

（3）管理对象是国有房产（或其他直管公房），一般情况下，由房管部门统一管理；

（4）管理手段基本上为行政手段，经费主要来源于低租金和国家的财政补贴，管理服务是无偿提供的，是福利性管理；

（5）业主和用户只能被动接受管理，别无选择；

（6）管理内容单一，只限于对房屋及附属设备的维修、养护，管理效果不好，物业寿命缩短，社会财富浪费。传统的房屋管理是福利性住房制度的一种自然延伸，是回避房屋的商品属性的产物。从历史的角度看，它对于维持计划经济体制下的住房制度，在一个低水平上为广大城市居民提供最基本的住房服务起到了一定的作用。

但随着房地产市场体系的不断完善，人们在关心房价和质量之后，第三大关心的问题就是物业。如果物业管理搞好了，必然会解除消费者的后顾之忧，精明的房地产开发商在推销房屋时，都开始注重介绍物业管理，树立良好的形象和信誉。人们在购买房屋时，逐步偏爱选择那些具有一定知名度的物业管理公司。实践证明，高质量、好信誉的物业管理使相关的物业保值增值，并能增强购房者的信任感和安全感，使购房者入住后感到舒适和愉悦，会激发消费者的购买欲望，极大地促进商品房的销售。

1.2.3 房地产业运行过程

房地产业运行的全过程包括生产、流通、消费三大环节。

1.2.3.1 生产

生产是通过对自然状态的土地投入人类劳动，进行房屋和基础设施建设，获得房地产商品的过程。这一环节包含土地开发和房屋开发。

（1）土地开发是指在依法取得国有土地使用权的前提下，对土地进行地面平整、建筑物拆除、地下管线铺设和道路基础设施建设等，使土地满足生产和生活使用的需要。城市土地开发包括将农业用途的土地转变成为城市综合用地和旧城区拆迁改造、综合利用。

（2）房屋开发是指城市各类房屋建筑的开发建设，包括规划、设计、配套施工直至房屋建成交付使用的整个过程。

1.2.3.2 流通

流通即进行房地产交易活动实现其使用价值和价值的过程，它包括房地产买卖、房地产租赁及房地产抵押。

（1）房地产买卖，指房屋所有权和土地使用权的买卖。由于房地产是不动产，具有不可移动性，它的生产和消费在地点上是相同的，只有通过买卖来转移所有权或使用权，其交易活动贯穿着权属转移管理。

（2）房地产租赁，指房地产使用权的零星出售或分期出售，房地产产权人通过租金的形式逐步收回成本和利润。

（3）房地产抵押，指单位或个人以一定量的房地产作为如期偿还借贷的保证物，向银行或其他信贷机构做抵押，取得贷款；贷款到期，借贷需还本付息，同时交纳所抵押品的保管费用，若到期无力偿还贷款，银行或其他贷款机构有权处理抵押品，所得资金首先用于归还贷款。

1.2.3.3 消费

消费是指房地产的产品经过市场交易能满足人们某种需求的环节。作为不动产的房产和地产，具有固定性和使用持久性，而且可以不断增值。因此，在房地产的长期消费过程中，要进行社会化的管理和服务，包括房地产产业管理和房地产产权产籍管理，还有售后的维修保养和有关的物业管理服务。

在房地产的运行过程中，涉及一系列交易关系，形成以房地产交易为中心，涉及房地产金融市场、建筑市场、中介服务市场和物业管理服务市场内外两层的市场结构体系。

1.2.4　房地产业的主要经营活动

我国《国民经济行业分类》于1984年首次发布，分别于1994年、2002年、2011年、2017年进行修订。现行的《国民经济行业分类》（GB/T 4754—2017）已经国家标准管理委员会于2019年3月25日批准，自2019年3月29日起实施。房地产业独立被列为K类（本门类共包括70大类）。房地产业包括的主要经营活动如下：

（1）土地开发和再开发；

（2）房屋开发；

（3）地产经营，包括土地使用权的出让、转让、租赁和抵押；

（4）房地产经营，包括房产（含土地使用权）买卖、租赁、抵押等；

（5）房地产中介服务，包括信息、咨询、估价、测量、律师、经纪和公证等；

（6）房地产物业管理服务，包括家居服务、房屋及配套设施和公共场所的维修养护、保安、绿化、卫生、转租、代收代付等；

（7）房地产金融，包括信贷、保险和房地产金融资产投资等。

1.2.5　房地产业的行业特性

房地产业作为国民经济的独立产业部门，同其他产业相比，具有其独特的产业特性，主要表现在以下几个方面：

（1）先导性和基础性

从房地产业在国民经济中的地位和作用来看，房地产业是一个先导性、基础性产业。

房地产商品是社会必需的生产资料和生活资料，涉及社会生产和再生产以及教育、科学、文化、卫生等各行各业，是各种社会经济活动运行的基础、物质载体和空间条件，因而以房地产为经营对象的房地产业也就必然处于基础性产业的地位。

同时，又由于房地产开发是城市开发、工业、商业以及其他各行各业开发的先导，因而房地产业也就成为先导性产业。例如，城市开发和经营，必先进行道路、交通、房屋等基础设施建设；工业园区开发，必先进行厂房及配套设施建设；繁荣商业，必先建设商铺；开办学校，必先建设校舍等。房地产业的这种先导性作用，是其他产业无法取代的。

（2）综合性和关联性

从房地产业与其他产业的关系来看，它是一个具有高度综合性和关联性的行业。房地产业的综合性，主要体现在它是横跨生产、流通和消费各个领域的产业部门。它以流通领域和服务领域为主，服务于生产和消费，但又参与房地产开发建设的决策、组织和管理，兼有部分生产职能。房地产商品的租售活动则直接属于流通领域。而在房地产的使用过程中，提供房屋养护、维修等物业管理服务，则属于消费领域。可见，房地产业是与各行各业、各部门、各领域密切联系的多学科相结合的知识密集型产业部门，这种高度综合性，与其他产业相比是有很大区别的。

　　房地产业的关联性，则体现在它是与众多产业部门密切相关的产业部门。房地产业的产业链特别长、产业关联度特别大，具有高度关联性。房地产业联系着国民经济的方方面面，据统计，与房地产业相关的产业和部门多达50个，相关的产品、部件多达成百上千种。例如，与上游产业部门相联系的有建材工业、冶金、化工、机械、仪表等生产资料工业部门；与中游产业部门相联系的有建筑工业、建筑机械工业、安装、装潢、厨厕洁具、园林绿化以及金融业等；与下游产业部门相联系的有家用电器、家具、通信工具等民用工业，以及商业、文化、教育等配套设施和其他服务业等，见表1-1。这种高度关联性，必然使房地产业的发展具有带动其他产业和整个国民经济增长的重大作用。

表1-1　　　　　　　　　　　　　　与房地产业相联系的部门

上游产业部门	建材工业、冶金、化工、机械、仪表等
中游产业部门	建筑工业、建筑机械工业、安装、装潢、厨厕洁具、园林绿化以及金融业等
下游产业部门	家用电器、家具、通信工具、商业、文化、教育等配套设施等

　　（3）资金密集型和高风险性

　　从房地产业的投资过程来看，它是一个高投资和高风险并存的行业。

　　房地产业是一个资金密集型行业，由于房地产的价值量大、建设周期长，资金占用多，它的经济活动是一个大量资金运作的过程。一个房地产建设项目，投入的资金少则数千万，多则数亿、十几亿元，并且需要一个较长的周期才能收回。与其他一般产业相比，房地产业是一个高投资行业。由于房地产投资周期长及其固定性、变现能力差等特点，因而涉及的风险也相对较大。在投资过程中不但可能遇到自然风险，还会遭遇市场风险、利率风险、经营风险、财务风险甚至政策法律风险等，这些风险的存在将对房地产投资目标的实现产生巨大影响。因此，房地产投资决策显得尤为重要。如果投资决策准确，可以带来较大的收益，获得丰厚的回报；反之，大量楼盘闲置，资金积压，不仅给开发商带来巨大损失，还会因拖欠银行贷款造成不良资产，引发金融危机。因此，房地产投资更应该加强风险管理。

　　（4）级差收益型和区域性

　　从经济活动的范围来看，房地产业又是一个区域差异巨大、级差收益明显、地区性特别强的行业。

　　由于房地产空间的固定性，房地产业的发展比起其他行业，更多地受制于区域经济的发展水平。一般来说，地区经济的发展水平高、速度快，房地产业也相应发展较快；而地区经济发展水平低、速度慢，房地产业也相应发展较慢。我国现阶段地区经济发展严重不平衡，因而反映在房地产业方面即东部沿海地区发展较快，西部地区相对发展较慢。近些年来，随着西部大开发的实施，西部地区的房地产业也加快了发展步伐。

　　即使在同一地区，由于微观区位的不同，房地产价值也会出现巨大的差异。例如，市中心与城市郊区的土地区位不同，形成房地产价格差异甚大，级差收益也相差巨大。

　　此外，房地产业的区域性还造成房地产市场极强的地区性。一般商品可以运送到国内各个地区甚至世界各国去销售，市场供给和需求可以在全国甚至世界范围内得到平衡，而房地产由于其空间的固定性，只能在一个地区范围内供给和销售，市场供求之间必须在地区内实现平衡，由此出现地区间房地产市场的巨大差异。认识这一特点，对于区域房地产业全面、协调和持续发展具有深远意义。

（5）权利主导型和制约性

从社会经济政治关系看，房地产是一种权利主导型的商品，房地产业是受政府政策影响较大，并与法律制度紧密相关的行业。这种制约性主要体现在以下几个方面：

① 这种制约性是权利关系的复杂性所引起的。在房地产经营中，无论是土地的出让、转让，还是房产的买卖、租赁、抵押、继承等，都不像一般商品那样通过简单的物质交换就可以完成，而是一种当事人之间复杂的权利关系的变化，其交易活动必须依靠契约、法律法规的制约和规范。

② 受房地产业的外部性特点的制约。由于房地产的不可移动性、使用周期的长期性和价格的巨额性，与城市开发经营、功能布局、生态环境等关系特别密切，因而房地产开发必须严格按照城市规划、土地使用规划以及城市经济发展的方针政策来进行，这使得房地产业的发展必然受到相当大的制约。例如，上海市中心地区高楼林立，高层建筑过多，迫使该市政府不得不把容积率规定为 2.5，以此控制层高和建筑密度。这对开发商的规划设计、经济效益会产生重大影响。

③ 受运作规范性的制约。房地产业本身的高度综合性、与其他产业的高度关联性，对其他产业和整个国民经济的发展影响巨大，必须由法律法规和相关政策进行宏观调控，协调房地产业与各产业之间、经济主体之间的关系，保证房地产业的持续健康发展，从而更好地发挥其在国民经济增长中的作用。

充分认识房地产业的特性，对于房地产企业的微观经营和国家对房地产经济的宏观调控具有重大意义。

房地产具有二元性、固定性、耐久性和高资本价值性，产权关系非常复杂。随着市场经济的发展，这种产权关系变动更加频繁，从地产的出让、转让、抵押到房产的买卖、租赁、抵押等，都与国家的房地产政策有关，且都需要通过法律、法规上的权利关系来界定和规范，并到房地产管理部门进行登记以取得法律保护。

拓展阅读 1-2

房地产业并不是无路可走，而是需要新的思维

1.3 房地产业在国民经济中的地位和作用

房地产业作为国民经济的重要组成部分，在整个国民经济体系中具有十分重要的地位和作用。

1.3.1 房地产业在国民经济中的地位

从总体上说，房地产业在国民经济体系中处于基础性、先导性的地位。

（1）房地产业属于基础性产业。这是因为，在社会经济生活中，房地产业提供的产品和劳务兼有基础性生活资料和生产资料的双重属性。一方面，房地产业开发的住宅，是人们满足居住需要的最基本的生活资料，安居才能乐业，它所提供的是基础性的物质生活条件。另一方面，房地产业开发的厂房、商铺、办公用房等，又是满足生产经营需要的重要生产资料，属于社会生产基础性的物质要素。房地产作为社会经济生活的基本要素贯穿于社会生产和再生产的各个环节，从而使房地产业具有基础性产业的特征。

（2）房地产业是先导性产业。房地产是社会生产和再生产以及文化、教育、科学、卫生等各种社会经济活动的物质载体和空间条件，房地产经济运行与国民经济中的所有产业和部门都密切相关。各行各业的经济活动都必须率先从房地产开发开始，以此为先导。例如，城市开发必先进行基础设施建设和各类房屋的建造，建设工厂必先建造厂房，开办商店必先建造商铺，筹建学校必先建造校舍等。由此，房地产业也就成了先导性产业。

1.3.2　房地产业在国民经济中的作用

房地产业的上述地位，决定了它在国民经济中发挥着重大的作用，主要体现在推动城市建设、促进经济增长、增加财政收入和提高居住水平等方面。具体表现在：

（1）推动城市开发，促进现代化建设。现代城市是一国或地区的经济、政治、文化中心，加强城市建设始终是现代化建设中的关键。而房地产综合开发既是城市开发的先导，又改变着城市面貌，完善着城市功能。一方面，现代城市的开发建设，首先要进行土地和房屋的整体规划，保证城市功能的合理布局，形成房屋等建筑物的类型、景观、风格等独具的特色；另一方面，经营城市的重点是经营城市的土地和房地产，使土地资源合理配置，结构优化，达到使用效益最大化，同时也使产业布局实现最优，土地不断升值，为城市经济的持续发展创造良好的外部环境和内在条件。我国许多城市的发展实践证明，房地产业的发展对于推动城市建设发挥了重要作用。

（2）带动相关产业发展，促进经济增长。如前所述，房地产业具有产业链长、产业关联度大的特点，不仅自身的发展为国民经济增长做出了直接贡献，而且通过产业关联效应带动和促进相关产业的发展和整个国民经济的增长。在国民经济的产业体系中，直接和间接与房地产相关的行业多达50个。房地产业与建筑业、建材业、金融业有着直接的紧密联系，影响到钢铁、化工、塑料、机电等基础工业和制造业，还带动家用电器、家具和室内装饰等行业，促使旅游、园林、商业、咨询、中介服务等第三产业的兴起和繁荣。

（3）增加财政收入，为现代化建筑积累资金。房地产业发展的另一个重要作用是为国家和地区的财政收入开辟重要来源。一方面，房地产综合开发可以提供大量税金、土地使用权出让费和利润等，直接增加财政收入，为城市现代化建设积累资金；另一方面，房地产业的发展又进一步带动其他关联产业的发展，间接创造税收和利润。实践证明，房地产业通过各种渠道提供的税费，已成为国家和地区财政收入的重要组成部分。

（4）改善居住条件，提高劳动者素质。房地产业的发展，促进住宅建设，可以为人们提供数量更多、品质更高、环境更好的住房，充分满足日益增长的居住需求。同时，随着居住条件的改善、居住质量的提高，住宅功能得到充分发挥，促使劳动者素质全面提高，高质量的住房消费必然使劳动力在扩大再生产过程中得到全面发展，而劳动力是生产力中的第一要素，劳动者素质的提高，有助于促进生产力的发展。

【案例分析 1-1】

以建筑·健康助力城市更新——2018 年，在首届中国房地产校企协同创新发展峰会上，远洋集团作为"中国健康社区创领者"案例入选《全国高校房地产专业案例教材》。

随着城镇化进程的快速推进，我国城市发展由增量扩张为主，转为存量提质改造和增量结构调整并重的新阶段。"十四五"规划明确提出，实施城市更新行动，对进一步提升城市发展质量做出重大决策部署，城市更新已进入国家战略层面。作为城市开发和提升的重要执行者，越来越多的房企加入到城市更新的行列，助力城市进一步发展。

远洋集团作为最早参与城市更新项目的企业之一，从 2001 年将北京京棉三厂厂房改造为远洋艺术中心之时，即开始了探索建筑空间旧与新的融合之路。经过 20 多年的布局与实践，练成了一套"绝技"：结合城市文化与特色，采用拆除重建、有机更新、综合整治三种模式的灵活选择，遵循城市有机体内在的发展逻辑与规律，循序渐进地推动着城市更新与发展，秉承"建筑·健康"核心理念，促进人与建筑、城市的有机成长，实现整体环境的健康发展，为城市注入更多活力。从成都太古里到武汉远洋里，再到粤港澳大湾区综合布局，远洋集团更新走出一条不一样的道路。据悉，远洋集团在粤港澳大湾区的 40 余个项目中，旧改占比超过一半。在众多成功案例中，远洋天著项目以独特品牌优势和特色入围 2021 年度《全国高校房地产专业案例教材Ⅲ》，成为全国 300 余所房地产垂直专业高校、50 万在校大学生的必修案例。

远洋天著项目改造前是众冠红花岭工业区厂房，建筑年代久远，利用率低，因其特殊土地性质，项目更新后需与市政府、村集体实现三方共赢，兼顾商业、住宅、产业园区多种业态。团队经过深入分析后，综合项目独特区位优势、稀缺景观资源、极佳通达性和完善配套设施，规划项目分三期开发：一期众冠时代广场为 20 万平方米商业综合体；二期天著华府为 24 万平方米住宅；三期为 100 万平方米的产业园项目，打造集科研、办公、学习、居住、会议、购物、休闲、健身、娱乐于一体的超百万级综合性片区，塑造未来城市生活范本，项目定位"高知、健康、时尚、国际"。

分析：

健康是人类永恒的话题，也是远洋品牌内核和企业文化核心理念，健康人才培养也是远洋的愿景，并一直为之贡献力量。WELL 建筑标准作为全球首创的针对人员健康舒适的室内建筑标准，有建筑界"奥斯卡"之称，也被业界公认为目前最严苛的认证标准。2018 年，远洋率先将美国 WELL 建筑标准引入国内，研发制定远洋健康建筑体系 1.0，广州远洋天骄作为全球首例 WELL MFR 金级认证的项目，于世界健康人居舞台上展露锋芒；2020 年，通过多年摸索与实践，远洋带着不断超越自我的精神再度出手，于广陵之芯匠筑大河宸章，将健康建筑体系迭代升级至 1.1；2021 深圳的天著项目让我们看到了远洋建筑健康体系已生根发芽，枝繁叶茂。健康融入生活，融入社区，融入城市，汇成潮流。

将老旧城区更新换貌，焕发健康新生，推动城市结构调整优化和品质提升，也是远洋积极参与城市更新的美好愿景。实践证明，通过将本地历史、区域文化和时代潮流相融合的改造和运营，既有效提升了土地价值，又有效焕发老旧区域活力，全面提升城市发展质量，实现政府、社会、企业三赢。

资料来源：作者根据相关资料整理。

思政拓展与思考

经济学家四个"最好"点评中国经济成绩单

2020年10月19日上午10点，国务院新闻办举行新闻发布会，国家统计局发布前三季度国民经济运行情况。

初步核算，前三季度国内生产总值722 786亿元，按可比价格计算，同比增长0.7%。

分季度看，一季度同比下降6.8%，二季度增长3.2%，三季度增长4.9%。

分产业看，第一产业增加值48 123亿元，同比增长2.3%；第二产业增加值274 267亿元，增长0.9%；第三产业增加值400 397亿元，增长0.4%。

从环比看，三季度国内生产总值增长2.7%。

中国国际经济交流中心总经济师陈文玲在《相对论》节目中用四个"最好"点评了中国经济成绩单。

她说道："我最关注的是我们中国经济总体的走势，我的感觉是四个"最好"，第一，中国抗击新冠肺炎疫情做得最好；第二，中国经济恢复状态最好；第三，中国在经济恢复中对全球贡献，我们国际援助做得最好；第四，中国作为大国的精神风貌在全世界各个国家比较中最好。"

资料来源：佚名. 经济学家四个"最好"点评中国经济成绩单〔EB/OL〕. (2020-10-19). https://finance.sina.com.cn/roll/2020-10-19/doc-iiznctkc6478273.shtml.

新冠肺炎疫情当前，中国的经济发展取得了世界瞩目的发展态势，这离不开我们悠久的历史文化，离不开国家领导人的英明决策，更离不开无数中华儿女的前赴后继。根据上面的新闻报告和新冠肺炎疫情期间的所见所感，谈谈你的体会。

本章小结

对于"房地产"这一概念，不同国家或地区有不同的界定，在我国，掌握房地产这一概念必须从物质形态、价值形状和产权关系三个方面来理解。根据不同的划分标准，可将房地产划分为不同的种类。分析房地产的特性时可从其自然特性、经济特性两方面来考察。

房地产业是指从事房地产开发、经营、管理和服务的行业或产业。房地产业分为房地产服务业和房地产投资开发业。房地产业运行的全过程包括生产、流通、消费三大环节。房地产业作为国民经济的独立产业部门，同其他产业相比，具有其独特的产业特性，主要表现为先导性和基础性、综合性和关联性、资金密集型和高风险性、级差收益型和区域性、权利主导型和制约性等。房地产业在国民经济体系中处于基础性、先导性的地位。房地产业在国民经济中的作用主要体现在推动城市建设、促进经济增长、增加财政收入和提高居住水平等方面。

关键概念

房地产　房地产业　房地产业与国民经济　房地产经济学

基础知识练习

一、单项选择题

1.在（　　）上，房地产有三种存在形式：单纯的地产、单纯的房产、房产与地产相结合的房地产。

A.价值形态　　　　B.物质形态　　　　C.社会形态　　　　D.产权关系

2.从产权关系来说，房地产作为一种资产，体现了一定的（　　）关系，而且这些关系十分复杂，国家必须制定相关法律法规加以严格规范。

A.社会权利　　　　B.经济权利　　　　C.法律权利　　　　D.财产权利

3.按照房地产的（　　）分类，可把房地产分为居住房地产和非居住房地产两大类。

A.用途　　　　　　B.开发程度　　　　C.权益状况　　　　D.经营使用方式

4.（　　）即进行房地产交易活动实现其使用价值和价值的过程，它包括房地产买卖、房地产租赁及房地产抵押。

A.生产　　　　　　B.交换　　　　　　C.流通　　　　　　D.消费

5.（　　）是指业主通过选聘物业管理企业，由业主和物业管理企业按照物业服务合同约定，对房屋及配套的设施设备和相关场地进行维修、养护、管理，维护相关区域内的环境卫生和秩序的活动。

A.房地产经纪　　　　　　　　　　B.房地产价格评估

C.房地产投资开发　　　　　　　　D.物业管理

二、多项选择题

1.按照房地产经营使用方式分类，房地产可以分为（　　）。

A.销售　　　　　　B.出租　　　　　　C.营业　　　　　　D.自用

2.特殊用途房地产包括（　　）。

A.汽车站、火车站、机场、码头　　　B.医院、学校、博物馆

C.教堂、酒楼、墓地　　　　　　　　D.酒楼、美食城

3."三通一平"包括（　　）。

A.通路　　　　　　B.通水　　　　　　C.通电　　　　　　D.场地平整

4.房地产的自然特性包括（　　）。

A.房地产的二元性

B.位置的固定性和独特性

C.房地产利用的报酬递减性

D.房地产使用的耐久性和效用的多层次性

5.房地产业运行的全过程包括（　　）。

A.生产　　　　　　B.交换　　　　　　C.流通　　　　　　D.消费

6.房地产经济学是应用性较强的学科，研究方法很多，具体研究方法包括（　　　）。

A.微观、中观、宏观相结合 　　　　B.实证研究与规范研究相结合

C.静态分析与动态分析相结合 　　　D.定性分析与定量分析相结合

三、简答题

1.什么是房地产？

2.简述房地产的自然特性。

3.简述房地产业的行业特性。

4.简述房地产业在国民经济中的地位和作用。

5.简述学习房地产经济学的意义。

实践操作训练

[实训情境设计]

作为一名房地产咨询公司的从业人员，请对你所在城市某种分类形式的房地产市场进行调研，为公司承接的开发项目策划做准备。

[实训任务要求]

1.将全班同学分成若干小组，每个小组人数不超过5人，每组选派组长一名。实训采用组长负责制。

2.按照教材中涉及的房地产分类方法，每组负责在本市范围内实地收集一种分类形式的项目资料，每种具体的类型实例不少于3种。

3.具体收集信息包括：项目外观和内部照片（要有项目名称的标志）、项目周围环境的照片（交通环境、商业环境、生活环境等）、项目的具体介绍（项目名称、分类用途、地理位置、售价或租金、使用状况等）。

4.以小组为单位，将上述信息制作成PPT。

5.每个小组利用10分钟的时间对实训成果进行汇报，并接受其他同学和老师的提问。

[实训提示]

参考教材内容"1.1.2　房地产的分类"，小组抽签决定调研的分类形式，由教师指导。

[实训效果评价]

房地产分类调查实训评分表

评价项目	分值	得分	备注
所选的代表项目与任务相符	30		
按要求收集了项目的信息	20		
PPT制作规范、条理清晰	20		
态度端正、准备充分、表达流利	30		
实训效果总体评价	100		

第2章

地租与区位理论

知识目标

1. 了解西方经济学中的地租理论；
2. 掌握马克思地租理论和城市地租理论；
3. 掌握工业区位理论；
4. 熟悉其他区位理论；
5. 掌握房地产业的区位选择。

能力目标

1. 能够利用地租理论对实际生活中每宗房地产的价值构成进行分析；
2. 能够运用区位理论分析城市规划。

　　　　　　　　　　理性分析区位对于购房的重要性

买房是人生中一件大事，而区位几乎是每个购房者在选房时都会考虑的一项。一般人都想在交通便利、配套服务设施齐全的地方买房，但还是要具体情况具体分析。那么如何评估房屋所处的地段呢？

一、二三线城市的CBD区域适宜理财

何为CBD区域？就是指中央商务区，大体上商务功能大于居住功能，比如北京的CBD、上海浦东的陆家嘴。当城市人口增加及规划扩大时，城市的发展方向就向某一个方向或几个方向外溢。而当这个区域发展成熟时，房价就会水涨船高。所以需要在这些地区还未发展起来之前、房价相对较低的时候，及早入手。一般有远见的年轻人可以预测城市的发展方向，对这种兼有居住和理财性质的房子当然不会错过。所以，总体来说，这种"捡漏"的机会在二三线城市更好把握。

二、闹市中心区适合白领租住

闹市，就是城市中繁华的区域，可能有一个，也可能有多个。而这个地段的住宅也是城市一线房价的水平。但之所以为闹市，就是因为其人流量较大、房屋建筑密度过高、社区较小，且房价颇高。所以对年轻人来说，在这个地方租房的可能性比购买住房的可能性更大。这个地段的住宅地产多以小户型为主，白领若是在该区域购买一套用于自住是一个不错的选择，但是生活成本会相对较高。

三、次繁华生活区居住性比前更佳

次繁华生活区距离闹市不远，没有太浓的商业味道，生活气息较浓，大多是这个城市比较早期的一些居民小区，所以建筑年代相对较早。这个区域的新房也不会很多，大多是以高层小户型为主，且都具有一定的社区规模，但容积率也相对较高。价格虽然不会比闹市便宜多少，但胜在居住性佳，且生活成本略低，喜静的朋友可以考虑。

四、老城区较节约生活成本

老城区的特点就是建筑年代较久，多以老式单位福利房及本地居民自建房产为主，小区比例高。本地居民的比例比较高，居住氛围好，生活成本相对不高。而这个区域最大的特点就是交通便利、配套完备、综合生活成本比较低。但同样的，这个区域的新房较少，而且价格也不会太低，市场上二手房较多。个人认为，如果纯粹是为了居住的话，购买这个区域的二手房是最佳的选择。这个区域比较明显的缺点就是视觉环境比较差。如果旧城改造的力度大的话，会有一定的新房放量。对于年轻购房人群而言，这种区域的房价相对不高，但生活比较方便，从节约生活成本及方便性上考虑，是个不错的选择。

五、郊区适合刚需以及养老

郊区都是远离城市中心，处于城市的边缘地带，但依靠快速交通干线使得居住者进入市内的时间并不长，例如北京的通州、河北的燕郊、昆山的花桥等。郊区虽然离城市有几十千米的距离，但很多人上下班的时间都能控制在一个半小时内。这种区域，房价相对较低，对于刚需购房群体而言，是相当不错的选择。当然，其缺点是交通成本通常较高，如果晚上有应酬或者娱乐活动的话，不太方便。而郊区的绿化率远比城区要高、环境也好，对于身体素质较差的老年人来说，在郊区养老也是个不错的选择。

资料来源：佚名. 理性分析区位对于购房的重要性［EB/OL］.（2020-03-23）. https：//www.sohu.com/a/382275212_99986045.

2.1　地租理论

2.1.1　地租的基本含义

地租是由农业或其他产业中的直接生产者创造的剩余价值被土地所有者占有的部分，是土地所有权在经济上的实现形式，是社会生产关系的体现和反映。

地租产生的基础是存在土地的所有权和使用权，且两者处于分离的状态。在任何社会制度下，只要这一社会形态存在，就必然存在地租。

在奴隶社会和封建社会，地租反映的是奴隶主、地主对奴隶和农民的全部剩余物甚至必要生产物（指维持人的基本生理需要的那部分劳动产品）的占有关系。在资本主义社会，地租反映的是农业资本家为了获取地主阶级的土地使用权，而交给地主阶级的超过平均利润的那部分剩余价值，而不再是由农民所创造的全部剩余价值。

在社会主义社会，地租是国家土地所有权或集体土地所有权在经济上的实现形式，反映的是社会主义市场经济条件下，土地所有者和土地使用者之间的一种新型的生产关系。

2.1.2　地租与租金的区别

租金是指在一定时期内，农业资本家向地主缴纳的全部货币额。总体说来租金范畴包括地租，租金是租赁使用费的法律概念，外延包括租赁使用费、税费等等，视具体合同具体分析；地租则是通俗说法，一般指土地租金，在政治经济学上又有特殊含义。

租金在出租人一方表现为租金收入，在承租人一方表现为租金费用。租赁业务的租金通常是在出租人和承租人双方谈判中根据资产的成本确定的，而且按时间计算，如每月租金若干。地价和房价的升降是由土地市场和房地产市场当时的供给和需求条件来决定的，而不能笼统地说由房价来决定地价。

租金除了包括严格意义上的地租外，还包括以下三方面内容：

（1）土地上的固定资产的折旧费和利息；

（2）租金中有时还包含着农业资本家的一部分平均利润；

（3）租金中有时还包含着一部分农业雇佣工人的工资。

2.1.3 地租理论的历史沿革

2.1.3.1 资产阶级古典政治经济学的早期地租理论

作为英国17世纪后期著名的重商主义派经济学家代表人物，威廉·配第（1623—1687）在《赋税论》一书中首次提到了地租的概念，对级差地租理论做出了开拓性的贡献。

2.1.3.2 古典经济学地租理论

该理论的主要代表人物有亚当·斯密、大卫·李嘉图。亚当·斯密系统地研究了地租，把地租确定为因使用土地而支付给地主阶级的代价，并指出地租是一种垄断价格。他虽然没有明确提出绝对地租的概念，但肯定了绝对地租的存在。大卫·李嘉图是英国古典政治经济学的杰出代表和理论完成者。他运用劳动价值理论完善了级差地租理论，并提出：

（1）级差地租产生的两个条件是土地的有限性和土地肥沃程度及位置的差异性。

（2）土地产品的社会价格是由劣等地的生产条件即最大的劳动消耗决定的。

（3）在土地报酬递减规律的作用下，新投入耕种的劣等地的产品价格决定市场价格，原耕种的土地必然出现级差地租，但他否认绝对地租的存在。

2.1.3.3 资产阶级庸俗政治经济学的地租理论

该理论的主要代表人物有萨伊和马尔萨斯。萨伊是从效用价值论考察地租的，他认为生产不是创造物质，而是创造效用，他又在此基础上提出了生产三要素论，即凡生产出来的价值都应归于劳动、资本和土地三者作用的结果。按照这一理论，工资是对劳动服务的补偿，利息是对资本服务的补偿，地租就成了对使用土地的补偿。这样，萨伊就彻底抛弃了以斯密为代表的古典学派关于地租是劳动生产物的一部分的论断，进一步从生产三要素论转向了三位一体的分配论。马尔萨斯作为土地贵族的利益代表，认为地租是"自然对人类的赐予"，否认地租是土地所有权垄断的结果。马尔萨斯的地租理论彻底抹杀了地租所体现的剥削关系和阶级关系。

2.1.3.4 新古典经济学的地租理论

该理论的主要代表人物有克拉克、马歇尔等。克拉克认为，地租不是一个独立的范畴，它被认为与资本无本质差异，地租被视为土地资本的利息，是利息的派生形式。马歇尔认为土地是一种特定形式的资本，地租是由几部分组成的，即由原始价值、私有价值和公有价值组成。而真正的地租就是土地的私有价值，是大自然赋予的收益。

2.1.3.5 现代西方经济学的地租理论

该理论的主要代表人物有萨缪尔森、巴洛维等。萨缪尔森认为地租是为使用土地所付的代价，土地供给数量是固定的，因而地租量完全取决于土地需求者之间的竞争。他把地租看作一种经济盈余，也就是总产值或总收益减去总成本以后余下的那一部分。

2.1.3.6 马克思主义地租理论

马克思主义地租理论将在以下内容中单独叙述。

2.1.4　马克思主义地租理论的内容

2.1.4.1　农业地租

马克思着重考察了资本主义农业地租，科学解释了地租产生的原因、条件和源泉。马克思主义认为，在农业资本主义生产关系中涉及三个阶级之间的关系：一是土地所有者；二是租地的农场主（资本家）；三是农业雇佣工人。

农业资本家向土地所有者租来大片土地，雇用农业工人进行生产，建立起资本主义农场。在资本主义农业中，农业资本家投资于土地，如同资本家投资于工商业部门一样，必须获得平均利润。如果得不到平均利润，他就会将资本转移出农业部门。同时，土地所有者把土地租给农业资本家，作为土地使用者的农业资本家为了得到在这个特殊生产场所使用自己资本的许可，要在一定期限内按契约规定支付给土地所有者一定的货币额。如果土地所有者得不到地租，他宁愿让土地荒芜。这样，农业资本家所获得的剩余价值必须大于平均利润，以便把它分为两部分，其中，相当于平均利润的那部分剩余价值，为农业资本家所有；超过平均利润的那部分剩余价值，则以地租的形式付给土地所有者。所以，资本主义地租是农业资本家为了取得土地使用权而缴给土地所有者的超过平均利润的那部分剩余价值。它在本质上是农业雇佣工人所创造的剩余价值的一部分。

那么，为什么在农业部门中，农业雇佣工人所创造的剩余价值在农业资本家获取平均利润以后还有一个余额作为地租缴给土地所有者呢？马克思通过分析资本主义地租的两种形态，即级差地租和绝对地租，从而科学地回答了上述问题。

（1）级差地租

级差地租是经营较优土地的农业资本家所获得的，并最终为土地所有者占有的超额利润，其来源是产品个别生产价格与社会生产价格的差额，由于这种地租与土地等级相联系，故称为级差地租。

造成土地等级差异大致有三个原因：

①不同地块在丰度、肥力上具有差异性；

②不同地块的地理位置即区位存在差异性；

③同一块土地上连续投资产生的劳动生产率也有差异性。

上述差异，使土地客观上具有不同的等级，进而使不同等级的土地在投入等量劳动的条件下形成不同的级差生产力。这种以使用不同等级土地或在同一土地上连续追加投资为条件产生的土地级差生产力是产生级差超额利润的物质基础，从而也成为级差地租的物质条件或自然基础。

在任何情况下，用于农业的土地（首先是耕地），其肥力和位置总是有差别的，劳动者在不同肥力或位置的土地上耕种，其劳动生产率必然有差别。在较优土地上耕种的产量高，产品个别生产价格较低；相反，在劣等土地上耕种的产量低，产品个别生产价格就相对较高。然而，在市场经济条件下，同样产品在市场上是按同一价格销售的。

由于土地面积有限，特别是优、中等地面积有限，仅仅把优、中等地投入农业生产不能满足社会对农产品的需求，因而劣等地也必然要投入农业生产。进一步说，如果劣等地不投入农业生产，中等地就成了投入农业生产的相对的"劣等地"，结论仍然成立。如果农产品也像工业品一样，由中等地的生产条件决定市场价格（社会生产价格），那么，经营劣等地的农业资本家就得不到平均利润，最终就要退出农业经营。这样，农产品的产量就不能满足社会需求，价格就要上涨。当价格上涨到使劣等地的经营者也能获得平均利润时，劣等地会被重新投入农业生产中。可见，为了满足社会对农产品的需求，必须以劣等地的生产条件决定的个别生产价格作为社会生产价格。这样，经营优、中等地的农业资本家的个别生产价格低于社会生产价格，就能获得一定的超额利润。

由此可见，级差地租产生的条件是自然力，即优越的自然条件。但自然力不是超额利润的源泉，仅是形成超额利润的自然基础，因为它是较高劳动生产率的自然基础。级差地租产生的原因是由土地有限而产生的资本主义经营垄断。正是由于这种有限的优越自然条件被部分经营者垄断，因而能获得持久而稳定的超额利润。而在土地所有权存在的条件下，这部分超额利润就要转化为级差地租，为土地所有者占有。

根据造成土地等级原因的不同，马克思将因土地丰度（肥力）和位置差异产生的超额利润转化的级差地租称为级差地租 I；将因在同一地块上各个连续投资的劳动生产率差异所产生的超额利润转化的级差地租称为级差地租 II。

①级差地租 I。

级差地租 I 的形成见表 2-1。从表中可见，面积相同的优、中、劣三块土地，虽然投资水平相同（均为 10 000 元），但由于肥沃程度不同，其产量分别为 600、500 和 400 个单位。其单位产品的个别生产价格为 20 元、24 元和 30 元。如果以中等地的个别生产价格作为社会生产价格，那么劣等地生产的产品无法获得社会平均利润，因此会退出生产。在社会整体的需求水平给定时，供给减少，市场价格水平会提高，只有当市场价格提高到使劣等地也能提供同样的利润时，才会达到均衡。因此决定社会生产价格的是投入生产的最差等级的土地的个别生产价格。在此例中，以劣等地的个别生产价格（30元）作为社会生产价格，那么全部产品的社会生产价格就分别为 18 000 元、15 000 元和12 000 元。因此，优、中等地就可以获得 6 000 元和 3 000 元的超额利润，转化为级差地租 I。

表 2-1   级差地租 I 的形成

土地等级	投入资本/元	平均利润/元	产量/单位	个别生产价格/元		社会生产价格/元		级差地租 I/元
				全部产品	单位产品	全部产品	单位产品	
劣	10 000	2 000	400	12 000	30	12 000	30	0
中	10 000	2 000	500	12 000	24	15 000	30	3 000
优	10 000	2 000	600	12 000	20	18 000	30	6 000

土地位置（距离市场远近）差异也是形成级差地租 I 的条件之一，见表 2-2。

从表 2-2 中可见，上述三块土地面积和肥沃程度相同，产量都是 100 个单位，由于距离市场远近不同，其运费分别为 500 元、750 元和 1 000 元。按 20% 的平均利润率计算，

表 2-2 级差地租 I 的形成条件

地块	距离市场远近/千米	资本投入/元	运输费用/元	资本总支出/元	平均利润/元（平均利润率为20%）	产量/单位	个别生产价格/元	社会生产价格/元	级差地租 I/元
甲	10	10 000	500	10 500	2 100	100	126	132	600
乙	15	10 000	750	10 750	2 150	100	129	132	300
丙	20	10 000	1 000	11 000	2 200	100	132	132	0

个别生产价格分别为 126 元、129 元、132 元。在市场上按社会生产价格（距离市场最远地块丙的个别生产价格）132 元出售，则甲、乙两块土地分别获得级差地租 600 元、300 元。

②级差地租 II。

随着人口的增加和经济的发展，农业用地被非农部门大量占用且日益稀缺。农产品是许多加工业的基本原料来源，这样社会对农产品的需求越来越多，推动农业日益采用集约化经营方式。实行集约化经营，就是要在同一块土地上连续追加投资，每次投资的劳动生产率必然会有差异，只要高于劣等地的劳动生产率水平，就会产生超额利润。这种由于在同一块土地上各个连续投资劳动生产率的差异而产生的超额利润转化的地租就称为级差地租 II。

级差地租 II 的形成见表 2-3。从表中可见，在优等地上追加投资 10 000 元，劳动生产率提高，每单位产品的个别生产价格降为 17.14 元。若产品仍按社会生产价格每单位 30 元出售，全部产品可得 21 000 元，其中比劣等地全部产品 12 000 元多出的 9 000 元就是优等地追加投资所得的超额利润，它将转化为级差地租 II。

表 2-3 级差地租 II 的形成

土地等级	投入资本/元	平均利润/元	产量/单位	个别生产价格/元		社会生产价格/元		级差地租/元
				全部产品	单位产品	全部产品	单位产品	
劣等地	10 000	2 000	400	12 000	30	12 000	30	0
优等地	10 000	2 000	600	12 000	20	18 000	30	6 000（I）
优等地追加投资	10 000	2 000	700	12 000	17.14	21 000	30	9 000（II）

可见，由追加投资带来的超额利润是级差地租 II 的实体。不论优等地还是劣等地，只要追加投资所获得的较高劳动生产率形成超额利润，在资本主义土地私有制的条件下，最终都会转化为级差地租 II，落入土地所有者手中。但转化的时间和方式与级差地租 I 不完全相同。地租额的高低是土地出租时在租约中确定的。地租额一经确定，在租约有效期内，由农业资本家连续追加投资所产生的超额利润，全部落在农业资本家手里。但租约期满后，土地可能产生的级差地租 II 在缔结新租约时就会全部转归土地所

有者。

（2）绝对地租

在市场经济条件下，使用生产力低下的劣等地不可能产生级差超额利润，因此也不需要支付级差地租，这是否意味着土地所有者可以不要任何代价将这些土地交给使用者使用呢？答案是否定的，土地使用者仍然要向土地所有者支付地租，否则，土地所有权在经济上将得不到实现。马克思把这种只要使用所有者的土地便绝对需要支付的地租称为绝对地租。事实上，不仅使用劣等地要支付绝对地租，而且使用中等地和优等地所支付的地租中也包含着一个绝对地租。

绝对地租的实体表现为农业中的超额利润，其来源于在农业资本有机构成低于社会平均有机构成的条件下，土地产品价值高于其生产价格的差额，见表2-4。

表2-4   绝对地租的形成

生产部门	资本有机构成	剩余价值（剩余价值率为100%）	平均利润（平均利润率为20%）	产品价值	生产价格	绝对地租
工业部门	80C-20V	20	20	120	120	0
农业部门	60C+40V	40	20	140	120	20

注：C为不变资本，V为可变资本。

由此可见，由于农业资本有机构成低于工业资本有机构成，等量资本在农业中可吸收较多的劳动力，在剩余价值率相等的条件下可产生较多的剩余价值。在工业生产中，由于在不同部门之间进行重新分配，形成平均利润率。而在农业中，由于存在土地所有权的垄断，资本的自由流动受到限制，从而导致农业部门生产的剩余价值不参与平均利润率的形成过程。这样，由于农业资本有机构成低而多获得的剩余价值就留在农业部门，构成了超额利润，即绝对地租的实体。在农业资本有机构成赶上甚至超过工业资本有机构成的条件下，绝对地租只能来源于土地产品的市场价格高于其价值的差额。

（3）垄断地租

马克思主义认为，在资本主义制度下，除了级差地租和绝对地租两种基本地租形式之外，还存在着垄断地租。垄断地租是由产品的垄断价格带来的超额利润转化成的地租。某些土地具有特殊的自然条件，能够生产某些特别名贵又非常稀缺的产品。比如，具有特殊风味的名酒就是用某些特别地块出产的原料（包括水）酿制而成的。这些产品就可以按照不仅大大超过生产价格，而且也超过其价值的垄断价格出售。这时的垄断价格只由购买者的购买欲望和支付能力决定，而与一般生产价格或产品价值所决定的价格无关。这种垄断价格产生的超额利润，由于土地所有者拥有对这种具有特殊性质的土地的所有权，因而转化为垄断地租，落入土地所有者手中。

2.1.4.2　城市地租理论

（1）城市级差地租

所谓城市地租，是指城市土地的使用者，诸如住宅经营者或工商企业家，为建筑住宅、工厂、商店、银行等建筑物租用土地，而交付给土地所有者的地租。由此可见，马克思所说的建筑地段地租，实际上就是我们今天所说的城市地租。

城市地租也可分为级差地租和绝对地租两种基本形态，其中，级差地租又可分为级差地租Ⅰ和级差地租Ⅱ。除此之外，还存在垄断地租。

①城市级差地租Ⅰ。

在市场经济条件下，所谓土地位置，实际上就是土地距离市场的位置。在农业部门，土地的丰度和地理位置共同起作用，但以丰度为主，由它决定着级差地租量的多少。至于城市土地，则不是以丰度为主，而是以地理位置为主，由它决定着级差地租量的多少。究其原因，就在于城市土地地理位置的好坏直接关系到它所能带来的集聚效益的大小。

所谓集聚效益，从总体上说是指各种群体（如工厂、商店群等）和个人在地域空间上集中所产生的经济效应。集聚效益可以分成两大类：一类是企业内部的规模经济效益，它适用于单独的厂商；另一类是企业外部的集聚效益，它包括区域化经济效益和城市化经济效益两个方面的内容。

首先，城市土地位置的优劣决定着企业距离市场的远近、运输时间的长短和运费的高低。

其次，城市土地位置的优劣决定着市场容量的大小，从而直接决定着企业销售额。人口和集聚程度对商业企业具有更大的意义。商业地租是城市地租最典型的形态，商业对土地位置最为敏感。作为商业地租实体的超额利润是与商业企业所在位置所决定的顾客密度及其营业额等指标成正相关的。

最后，城市土地位置的优劣还决定着获得其他生产要素，特别是信息等特种资源费用的高低。

②城市级差地租Ⅱ。

首先，国家在城市市政基础设施上追加投资，这种追加投资将进一步增加追加投资区域内的级差生产力Ⅱ和级差超额利润Ⅱ。其次，企业追加投资，如企业在原有的地区或特定的区域内，不论是建造新的工厂或商店等，以扩大企业的布点，还是通过改建、扩建，以提高原有土地空间的使用效率，如通过适当增加建筑物的楼层或进行建筑物的装潢等，都可以提高该土地的级差生产力Ⅱ和级差超额利润Ⅱ。

③城市级差地租的特点。

城市级差地租和农业级差地租相比，具有以下特点：

第一，位置对城市级差地租具有决定性的影响。根据地租理论，一般决定级差地租Ⅰ的有两个条件，即土地地理位置和土地肥沃程度。但土地肥沃程度对城市级差地租影响不大，决定城市级差地租大小的关键因素是土地的地理位置。处于位置有利的建筑地段的企业，如靠近销售市场、交通运输便利、处于经济文化中心、市场容量大，特别是获得信息等特种资源的费用较低且容易，因此能降低成本，加快资金周转，提高利润率，获得较高的超额利润，这种超额利润可转化为级差地租。进一步说，这个位置是指经营地块离城市中心位置的距离，这个中心是指城市的功能中心，城市中心的地租较高，离城市中心越远的地方，地租就越低。所以，与农业用地相比，城市土地不是以丰度为主，而是以地理位置和距离功能中心的远近为主，由此决定着级差地租量。

第二，商业地租是城市级差地租的最典型的形态，商业对土地位置极为敏感。作为商业地租实体的超额利润是与商业企业所在位置决定的顾客密度及其营业额等指标成正相关的。在繁华商业街区的商店较之零星散落的商店更易吸引消费者，这就是近些年各地商业步行街不断兴起的原因。

第三，城市级差地租 II 的数量要比农业级差地租 II 大得多。农业土地的追加投资能产生级差地租 II。但是由于农业生产受气候、技术等多方面因素的制约，农产品的产量不可能成倍地提高，因此农业级差地租一般较小。城市级差地租 II 却与农业级差地租 II 有很大的不同。由于城市的扩大，开发区的建立，随着市政基础设施追加投资的不断积累，再加上企业对原有用房的扩建、装修等追加投资的见效，因追加投资而增加的超额利润可能会成倍增加，由此转化成的级差地租 II 也会大幅度增长。

（2）城市绝对地租

城市土地所有权由国家垄断，任何企业、单位、个人要使用城市土地，都必须向土地的所有者即国家缴纳地租。这个因所有权的垄断而必须缴纳的地租就是城市绝对地租。城市绝对地租也是由农业地租决定和调节的，确切地说是由毗邻城市或城市边缘地区的农业地租调节的。城市最低一个等级的土地即不提供城市级差地租的"0"级土地，它处于城市边缘地区，与周边的农业用地相接；相对于农业用地，它曾是农业的优等地，曾经提供农业优等地的地租；在将它转为城市用地时，农村集体经济组织把土地所有权有偿出让给国家，因而国家在出让其使用权时理应向土地使用者收取地租，这个地租就是绝对地租。农业地租是城市绝对地租的基础，因而城市绝对地租的量不是该土地作为农业用地时的绝对地租量，而是作为农业用地时的全部地租，即绝对地租和级差地租之和。在城市的平均资本有机构成高于农业的条件下，这种绝对地租只能来源于垄断价格，也就是市场价格高于其价值和生产价格的余额。

（3）城市垄断地租

级差地租来源于个别生产价格低于社会生产价格的超额利润，绝对地租来源于社会生产价格低于社会价值的超额利润。

垄断地租的实体是垄断超额利润，它是由某块具有特殊稀有功能并且可以垄断的土地产品价格带来的。生产青岛啤酒的地下优质矿泉水提供了一种垄断价格，这个垄断价格提供了一个很大的超额利润；在土地所有权与使用权分离的条件下，这个由超额利润转化的地租，就是垄断地租。

垄断地租和绝对地租的区别和联系：垄断地租和绝对地租都与土地产品或土地上经营的商品的垄断价格有关，但是，垄断地租是由垄断价格产生的地租，而绝对地租是垄断价格产生的原因。垄断地租产生的原因是土地经营权的垄断，只不过垄断的不是一般土地的经营权，而是具有某种特殊优越条件的土地的经营权，所以垄断地租是一种特殊的级差地租，而绝对地租产生的原因则是土地所有权的垄断。

【知识链接2-1】 ••

城市地租对房地产市场的影响

房屋产权年限一般与其对应的土地性质有关，住宅地产70年，工业地产50年，教育、科技、文化、卫生、体育、仓储、综合或者其他地产50年，商业、旅游、娱乐地产 40 年。如果我们的房屋想要进行交易，那么土地性质为划拨的需要补缴出让金，转化为出让性质用地，才能进行上市交易。其中体现了土地的不同价格。

从经济学的角度来说，土地价格是土地经济作用的反映，别名叫地价，是地租资本化的一种体现。在我国，城市建设用地所有权归国家所有，使用权通过出让或转让的方式流转。因而可以理解成，我国的地价是以土地使用权出让、转让为前提，一次性支付的多年租金的现值总和。土地价格高低取决于可以获取的预期土地收益（地租）的高低和报酬率的大小。我们常常听到土拍地王的相关新闻，这也是对某一块土地可以获取收益的高期待。下面就来介绍一下地租的一些小知识。

城市地租是指开发商为建筑住宅、工厂、商店、银行、娱乐场所，租用城市土地而交付给国家的费用。它既是土地所有权的体现，也是土地所有权和经营权在经济上的实现。土地的价格并不是"土地价值"的货币体现，而是土地所提供的地租的购买价格。从本质上讲，地价同地租是一致的，都是土地所有权为土地所有者带来的回报。

从不同的角度来看，地租有着不同的解读方式。一方面，地租是一个经济范畴，是土地使用者为使用土地而支付给土地所有者的代价。这种代价比较常见的是以货币的形式表现出来（货币地租）。另一方面，它又是一个社会历史范畴，在不同的社会形态下，地租由于土地所有权性质的不同，其性质、内容和形式也存在许多差异。地租作为一种经济范畴，不仅反映土地所有者与使用者之间的一般经济利益关系，而且在不同的历史发展阶段还表现出特定的人与人之间的社会关系，是社会关系在土地方面的体现。

地租对房地产价格有着非常大的影响，可以说地租变动直接影响着房地产价格，引起房地产价格上下波动。在其他条件不变时，地租水平提高，将使房地产价格上涨，反之，地租水平降低，将使房地产价格下降。房地产开发主要是指以土地与房屋建筑为对象的人类生产活动。从房地产开发企业的角度而言，主要是追求利润的最大化。而土地价格的高低是影响房地产开发成本的重要因素。从城市发展的角度而言，地租是城市土地使用者选择用地的信号和指标，土地使用者将根据地租水平的高低和变化调节自己的用地行为和方向，譬如商业、住宅、工业用地的出让价格存在比较大的差异。因此，地租可以作为调节城市土地利用的有力杠杆，可以促使城市土地资源的合理配置。同时，地租水平的高低，进而土地价格的高低，是影响房地产开发成本的重要因素，地租是城市土地使用者选择用地的信号和指标。

资料来源：佚名. 浅谈城市地租对房地产市场的影响［EB/OL］.（2018-04-02）. https://
jiangmen.house.ifeng.com/news/2018_04_02-51423856_0.shtml.

2.2　土地区位理论

2.2.1　区位及区位理论的概念

2.2.1.1　区位的概念

具体而言，区位除了可解释为地球上某一事物的空间几何位置外，还强调自然界的各种地理要素和人类经济社会活动之间的相互联系以及相互作用在空间位置上的反映。区位就是自然地理区位、经济地理区位和交通地理区位在空间地域上有机结合的具体表现。

区位主体是指与人类相关的经济和社会活动，如企业经营活动、公共团体活动、个人活动等。区位主体在空间区位中的相互运行关系被称为区位关联度。区位关联度影响投资者和使用者的区位选择。一般来说，投资者或使用者都力图选择总成本最小的区位，即地租和累计运输成本总和最小的地方。

区位理论是关于人类活动的空间分布及其空间中的相互关系的学说。具体地讲，区位理论是研究人类经济行为的空间区位选择及空间区位内经济活动优化组合的理论。

2.2.1.2　农业区位理论

农业区位理论是一种研究农业生产类型随农业区位变化的特点和规律的理论，德国农业经济学家杜能是该理论的奠基人。基于在德国北部平原长期经营农场积累的管理经验，他对农业生产区位进行了深入研究，并在1826年出版的名著《孤立国对于农业和国民经济的关系》（第一卷）中提出了（最早且最有代表性的）农业区位理论模式。

由于地域上的自然现象和经济现象是纷繁复杂的，为使其基本模式能够导出，杜能采用了当时在理论研究中广泛运用的"抽象法"（或称"孤立化法"），即把复杂具体的事物抽象化。他为了研究的方便而假设其研究地区是以这样一些条件为前提的"孤立国"：在这个与外界无联系的"孤立国"内，只有一个位于中心的城市（消费市场），环绕这个城市的是一个广阔的、自然条件一样的可耕平原（即农业用地质量相同）；在"孤立国"内由各地至中心城市的唯一交通工具是马车，运费与农产品的重量和生产地到消费市场（中心城市）的距离成正比；生产者均匀分布，素质相同；在利润最大原则的支配下，根据市场的供求关系，可随时调整生产方向（土地利用类型）而没有任何经济技术上的困难。

从这些假设的前提条件出发，杜能分析和研究了在这个"孤立国"内如何布局农业生产最为有利。他认为种植农作物的目的在于获取利润，在什么地方种植何种农作物完全以是否能获得更多利润为准。而利润是由农产品的市场价格、生产成本和运费这三个因素所决定的，即利润（P）是农产品的市场价格（V）减去农业生产成本（I）和农产品运到市场的运费（T）之后的余额。用公式表示如下：

$$P=V-(I+T) \tag{2-1}$$

显然，在市场价格（V）与生产成本（I）不变的条件下，运费（T）定额的增减将直接引起利润（P）的增减变化。

　　根据这一公式，杜能在进行了大量计算后得出了以城市为中心的各种农作物（农产品）组合的最合理的分布界线，并由此将"孤立国"划分为六个围绕中心（城市）的农业同心圆圈，即著名的"杜能圈"（如图 2-1 所示）。其中：第一圈为自由式农业圈，紧靠城市，生产蔬菜、鲜奶等易腐食品；第二圈为林业圈，为城市提供薪材与建筑用材；第三圈至第五圈分别为轮作式农业圈、谷草式农业圈和三圃式农业圈，都是以生产谷物为主但集约程度逐渐降低的三个农耕地带；第六圈为粗放经营的畜牧业圈；第六圈以外则为未耕的荒野。

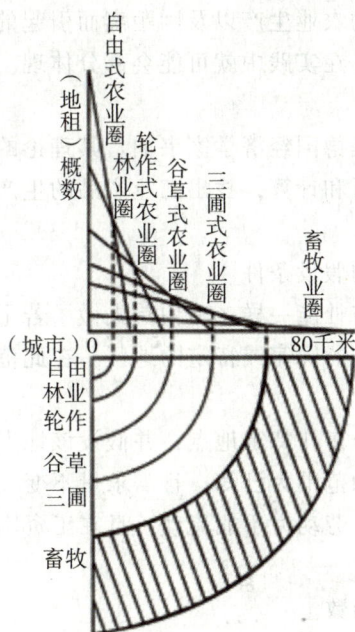

图 2-1　杜能圈的形成机制与圈层结构示意图

　　从图 2-1 可以看出，杜能在当时的历史条件下第一次从经营的角度比较系统地研究了农业布局的规律性，阐述了对农业生产的区位选择进行经济分析的途径。他从级差地租（或称位置级差地租）在生产农产品中所创造的价值（呈现出级差）出发，以利润大小为转移，来论述农业土地利用类型和农业集约化程度的合理地区差别，并在此基础上建立起农业分圈带实现专业化配置的部门组合的理论，由此引申出各种农产品分布的最优区位，亦即得出了在距离市场远近不同的地区应配置不同的农产品生产以及采取不同的经营方式的结论，并指出随着对中心城市（消费市场）距离的增大，农业经营方式由集约到粗放，农业布局也随之相应变化。

　　这对农业的合理布局乃至整个生产的合理布局的科学研究有重大影响。当然，我们也应当看到，杜能在"孤立国"中指出的农业区位理论也是不完善的。我们知道，制约农业布局和农业区域划分的因素十分复杂，其中包括自然资源和自然条件、社会经济和科学技术条件以及政府制定的有关政策的影响等许多方面，至于距离市场的远近和运费仅仅是其中的部分因素。特别是随着社会的进步和经济、科技的发展，现代交通运输条件发生了巨大的变化，运费在农产品的市场价格中所占的比重和重要性正呈下降的趋势，农产品的地区分布受运输条件的限制已远比19世纪20年代要小得多，按杜能模式以前只能打猎的地方，现在无疑也可以进行种植，而处于"杜能圈"中心附近的林业可以在离大城市很远的地方经营。

因此，今天如果再过分突出运费这个单一因素，显然不能正确地说明农业布局中的有关问题。此外我们还应该看到，就是在杜能所处的时代，由于在资本主义制度下土地及其他农业生产资料都是私有的，农业的布局也不可能按照一个共同的理想模式来勾画，他的农业区位论只是学术研究上的一种假设。尽管如此，只要还存在着面向集中的消费市场（如城市）而进行的农业生产以及因距离而引起的运费差异，杜能的农业区位理论就具有一定的借鉴意义，在实践中就可能会部分体现。

2.2.1.3　工业区位理论

工业区位理论的奠基人是德国经济学家韦伯。其理论的核心就是通过对运输、劳动力及集聚因素相互作用的分析和计算，找出工业产品的生产成本最低点，作为配置工业企业的理想区位。

（1）韦伯工业区位理论的假设条件

为了理论演绎的需要，与杜能一样，韦伯首先做了若干基本假设：

①研究的对象是一个均质的国家或特定的地区。在此范围内只探讨影响工业区位的经济因素，而不涉及其他因素。

②工业原料、燃料产地分布在特定地点，并假设该地点为已知。

③工业产品的消费地点和范围为已知，且需求量不变。

④劳动力供给亦为已知，劳动力不能流动，且在工资率固定的情况下，劳动力的供给是充裕的。

⑤运费是重量和距离的函数。

⑥仅就同一产品讨论其生产与销售问题。

（2）以运输成本定向的工业区位分析

以运输成本定向的工业区位分析，是假定在没有其他因素影响的条件下，仅就运输与工业区位之间的关系而言的。韦伯认为，工厂企业自然应选择在原料和成品二者的总运费最小的地方，运费的大小主要取决于运输距离和货物重量，即运费是运输物的重量和距离的函数，亦即运费与运输吨千米成正比关系。在货物重量方面，韦伯认为，货物的绝对重量和相对重量（原料重量与成本重量间的比例）对运费的影响是不同的，后者比前者更为重要。为此，他对工业用原料进行了分类：一是遍布性原料，指到处都有的原料，此类原料对工业区位影响不大；二是限地性原料，也称地方性原料，指只分布在某些固定地点的原料，它对工业区位模式产生重大影响。

根据以上分类，韦伯提出了原料指数的概念，以此来论证运输费用对工业区位的影响。所谓原料指数，是指需要运输的限地性原料总重量和制成品总重量之比，即

原料指数=限地性原料总重量/制成品总重量

按此公式推算，可得到在工业生产过程中使用不同种类原料的原料指数。限地性原料的参用程度越大，原料指数也越大；遍布性原料的参用程度越大，原料指数则越小。

而原料指数的不同将导致工业区位的趋向不同。一般来说，原料指数＞1，工厂应设在原料地；原料指数＜1，工厂应设于消费地；原料指数＝1，工厂可以设于原料地，也可以设于消费地。因此，只有根据原料指数在原料、燃料与市场间找到最小运费点，才能找到工业的理想区位。

（3）劳工成本影响工业区位趋向的分析

韦伯从运输成本的关系论述了工业区位模式之后，对影响工业区位的第二项因素——劳工成本进行了分析。他认为劳工成本是导致以运输成本确定的工业区位模式产生第一次变形的因素。所谓劳工成本，就是指每单位产品中所包含的工人工资额，或称劳动力费用。

韦伯认为，当劳工成本（工资）在特定区位对工厂配置有利时，可能使一个工厂离开或者放弃运输成本最小的区位，转而移向劳动力廉价（工资较低）的地区选址建厂。前提是在工资率固定、劳动力供给充分的条件之下，工厂从旧址迁往新址，所需原料和制成品的追加运费小于节省的劳动力费用。在具体选择工厂区位时，韦伯使用了单位原料或单位产品等运费点的连线即等费用线的方法加以分析。同时，还考虑了劳工成本指数（即每单位产品之平均工资成本）与所需运输的原料和成品总重量的比值即劳工系数的影响。

（4）集聚因素与分散因素影响工业区位的分析

集聚因素如同劳工成本可以克服运输成本最小区位的引力一样，由其形成的集聚经济效益也可使运费和工资定向的工业区位产生偏离，从而形成工业区位的第二次变形。

①集聚因素。

集聚因素是指促使工业企业向一定地区集中的因素，又可分为一般集聚因素和特殊集聚因素。它们主要通过以下两方面对工业企业的经济效益产生影响：

第一，生产或技术集聚，又称纯集聚。它对工业效益的影响主要通过两种方式：其一是工厂企业规模的扩大；其二是同一工业部门中企业间的协作使各企业的生产在地域上集中，且分工序列化。

第二，社会集聚，又称"偶然集聚"，是由企业外部因素引起的，也包括两方面：一是大城市的吸引、交通便利以及矿产资源丰富使工业集中；二是一个企业选择了与其他企业相邻的位置，获得额外利益。

韦伯认为，生产集聚是一般集聚因素，社会集聚则是特殊集聚因素。前者是集聚的固定内在因素，而后者则是偶然的外在因素。在讨论工业区位时，主要关注一般集聚因素，而不必关注特殊集聚因素。

②分散因素。

分散因素与集聚因素相反，指不利于工业企业集中到一定区位的因素。一些工厂宁愿离开工业集聚区，搬到工厂较少的地点去，前提条件是房地产价格上涨造成的损失大于集聚给企业带来的利益，即取决于集中与分散的比较利益大小。

2.2.1.4　克里斯塔勒的中心地理论

中心地理论是由德国著名地理学家克里斯塔勒提出的。该理论认为，城市形成于一定数量的生产地中的中心地，是向周围区域居住的人口供应物品和劳务的地点，而且不同级别的中心地应遵循一定的等级分布规律。

（1）中心地理论有关基本概念

①中心地。

中心地是指相对于一个区域而言的中心点，不是一般泛指的城镇或居民点，更确切地说，是指区域内向周围地域居民点的居民提供各种货物和服务的中心城市或中心居民点。

②中心地职能。

中心地职能体现为向周围地域提供商品或服务。中心地职能主要以商业、服务业方面的活动为主，同时还包括社会、文化等方面的活动，但不包括中心地制造业方面的活动。

③中心性。

中心性或者中心度，可理解为一个中心地对周围地区的影响程度，或者说中心地职能的空间作用大小。中心性可以用"高""低""强""弱""一般""特殊"等概念来形容和比较。

④需求门槛。

需求门槛是指某中心地能维持供应某种商品和劳务所需的最低购买力和服务水平。在实际中，需求门槛多用能维持一家商服企业的最低收入所需的最低人口数来表示。这里的最低人口数就称为门槛人口。

⑤商品销售范围。

如果其他条件不变，消费者购买某种商品的数量，取决于他们准备为之付出的实际价格，此价格就是商品的销售价格加上为购买这种商品来往的交通费用。显然，实际价格是随消费者选择商品提供点距离的远近而变化的。距离越短，交通花费越少，商品的实际价格越低，结果该商品的需求量也就越大，否则相反。由此可以得出，商品销售范围就是指消费者为获取商品和服务所希望通达的最远路程，或者指中心地提供商品和服务的最大销售距离和服务半径。

（2）中心地理论的主要内容

①假设条件。

克氏理论的假设条件如下：

第一，研究的区域是一块均质的平原，其上人口均匀分布，居民的收入水平和消费方式完全一致。

第二，有一个统一的交通系统，对同一等级规模城市的便捷性相同，交通费用和距离成正比。

第三，厂商和消费者都是经济人。

第四，平原上的货物可以完全自由地向各方向流动，不受任何关税或非关税壁垒的限制。

②正六边形市场区。

在一个均质平原上，让所有人都由一个中心地提供商品和服务显然是不可能的。超额利润的存在，必然吸引其他中心地的厂商加入进来。为了避免相互竞争所引起的销售额下降，第二个中心地必须与第一个中心地相隔一定距离，一般距离不能太近。以后，第三个中心地、第四个中心地······都会以同样的方式加入进来。

图 2-2 为中心地理论形成示意图。在这块平原上,由于新的中心地厂商不断自由进入,竞争结果是各厂商经营某类商品的最大销售范围逐渐缩小,直到能维持最低收入水平的门槛范围为止。这样,就使某类商品的供给在均质平原上最终达到饱和状态,而每个中心地的市场区都成为圆形,且彼此相切。但是,相切的圆形市场区如果不重叠,圆与圆之间必然会出现空隙,使居住在这些空隙里的居民得不到服务。实际上,在相互激烈竞争的情况下,这种现象不可能长期存在下去。各中心地都试图把这片空白区吸收到自己的市场区内。竞争的结果是,它们之间的距离进一步缩短,以致各中心地的销售范围都有一部分相互重叠。这时,居住在重叠区内的居民就有两个可供选择的区位。按照消费者在最近供应地购物的假设,重叠区就被平均分割给两个相邻的中心地。其中,位于平分线上的居民到两个相邻的中心地的距离是相等的,故这条线被称为无差别线。由于重叠区被无差别线分割,圆形的市场区即被六边形的市场区所替代,从而推导出正六边形市场区这一便于组织中心地与服务区相联系的最有效的全覆盖的理论图示。

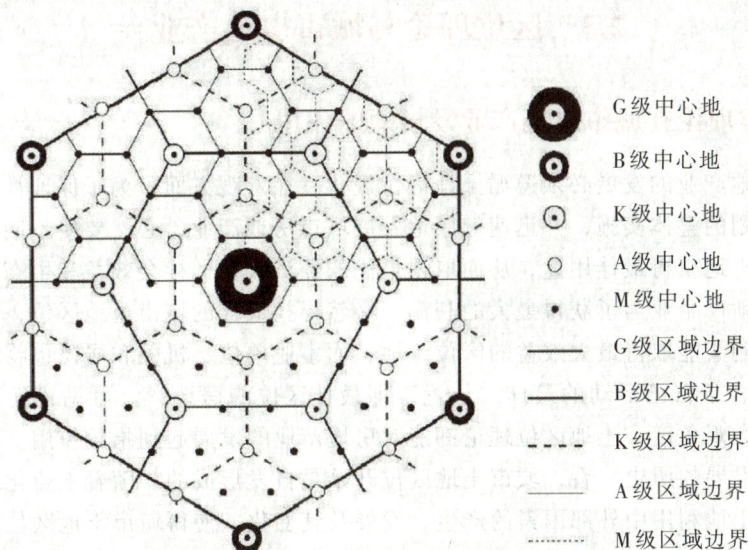

图例:
- G 级中心地
- B 级中心地
- K 级中心地
- A 级中心地
- M 级中心地
- —— G 级区域边界
- —— B 级区域边界
- - - - K 级区域边界
- —— A 级区域边界
- ······ M 级区域边界

图 2-2 中心地理论形成示意图

③市场等级序列。

根据前面的论述,中心地商品和服务的需求门槛、利润和服务范围,是与中心地规模、人口分布密度、居民收入水平及商品与服务的种类密切相关的。例如,在一个规模较小、人口密度和居民收入都很低的中心地,其每个单位面积内的商品销售量和服务需求水平也比较低。不同规模的中心地,其需求门槛和销售范围也是不同的。它们在空间地域上的这些差异,经过互相作用和人类经济活动的干扰,就将形成规律有序的中心地——市场等级体系。

就区域内各城镇而言,大城市的商业服务设施和商品种类向高级发展,多而全;中等规模城市的商业服务设施和商品种类趋向于中高级或仅能维持中级水平,服务项目少而不齐全;小城市的商业服务设施和商品种类趋向于中低级或只有低级水平,种类少而不全；一般城镇（县城、建制镇）只有基本生活性商业服务，水平很低，种类更少。就城市内部而言，市级中心、区级中心和小区级商服中心也有类似的规律。

就不同商品、服务行业而言，有的行业经营品类多，有的行业经营品类少；有的行业以提供高级商品和服务为主，有的行业以提供低级商品和服务为主。商品的种类、级别不同，其需求门槛和服务范围也不一样，由此可形成等级序列：低级商品和服务，其特点为售价低，顾客购买频率高，需求量大，需求门槛低，销售距离短或服务半径较小；而高级商品和服务，其特点为质量好、耐用、更新慢、售价高，需求量相对较少，购买频率也低，运费占售价的比重小，致使其门槛高，销售距离长或服务半径大。按地域归并可以找出规律，即高级商服中心提供从高级到低级的全部商品和服务，中级商服中心提供从中级到低级的全部商品和服务，而低级商服中心只提供低级的商品和服务。需求门槛和服务范围也依次由高到低、由大变小。

拓展阅读 2-1

《河北雄安新区规划纲要》节选及解读

2.3 区位理论与城市房地产业

2.3.1 区位理论在城市房地产业发展中的作用

城市房地产业的发展必须遵循土地区位规律。在宏观方面，为了保证社会的整体利益及城市规划的整体实施，并迅速健康地发展城市房地产业，必然要使不同地区、不同地段的所有土地获得最佳用途，从而取得最优的经济效益、社会效益和生态效益。在微观方面，房地产企业为了获得最大的利润，必然寻找最佳的城市土地区位，用地、用房的企业也要购买能取得最大效益的区位土地，而事业单位、机关和居民也将寻找经济上能承受又适合于自己活动的最佳"位置"即最佳区位的房地产。可见，无论从宏观角度，还是从微观角度，土地区位理论都能对房地产业的发展起到指导作用。

从城市发展的历史来看，城市土地区位开始是自发形成的。随着工业化、城市化的发展，城市土地利用中外部因素的产生、发展及其变化，使得城市土地区位越来越取决于人们的自觉行动，即城市土地区位是可变的，随着决定城市土地因素的变化而变化，其变化方向可以趋向更优的区位，也可能趋向衰退、丧失原来的区位优势。

每一宗特定城市区位的土地都可以有多种用途，但是，每一宗特定城市区位的土地都只有一个最优的用途。所谓最优用途，是指特定城市区位的土地不仅可以使微观单位获得最大的经济效益或居住效益，而且还可以从宏观上获得最好的社会效益和生态效益。制定城市土地利用规划就是要使城市不同区位的土地实现其最优用途，并逐步调整那些不合理的土地用途，以达到城市土地资源的优化配置。

城市土地区位效益的实质是级差地租，而且主要是位置级差地租。对一切经济单位来说，由于存在距离和空间位置的差异，以及自然的、环境的、经济的、文化的诸区位因素的差异，进一步加剧了上述位置差异，使处于同一市场上不同区位的相同面积的土地形成了极为不同的使用价值、利用方向和集约经营度，从而产生极为不同的经济效益。城市不同区位土地不同的级差地租不仅为制定城市土地利用规划、合理配置不同区位土地指明了方向，而且也成了国家从经济上运用地租优化土地资源配置的有力杠杆。

可见，区位理论在房地产业发展中的作用特别表现在两个方面：

（1）能够指导整个城市规划，包括土地利用及城市建设工作；

（2）能够指导房地产企业在开发经营过程中更好地进行区位选择，从而取得良好的经济效益和社会效益。

2.3.2　影响房地产区位的主要因素

2.3.2.1　影响土地区位的主要因素

影响土地区位的主要因素可以概括为一般因素、区域因素和个别因素等。

（1）一般因素

一般因素是指对城市土地具有普遍性、一般性和共同性影响的因素。这些因素对具体地块的影响不明显，但它们决定各个地块的总体效益和基础水平，影响土地的宏观区位条件。一般因素包括人口、行政区划、地理位置和自然条件、社会经济状况、土地与住房制度、城市规划、土地利用计划和政府政策等。

①人口。人口因素对土地的影响主要表现为人口密度和人口素质。人口密度直接反映人、地之间的相互关系，即单位土地面积的人口数量。由于人是最活跃的因素，因此，它对土地区位的好坏产生很大影响。人口密度越高，购买力越强，越有利于促进商业中心的形成；只有达到一定的人口密度，相关部门才开始配套建设比较完善的城市基础设施和服务设施。因此，从一定意义上来说，人口密度越高，土地利用的集约化程度也越高，土地的区位越好。城镇人口密度和土地区位的关系基本遵循这一规律，即城区人口密度最高，边缘区次之，郊区最少，与此相对应，土地区位也随之由城镇中心向外逐渐变差。人口的集聚效益是有一定限度的，当人口密度超过了合理的环境容量时，反而会使城镇环境恶化，交通拥挤，市容混乱，从而影响土地的区位，因此必须保持合理的人口密度，才能有利于城镇发展，使城镇土地获得最佳的经济效益。

人口素质是人口的收入水平、受教育程度、职业等条件的综合反映，直接或间接对土地的利用产生影响，影响到土地条件的变化。收入水平、受教育程度及职业直接影响到人们的消费水平、消费观念，决定人们对房地产产品标准的要求，影响到土地的利用效益。在西方国家的城市中，富人区和贫民区的差异相当大。在富人区，住房条件好，基础设施以及公有设施完备，相应的地价水平也很高；而在贫民区，除了各项设施条件差以外，还存在着严重的社会治安问题，地价水平自然不会高。

②行政区划。行政区划的良性变化主要有两种情况：一是行政级别的升级；二是行政界限发生变化。行政级别的升级，意味着投资环境的改善，投资机遇的增加，有利于提高地区的地价水平；行政界限的变更，同样会增加投资的机会，有利于改善地区的投资环境。

③地理位置和自然条件。地理位置和自然条件也是影响土地区位的重要因素之一。地形、坡度、土地承载力、排水状况以及地质构造等都会对土地区位的优劣产生影响。城市主要建筑物占地都要求地势平坦、排水良好、土方工程量小，以节省开发投资。若坡度较大，需要采取工程措施，如挖土填方、平整场地、修建挡土墙和护坡工程，而且

对路网的建设和交通的营运管理也有很大的影响。城镇的各类建筑物和构筑物都要求天然地基稳固，具有较好的承载力和良好的地质条件，以降低建筑工程造价。相反，在地基承载力差的软土层中建设高大的楼层，必须采取强化基础的工程措施。

④社会经济状况。社会经济状况是一个综合性的因素，可以用政治安定状况、社会治安程度、国民收入、物价变动、利率水平、消费水平等指标来衡量。政治安定、政局稳定，则房地产投资的运转渠道正常，投资风险小，可以增加房地产投资者的信心，带动地价上升。反之，则会影响对房地产的投资。

⑤土地与住房制度。土地制度规定着土地所有者、使用者以及其他主体对土地的占有、使用、收益以及处分等权利，直接影响各个主体的经济行为。合理有效地制定规定，不仅有利于土地的合理配置，土地的有效开发与利用，获取土地最大的利用效益，也可保证各利益主体的权益，有利于社会的安定，创造良好的经济环境。我国土地使用制度由无偿使用改为有偿使用后带来了巨大的变化，诸如城市土地的高效、集约利用，土地市场机制的建立与完善等，为国民经济的发展奠定了重要基础。住房制度不仅与土地利用、经济建设相关，也关系到千家万户的生活质量，影响经济的发展，关系社会的安定。住房制度改革的推进，住房建设的市场化、专业化以及住房使用与分配的商品化、货币化等新的运行机制的建立，有利于促进房地产投资的良性循环，带动房地产市场的发展。

⑥城市规划。合理安排好城镇各类用地，是城镇规划的主要内容。虽然规划涉及的土地利用是未来的目标，但土地区位的优劣在现实的土地市场中就会表现出来。例如，在城市郊区的农地，一旦被规划确定为近期开发的建设用地，地价就会急剧上升，这些土地区位自然也就变得越来越好。

⑦土地利用计划。政府的土地利用计划直接影响土地一级市场的供给状况，并对整个房地产市场的供求关系有直接的影响。合理的土地利用计划，会促进土地市场的运作，带动地价的上涨；不合理的土地利用计划会干扰市场的正常运转，阻碍市场的发展。

⑧政府政策。政府的税收政策、金融政策对房地产投资有着直接的影响作用，可以起到抑制投资或者促进、鼓励投资的作用。

（2）区域因素

区域因素是影响城镇内部不同地区土地区位的因素，主要包括繁华程度、通达程度、城镇设施的完备程度、环境条件和土地使用限制等。区域因素决定土地的中观区位特征。

①繁华程度。繁华是城市某些职能的集聚，对各企事业单位和居民产生巨大的引力的结果。繁华地区能创造高额的收益和利润，表现为在城市生活中交往最频繁、最活跃的地区。由于商业的集聚具有很大的吸引力，而且获得的级差收益最高，因此商业服务设施的集聚程度可以用来表示繁华程度。商业服务业的集聚程度可以用商业的集聚经济效益来表示。商业的集聚经济效益来源于它的互补性。在一个中心商业区里，通常集中了数百种不同类型的商店及相应的服务设施。由于商品繁多，服务项目齐全，社会需求的物品几乎应有尽有，可供选择余地大，因而具有很强的吸引力，能够形成巨大的客流量。而顾客多，又意味着收益多、利润高。商业集聚的互补性还表现在，顾客到此的

目的绝非光顾一家商店，大部分人都要综合利用，这就是商业集聚中心吸引的顾客及盈利要比分散布置的商店高得多的原因。

②通达程度。通达程度是把通行距离和时间作为一个整体，即要求通行距离短，以节约运费，同时又要有四通八达的交通网络，把出行的时间减少到最低限度。反映通达程度的因素主要包括道路功能、道路宽度、道路网密度、公共便捷度和对外设施的分布状况。

③城镇设施的完善程度。城镇设施包括城镇基础设施和城镇公用设施。城镇基础设施主要指交通、能源、给水、排水、通信、环境保护、抗灾防灾等设施，它是城镇发展必不可少的物质基础，其配套程度与质量直接影响生产、生活等城镇功能的正常运转。城镇公用设施与城镇居民的正常生活和工作有密切关系，包括医疗、教育、银行、储蓄、邮政、商业服务业、行政管理机构等设施，对城镇的经济效益和社会效益也能产生间接影响。

④环境条件。园林绿地有净化空气、美化环境、改善城市小气候、丰富城市居民室外活动等多种功能，是城镇环境与生态系统的重要组成部分。在工业化和城市化的过程中，环境问题不仅困扰着城市的发展，危及居民的切身利益，同时也直接影响土地区位的优劣。全面提高环境质量需要开展综合环境质量评价工作，要掌握大气、水和噪声的污染情况。

⑤土地使用权限制。它是指土地使用者必须严格按照出让合同约定或划拨批准文件规定的条件、方式、用途等使用土地，违反了这些规定要承担相应的法律责任。

（3）个别因素

个别因素主要指与宗地直接有关的自然条件、市政设施、宗地形状、宗地长度和宽度、临街条件以及使用限制等。个别因素决定土地的微观区位，即决定地块的区位条件状况。

①自然条件。它主要指具体地块的地形、坡度、土地承载力、洪水淹没及排水状况以及地质构造等条件，直接影响土地使用条件和价格。

②市政设施。它主要指具体地块所在地的各项设施条件，影响土地的投资效益。

③宗地形状。一般来讲，规则的宗地要比非规则的宗地好利用，而在规则的宗地中又以长方形的宗地利用效益为最好。

④宗地长度和宽度。不同条件下，对所利用的宗地的长度、宽度均有一定的要求和限制，适度的长度、宽度会使宗地的利用效益最大，否则会造成浪费或低效利用。

⑤临街条件。对商业用地而言，是否临街、位于十字路口还是丁字路口、临街的宽度等，都会影响到宗地的利用效果。

⑥使用限制。它主要是指规划对土地利用的限制，包括用途、容积率、建筑高度等条件的限制。

2.3.2.2　影响房屋区位的主要因素

影响房屋区位的主要因素是指在土地区位相同的情况下，具体到各个房屋（多层或高层建筑）的立体区位的差异，包括楼层、朝向等。这些因素影响房屋的使用效益，也影响房屋的利用价值。

（1）楼层

建筑物楼层的高低，不仅决定由地面到达房屋的距离的远近，也影响居住者使用房屋的方便程度和景观效果。对于不同的建筑形式，影响的效果也不同。对于多层住宅建筑，由于没有电梯设备，楼层对房屋的使用效益影响很大。以六层住宅为例，各楼层的价格变化规律为二、三层最高，四、五层其次，一、六层最低。对于高层住宅建筑，由于具有电梯设备，楼层对房屋的使用影响并不大，与多层住宅相反，楼层数越高，景观效果越好，价格也越高。

（2）朝向

朝向是决定室内采光、通风、温度的主要因素，影响人们对居住环境的判断与适应，是决定房屋的使用效益及价格的重要因素。

2.3.3 房地产业的区位选择

土地区位一般包括三个层次：一是宏观层次的区位选择，即在全国范围内进行的各城市之间工业、农业、交通运输业用地的空间布局；二是介于宏观层次和微观层次之间的中观层次的区位选择，主要是指城市内部的功能分区；三是微观层次的区位选择，即各类用地者对具体的最优用地区位的选择。因房屋是建在土地上的，故房地产区位的选择其实就是土地用地区位的选择。

2.3.3.1 工业用房地产宏观区位的选择

宏观区位一般只涉及工业用房地产，而工业用房地产又是由全国范围内工业的宏观空间布局决定的。工业的宏观空间布局确定了，工业用房地产的宏观区位选择也就基本确定了。要研究宏观区位的选择，就是要研究工业用房地产的宏观区位选择。决定和形成区位的因素有很多，但影响工业宏观区位选择的因素主要有资源条件、环境条件、交通条件、科学技术条件、劳动力条件以及市场条件等。因为对某种生产发展有利的条件往往并不集中分布在一个特定的地点，而是分布在不同的地点，把工厂布局在任何一个具备某些条件的地点都会有所得，也会有所失。因此，从这些地点中选择一个最优区位，就成了宏观工业布局的焦点。在这里，我们可以假设分布在不同地点的影响工业布局的条件，会同时对这种布局产生"引力"，但来自各地点的"引力"的大小是不相同的，有时甚至是很悬殊的。这时，该工业就该布局在"引力"最大方向的区位，与其他地点相比，这是最优区位，这个方向称作工业部门的布局指向。工业布局指向一般包括原材料指向、能源指向、市场指向、原材料与市场双重指向、科技指向等。

原材料指向的工业，一般其产品在生产过程中，原材料失重程度大，单位产品的原材料消费量远远高于产成品的重量，也可能是由于所使用的原材料不宜运输和储藏，因而一般要求这类工业布局在原材料产地。这类产业包括大多数农产品、矿产品的加工工业，如榨油、制糖、洗煤、选矿等工业一般都布局在原材料产地。能源指向的工业在生产过程中，单位产品能耗量大，能源消耗占总成本的比重高，如铝镁钛的冶炼、铁合金、电石、人造纤维等工业，一般要求分布在能源产地。市场指向的工业是指在生产过程中原材料失重程度小甚至增重，或成品不宜运输的工业，如硫酸、玻璃、家具、大多数食品、消费品等工业，一般都布局在消费地。科技指向的工业是指产品的科技含量高，需要得到大量科学、技术的帮助和智力支持的工业，如生物工程、计算机等高科技产业，一般分布在大专院校、科研单位比较集中的城市，以便取得科学、技术的帮助和智力的支持。

在对工业宏观区位进行布局的具体操作过程中，应通过可行性研究方法对各种方案的技术经济指标进行测算和比较，力求选出最优的实施方案。另外，对工业区位的宏观布局除需考虑技术、经济因素外，还应考虑社会生产力的平衡，在特定情况下还要考虑军事、政治、战略、国防安全等因素。

2.3.3.2　城市房地产中观区位的选择

城市房地产中观区位的选择主要是在城市内部功能分区的基础上，完成各类房地产的区位选择。城市内部功能分区是按功能要求将城市中各种物质要素，如工厂、仓库、住宅等进行分区布置，组成一个互相联系、布局合理的有机整体，为城市的各项活动创造良好的环境和条件。根据功能分区的原则确定土地利用和空间布局形式是城市总体规划的一种重要方法。住宅区、工业区和商业区是城市的主要功能区，很多功能复杂的大城市还有专门的行政区、文化区等。实际上各功能区之间并没有严格的界限，一个功能区往往以某种功能为主，也可能兼有其他功能。

（1）住宅区

住宅区是城市中在空间上相对独立的各种类型和各种规模的生活居住用地的统称。住宅用地是城市中最广泛的土地利用方式，是城市中最基本的功能区。

住宅区包括居住区、居住小区、居住组团、住宅街坊和住宅群落等。

①居住区

居住区是一个城市中住房集中，并设有一定数量及相应规模的公共服务设施和公用设施的地区，是一个在一定地域范围内为居民提供居住、游憩和日常生活服务的社区。居住区由若干个居住小区或若干个居住组团组成。

②居住小区

居住小区是由城市道路或自然界线（河流等）划分的，具有一定规模并不为城市交通干道所穿越的完整地段。居住小区内设有整套满足居民日常生活需要的基层服务设施和公共绿地。它由若干居住组团组成，是构成居住区的一个单位。

③居住组团

居住组团是指由若干栋住宅组合而成的，并不为小区道路穿越的地块。居住组团内设有为居民服务的最基本的管理服务设施和庭院，它是构成居住小区的基本单位。

④住宅街坊

住宅街坊是由城市道路或居住区道路划分，用地大小不定，无固定规模的住宅建设地块。住宅街坊的规模介于居住组团和居住小区之间，服务设施一般因环境条件而异。

⑤住宅群落

住宅群落的规模介于单栋住宅和居住小区之间，服务设施则因规模和环境而异，是一种适合于现有城市道路网（特别是旧城区）的住宅区形式。

住宅区不仅仅指住宅和与其相关的通路、绿地，还包括与该住宅区居民日常生活相关的商业、服务、教育、活动、道路、场地和管理等内容，这些内容在空间分布上可能位于该住宅区的空间范围内，也可能位于该住宅区的空间范围之外。住宅区同时还是一个社会学意义上的社区。它包含了居民相互间的邻里关系、价值观念和道德准则等维系个人发展和社会稳定与繁荣的内容。因此，住宅区的构成既应该考虑其物质组成的部分，也应充分关注其非物质的内容。

随着城市的发展，住宅区出现低级与高级的分化，位置上呈现背向发展：高级住宅区一般向城市外缘发展，与高坡、文化区联系；低级住宅区则沿内城、工业区附近布设，与低地、工业区相联系。

（2）工业区

在城市发展战略层面的规划中，要确定各种不同性质的工业用地，如机械、义工、制造工业，将各类工业分别布置在不同的地段，形成各个工业区。工业区大多以企业地域联合为基础，由一群企业或数群企业组成，有共同的市政工程设施和动力供应系统，各企业间有密切的生产技术协作和工艺联系，其范围常从几千米到十几平方千米。工业企业群或为协作制造配套产品，或在共同利用市政工程设施基础上组成。

由于工业区的形成条件和所处的位置不同，可分为三种类型。

①城市工业区

城市工业区多由加工工业企业群组成，大部分是在优越的地理条件基础上逐步形成的。在一般情况下，其内部结构比较协调，并有紧密的生产联系，往往体现着城市经济的某种特征。按工业企业群的生产性质，分为两类：一类是专业性工业区，如中国北京的电子工业区、上海的钢铁工业区、哈尔滨的动力机械工业区等；另外一类主要是在一些中、小型城市，由于工业企业少，一般建为综合性工业区。如中国沈阳铁西工业区，北京东郊工业区等。

②矿山工业区

矿山工业区是在采掘工业基础上形成的工业企业群组合。与开发区域资源相结合，可组成部门结构复杂、矿业与工业均较发达的矿山工业区。如中国淄博市的南定、甘肃的金昌、安徽的铜陵。

③联合体工业区

联合体工业区是以大型联合企业为主体的工业区，如上海金山石油化工区、北京燕山石油化工区等。工业区以企业联合布局为基础，以企业群为主体，厂与厂间的距离一般很近。工业区内各企业由于共同使用统一的供排水系统、交通道路、工程管网、热电站、变电所、港口码头、建筑基地、三废处理设施，以及城镇生活福利设施等，从而大大节省了各企业的厂外工程投资，节约用地，提高经济效果。

工业区一般分布在城市外围，主要原因是：减轻工业对城市的污染，远离市区，保护城区环境；工业占地面积大，城市外围地租低，成本低。此外，工业区一般沿主要交通干线分布，主要原因是：工业对交通的依赖性大，原料运进、产品运出，工人的上下班等都需要便利的交通条件；高新技术工业产品更新换代周期短，更需要便捷的现代化交通。

（3）商业区

商业区是指城市内部全市性或区级商业网点集中的地区。商业区一般都位于城市中心或交通方便、人口众多的地段，通常以全市性的大型批发中心和大型综合性商店为核心，由几十家甚至上百家专业性或综合性商业企业组成。商业区的特点是商店多、规模大，商品种类齐全，特别是中档商品和名优特种商品的品种多，可以满足消费者多方面的需要，向消费者提供最充分的商品选择余地。商业城市中的著名商业区，在商业职能上的特殊性，使它在本市或外来消费心理上占有特殊地位，不仅有商业意义，也有旅游观光意义。

①中心商业区（CBD）

在经济比较发达的大城市或特大城市，具有全市商业、交通和信息中心功能的区域被称为城市的中心商业区（或称中央商务区）。它是城市的零售中心，也是一个城市的重要组成部分。中心商业区不仅店铺数量多，而且店铺类型即零售业态也多，可提供丰富的商品和多种服务，顾客到中心商业区购物，可以有更多的选择机会，并可得到多样化的服务。因此，中心商业区是城市经济活动最为繁忙、人口昼夜差别最大的地区，内部分区明显，建筑高大密集，交通通达度很高。

②副中心商业区或辅助商业区

它是一个城市的二级商业区，其规模要小于中心商业区。一个城市一般有几个副中心商业区，每个区内至少有一家规模较大的百货商店和数量较多的专业店。副中心商业区的店铺类型及所销售的商品大体上同中心商业区相同，只是店铺数量较少，经营商品的种类也较少。

副中心商业区多以综合型为主，但也有专业型的副中心商业区，即在该区内的各家零售店都经营某一类商品。与中心商业区相比，副中心商业区的客流相对较少，地价也相对便宜。

③商业小区

商业小区主要有两种形式：一种是集客地周边的商业小区，如车站、体育场、大学等附近的小型商业街；另一种是居民区附近的商业小区。

两种商业小区的店铺类型及经营的商品也不大相同。集客地周边的商业小区主要以经营与集客地的活动相关联的商品，如体育场周边的商业小区主要经营体育用品，其店铺类型则主要以小型专业店为主；而居民区附近的商业小区则主要经营居民日常生活需要的便利品，其店铺类型则以中小型超市及便利店为主。

一般来说，商业小区的店铺数量不多，每个店铺的规模也不大，但这些商业小区的环境比较安静，停车方便，地价也不高。

④购物中心

购物中心很强调各类商店的平衡配置。为了保持这种平衡，一个购物中心往往规定了各类零售商店的营业面积、经营品种及在购物中心内的具体位置。因此，零售商若在购物中心开设店铺，必须考虑购物中心的这些要求。购物中心的店铺类型或业态形式主要有百货商店、专业店和超级市场，因此，零售商在进入购物中心时，还要考虑所选择的业态形式是否符合购物中心开发者的要求。

⑤独立店区

独立店区是位置较为随意，经营品种个性化，满足不同消费需求的商业类型。这类商业区没有固定区域划分，因此在经营上可以自主化、多元化，但配套设施相对较差，客流量也不大。

2.3.3.3　城市房地产微观区位的选择

城市房地产微观区位是指每一个商业企业、工业企业、事业单位、政府、居民等选择自己所用房地产的区位或用地区位。

（1）城市房地产微观区位的选择标准

城市房地产微观区位的选择主要是房地产开发企业开发投资项目时的区位选择和工业企业的区位选择等。房地产开发企业的主要投资对象为商业用房地产和居住用房地产，下面主要就商业用房地产、居住用房地产和工业企业的微观区位选择进行探讨。

①商业用房地产微观区位的选择标准：应处在商业区，以利于利用其外部经济活动；具有较好的临街或道路状况；交通和通信便利；有足够的人口流量；有较好的增值潜力。

②居住用房地产微观区位的选择标准：周围应有优雅、舒适、清静的自然环境，良好的社区文化环境，包括完善的文化娱乐及休息锻炼设施、淳朴的民风和良好的治安状况；交通、通信和人际交往要方便；有便利的购物、出行条件；具备齐全的生活服务配套设施；具有较高的增值潜力等。

③工业用房地产微观区位的选择标准：工业用房地产的区位选择首先取决于投资企业业务的性质，不同产业类别的投资，其微观区位选择的标准不一样，制造业工厂区位选择主要考虑的因素是邻近高速公路，房地产价格较低，能与政府官员保持较好的联系，有较充足的熟练工人以及较低的运输成本；批发仓储区位选择主要考虑的因素是接近消费者和顾客，房地产价格较低，邻近高速公路，有熟练工人的供应、基础设施完备。地区总部区位选择所考虑的主要因素是有较低的房地产价格，有熟练工人的供应，接近消费者和顾客，邻近主要飞机场，能与政府官员保持较好的联系。销售办事处区位选择所考虑的主要因素是接近消费者和顾客，有熟练工人的供应，有较低的房地产价格，邻近主要飞机场，享受较低的营业税。高新技术产业区位选择所考虑的主要因素是紧密依托经济发达的大城市，靠近教育和研究机构，具备便捷高效的信息获取条件，拥有优美的环境条件等。

（2）微观区位的选择和土地的最佳用途

所谓土地的最佳用途，是指特定的城市区位的土地可为整个城市带来最大经济效益的用途，即它不仅要考虑微观单位获得的经济效益及环境效益，而且还要考虑宏观上的社会效益和生态效益。对于一宗具体区位的城市土地来说，虽然其用途可能有很多种，如作为工业用地、商业用地、居住用地或其他类型用地等，但在这些用途中必然存在一个最好的用途。因此，在选择微观区位时，应尽量使其达到最佳用途，实现城市土地资源的优化配置。

（3）政府对土地微观区位选择的调控

为正确引导各微观经济利益主体的行为，规范其土地利用中的市场竞争秩序，提高土地的利用效率，国家和各级地方政府应以其土地所有权者或管理者的身份实施调控职能。具体的调控手段和途径是通过土地利用规划来约定和规范各土地使用者的选择行为，将其纳入国家宏观优化配置土地资源的轨道上；利用经济手段，主要通过地租机制或税收政策来引导各用地者的用地行为。

【知识链接 2-2】 •---•

房地产投资的区位选择

一、区位对房地产投资的影响

房地产的投资价值同一般投资相比，房地产投资的对象是不动产，土地及其地上建筑物都具有固定性和不可移动性。正因为如此，区位的选择在房地产投资中起着非常重要的作用。一般来说，房地产因其在城市或地区所处的位置不同而有不同的区位，其在市场上的价格也有明显的差别。

二、区位使地价成同心圆圈层分布

房地产项目的区位需要通过土地市场上的竞争形成，土地的价格也是由它所能提供的收益决定的。在充分竞争的条件下，城市土地总是被出价最高的使用者获得。正是由于存在着对区位的追求，才会形成好位置的地块对应高昂的价格。这种区位选择的结果，从"最佳区位"向外移动，地价和租金也随之逐渐降低，形成了一个围绕最高价值点按照不同地价分布的同心圆圈层。

随着城市规模和地域范围的不断扩大，区域性基础设施的建设，极大提高了城市的运行效率，有更多的区域被纳入到城市的区域空间内来，核心区功能开始向外分散与裂变，城市区域开始呈现多中心体系结构。

三、不同圈层的房地产开发选择

多中心结构城市一样呈现明显的圈层式特点，主要可分为三个圈层——核心圈层、成长圈层与外围圈层。每一圈层都会呈现不同的发展特征，房地产区位选择的考虑也会因圈层的差异而有所不同。核心圈层由于城市经济发展高度集聚，服务业和配套基础设施相对完善但陈旧，地价相对较高，交通便利但拥挤，在此区域内的地产开发的主要形式是城市更新，这是城市中心区空间综合价值提升的一种表现，但由于拆迁成本高、地价高等原因，因此多以高密度、高强度的建设模式进行开发。

成长圈层是城市结构性变动最为活跃的区域，也是土地功能转换和景观变化最为剧烈的圈层，这一区域的地价变化幅度相对较大。这一地区原先城市配套不完备，会逐渐形成完善的满足城市功能需求的中心区域。这个圈层一般进行建设的土地规模相对较大，有利于实现规模效应，而且土地开发成本较低，是目前大多数城市最主要的开发区域。

外围圈层则是城市活动密度相对较小的地域，一般以农地和风景旅游区为主，地产开发以组团式分散型为主，沿城市轴向往外布局。这一区域的主要产品除了满足当地居民居住需求外，还要满足人们对低密度高品质住宅的需求。

四、选择区位实现投资价值应重视的问题

城市在快速发展，规划也在迅速地更新和改变。某一具体位置所处的社会、经济、自然环境决定了该位置附近的市场需求和消费特征，房地产项目所处区位的价值是处在不断变化中的。城市的发展不是一个匀速扩散的过程。实际上，绝大多数城市的发展是不均衡的，因为同一城市不同区域中心在住宅需求市场、城市土地价格、城市交通设施、市政公共服务配套设施等方面都存在一定的差异。

要想让区位带来较高的房地产投资价值，在选择区位时应该重视以下问题：

（一）注意区位升值潜力的分析

现在房地产并不是离市中心越近，投资取得的收益越高。虽然当前利润或净租金水平很高，但已没有了上升的空间，投资者从其中所能获得的利润或收益很难增长。选择某区位进行投资，往往要做升值潜力的分析，权衡各种利弊，在科学的基础上进行决策。

（二）选择区位要有超前意识

如果投资者能够分辨出哪一个区位在不远的将来对买方或租户具有竞争上的优势，那么他们就能在这类信息反映到价格上之前，抢先得到适当区位地块的使用权。如果他们能准确预测将来几年内区位形势的变化，并特别注意交通、服务网点等公共设施的深层次分析，就能更准确地估计出新物业的投资价值。

（三）对位置的把握应有动态的发展的眼光

拓展阅读2-2

虽然某一宗地的位置不可能变化，但随着宏观经济和城市建设的发展，城市中各区位的相对重要性会不断发生变化。例如，上海浦东原来是上海人"宁要浦西一张床、不要浦东一套房"的地区，但随着浦东新区的开发建设，基础设施、就业环境等发生了很大变化，逐渐变为上海人向往的地区。因此房地产投资者要关注城市或地区的社会经济发展计划及城市规划，用发展的、动态的眼光来认识和把握房地产投资中的"位置"。

特色小镇建设要避免房地产化倾向

资料来源：作者根据相关资料整理。

思政拓展与思考

自治区住房和城乡建设厅组织召开
《内蒙古自治区房地产开发企业信用信息管理办法》听证会

2022年1月18日上午，内蒙古自治区住房和城乡建设厅组织召开《内蒙古自治区房地产开发企业信用信息管理办法》听证会。会议邀请了自治区人大代表、政协委员，盟市住建部门、自治区行业协会、房地产开发企业有关人员参加。会议由房地产市场监管处处长聂海俊主持。

与会代表结合实际，就《内蒙古自治区房地产开发企业信用信息管理办法》中的具体内容，从信用信息的归集、披露、评价、使用等方面提出了建设性的意见和建议。

会议强调，要认真梳理、归纳与会代表提出的意见和建议，充分吸收和消化合理意见，全面完善充实《内蒙古自治区房地产开发企业信用信息管理办法》，加强全区房地产开发企业信用信息管理，强化信用约束，优化营商环境，构建以信用为核心的新型房地产市场监管体制，进一步规范房地产开发经营行为，促进房地产市场平稳健康发展。

资料来源：自治区住房和城乡建设厅. 自治区住房和城乡建设厅组织召开《内蒙古自治区房地产开发企业信用信息管理办法》听证会［EB/OL］.［2022-01-20］. https://www.nmg.gov.cn/zwyw/gzdt/bmdt/202201/t20220120_1997399.html

"诚"即诚实诚恳，主要指主体真诚的内在道德品质;"信"即信用信任，主要指主体"内诚"的外化。"诚"更多地指"内诚于心"，"信"则侧重于"外信于人"。"诚"与"信"一组合，就形成了一个内外兼备，具有丰富内涵的词汇，其基本含义是指诚实无欺，讲求信用。千百年来，诚信被中华民族视为自身的行为规范和道德修养，形成了其独具特色并具有丰富内涵的诚信观。这样的诚信观在当今的市场经济和构建社会主义核心价值体系中具有极其重要的引导作用。请你结合上面的新闻报道和日常生活中的所见所感，谈谈你的体会。

本章小结

地租和区位理论是理解房地产经济活动的重要线索。对于地租的来源，西方经济学家普遍认为是"自然对人类的赐予"，或者是一种经济剩余。马克思科学地解释了地租产生的原因、条件和源泉，科学地把地租划分为级差地租、绝对地租和垄断地租三种形态。

关于土地区位，本章首先介绍了农业区位理论、工业区位理论、中心地理论和市场区位理论四种主要理论。接着重点分析了区位理论在城市房地产业发展中，无论是从微观角度还是从宏观角度都起着重要的指导作用，而影响房地产区位的因素可分土地区位影响因素和房屋区位影响因素两个方面，对于房地产的区位选择主要从宏观区位、中观区位和微观区位三个不同层次来进行分析。

关键概念

地租　级差地租　绝对地租　垄断地租　区位　区位理论

基础知识练习

一、单项选择题

1.（　　）是由农业或其他产业中的直接生产者创造的剩余价值被土地所有者占有的部分，是土地所有权在经济上的实现形式，是社会生产关系的体现和反映。

A.租金　　　　　　　　　　　　B.地租

C.马克思主义地租　　　　　　　D.农业地租

2.这种由于在同一块土地上各个连续投资劳动生产率的差异而产生的超额利润转化的地租被称为（　　）。

A.级差地租 I　　B.级差地租 II　　C.农业地租　　D.垄断地租

3.（　　）是由产品的垄断价格带来的超额利润转化成的地租。

A.级差地租 I　　B.级差地租 II　　C.垄断地租　　D.农业地租

4.（　　）是指住宅经营者或工商企业为建筑住宅、工厂、商店、银行、娱乐场所等而租用城市土地需要向土地所有者缴纳的地租。

A.级差地租　　　B.绝对地租　　　C.垄断地租　　　D.城市地租

5.（　　）是指特定的城市区位的土地可为整个城市带来最大经济效益的用途。

A.土地的最佳用途　　　　　　　B.土地的合理用途

C.土地的经济用途　　　　　　　　　　D.土地的生活用途

二、多项选择题

1.造成土地等级差异的原因有（　　　）。

A.不同地块在丰度、肥力上具有差异性

B.不同地块的地理位置即区位存在差异性

C.土地使用者仍然要向土地所有者支付地租

D.同一块土地上连续投资产生的劳动生产率也有差异性

2.影响土地区位的主要因素可以概括为（　　　）。

A.一般因素　　　　B.区域因素　　　　C.个别因素　　　　D.全体因素

3.影响房屋区位的主要因素包括（　　　）。

A.楼层　　　　　　B.朝向　　　　　　C.商业区　　　　　D.工业区

4.土地区位一般包括三个层次（　　　）。

A.宏观层次的区位选择　　　　　　　　B.中观层次的区位选择

C.微观层次的区位选择　　　　　　　　D.细观层次的区位选择

5.商业区按其功能可分为（　　　）。

A.城区商业区　　　B.街区商业区　　　C.核心商业区　　　D.中央商业区

三、简答题

1.什么是级差地租、绝对地租、垄断地租？

2.简述城市地租的概念和特性。

3.论述居住用房地产项目和工业用房地产项目如何选择区位？

4.垄断地租和绝对地租的区别与联系是什么？

5.产生城市级差地租和农业级差地租的原因是什么？

实践操作训练

【实训情境设计】

为了进一步掌握本市的房地产市场情况，市场调查人员需要对第一章"实践操作训练"所选择的房地产项目进行区位分析，以了解本市房地产市场的区位布局。

【实训任务要求】

1.将全班同学分成若干小组，每个小组人数不超过5人，每组选派组长一名。实训采用小组长负责制。

2.在第1章"实践操作训练"项目——描述房地产基本信息：完成了外观和内部照片、项目周围环境的照片、项目的具体介绍的基础上，完成以下主要内容：

（1）此项目的开发与城市地租有什么关系？

（2）此项目在进行区位选择时主要关注了哪些因素？

（3）如果由你们小组决策，有不同的区位选择方案吗？

3.以小组为单位，将上述要求完成的内容制作成PPT。

4.每个小组利用10分钟以内的时间对实训成果进行汇报，并接受其他同学和老师的提问。

【实训提示】

　　参考教材"2.3.2　影响房地产区位的主要因素"和"2.3.3　房地产业的区位选择"的内容。

【实训效果评价】

房地产项目区位调查实训评分表

评价项目	分值	得分	备注
按要求收集了项目的信息	20		
能够将收集的信息与房地产区位理论有效结合	30		
PPT制作规范、条理清晰	20		
态度端正、准备充分、表达流利	30		
实训效果总体评价	100		

第 3 章

土地与住房制度

知识目标

1. 掌握土地所有权的含义；
2. 掌握土地使用权的含义；
3. 了解建筑物区分所有权的含义；
4. 掌握我国房地产制度的相关知识；
5. 掌握住房制度改革的基本条件、意义，预测今后的住房制度改革方向及机制。

技能目标

1. 能够分析各种房地产交易过程中权利关系的转移；
2. 能够对各类房地产的权属关系进行分析；
3. 能够结合相关资料分析我国住房制度改革历程。

　　　　土地管理法修正尘埃落定　对住房制度会产生什么影响

2019年8月26日，全国人民代表大会常务委员会表决通过修改《中华人民共和国土地管理法》（简称《土地管理法》）《中华人民共和国城市房地产管理法》（简称《城市房地产管理法》）的决定，修正后的决定将于2020年1月1日起施行。

此次修正舆论普遍关注的就是删除了原来《土地管理法》中"任何单位或个人需要使用土地的必须使用国有土地"的规定，这也是此次修正的最大亮点，以前在我国只有国有的建设用地才能进入市场，现在允许集体建设用地直接由集体出让、出租用于建设，这意味着我国单一土地供应格局被打破，政府不再是住宅用地的唯一提供者；同时需要注意的是，此次放开集体建设用地，目的在于盘活土地资源，并不等同于增加商品房市场的用地，而且对于土地用途有明确规定，所以笔者觉得对于大家最关心的土地市场和商品房市场的影响是有限的，此次土地制度的改革，更多是为落实"多主体供应、多渠道保障、租购并举"的住房制度铺路。

住房制度的改革离不开土地的改革，笔者还记得2003年完全取消了保障性住房之后，2004年国土资源部（现自然资源部）跟着出台规定：所有经营性的土地一律都要公开竞价出让。这对维持房地产市场平稳发展产生了长远的影响。那么此次改变原先建设用地只能用国有土地的格局，对于住房制度又会产生什么样的影响？

从房地产市场的运行机制来看，集体建设用地入市对房地产市场的影响作用在供给、需求两端。

从土地供给端来说，修正案里明确规定允许集体经营性建设用地入市，并不是集体的所有用地，集体经营性建设用地市场只占了10%左右，大部分还是宅基地，这是土地供应格局的改变，并不会带来土地供应量的迅速增加。

全国人大常委会法制工作委员会经济法室副主任杨合庆指出，本次土地管理法的修改，包括集体经营性建设用地入市改革，目的就是为了改变、完善现有的建设用地土地供应的格局。原来只有国有的建设用地才能进入市场，以进行各项建设，现在是允许集体可以把集体的建设用地，直接由集体出让、出租用于建设，这是土地供应格局的改变。

另外集体经营性建设用地入市，第一，入市的土地要符合规划，规划必须是工业或者商业等经营性用途。第二，入市的土地必须要依法登记。第三，入市的土地在每年的土地利用年度计划中要做出安排。此外，即使获得了集体经营性建设用地的使用权之后的土地权利人，也要按原来规划的用途来使用土地。因此从这几个方面来讲，集体经营性建设用地入市不会对土地市场造成冲击。

从用地需求端来说，这些集体经营性建设用地入市之后有明确的用途管制，只能用于工业、商业、租赁房、廉租房、共有产权房等，其中有很大一部分是用于租赁住房建设的，增加租赁住房供应，有利于抑制租金过快上涨，在一定程度上来说，低廉的土地成本有助于抑制房价上涨态势，长期来看会对商品房市场价格有一定的遏制作用，但并不会对商品房市场价格造成很大冲击。

中原地产首席分析师张大伟表示，整体来看，政策的全面落地是集体土地利用探索的一大步，对全国土地制度的未来加速改革也有巨大的意义，将给广大农村以及城乡接合部地区带来很大影响。具体而言，此次政策施行后，预计能为后续租赁市场的改革提供更为充足的用地。要在2020年形成相对好的租赁市场，相关集体建设用地的改革必不可少。

业内专家也表示，过去二十年的房地产政策，重使用需求端的短期行政手段，如"调首付比例""调贷款利率""限购""限贷""调交易契税"等。但需求抑制是暂时性政策，松动后需求会大幅反弹。而供给端的政策，如调整土地用途结构、完善租赁市场等才是平衡供需的长期之策。随着多主体供应、多渠道保障、租购并举住房制度的推进，我国主要依靠商品房满足国民居住的主体供应机制将被打破，在新的住房制度下，市场会形成买房和租赁均占据主体地位的格局。

将农村土地纳入房地产市场，意味着未来的住房供给的源头既有国有土地又有集体土地，多元化的土地供给也将带给市场更加多元的住房供给。对于租赁市场来说，供应量增加，可以缓解供需不对等、租房难、租房贵等矛盾，为租购同权奠定可行基础，在解决老百姓住房问题的同时，保持房地产市场的平稳发展。

资料来源：佚名. 土地管理法修正尘埃落定 对住房制度会产生什么影响［EB/OL］.（2019-08-26）. https://mvp.leju.com/article/6572356113097382841.html.

3.1　土地制度

土地制度是关于土地所有、占有、支配和使用诸方面的原则、方式、手段和界限等政策、法律规范和制度的体系。土地制度是反映人与人、人与地之间关系的重要制度。它既是一种经济制度，又是一种法权制度，是土地经济关系在法律上的体现，也是构成上层建筑的有机组成部分。

土地制度的概念有广义和狭义之分。广义的土地制度是指包括一切土地问题的制度，是人们在一定社会经济条件下，因土地的归属和利用问题而产生的所有土地关系的总称。广义的土地制度包括土地所有制度、土地使用制度、土地规划制度、土地保护制度、土地征用制度、土地税收制度和土地管理制度等。

狭义的土地制度仅仅指土地所有制度、土地使用制度和土地的国家管理制度。在中华人民共和国成立后很长的一段历史时期，由于特定的历史原因，在人们的传统观念上，习惯把土地制度理解为狭义的土地制度。改革开放特别是实行社会主义市场经济以后，随着我国社会经济制度的不断变化和发展，人们对我国土地制度含义的理解不断深化和发展。新的观点摆脱了旧的思想观念的束缚，更强调广义的土地制度，在重视土地所有制度、土地使用制度、土地的国家管理制度的同时，更增强了对新形势下由新的土地关系所产生的新的土地制度的关注程度，诸如土地利用制度、土地流转制度、耕地保护制度以及土地用途管制制度等。

我国现阶段的土地制度是以社会主义土地公有制为基础和核心的土地制度，包括了上述广义土地制度的全部内容。

我国社会主义土地公有制的内容主要如下：

（1）我国全部土地实行社会主义公有制，即全民所有制和劳动群众集体所有制。

（2）土地的全民所有制采取社会主义国家所有的形式，国家代表全体劳动人民占有属于全民的土地，行使占有、使用、收益和处分的权利。

（3）土地的社会主义劳动群众集体所有制，采取农村集体经济组织的农民集体所有的形式，农村集体经济组织代表该组织的全体农民占有属于该组织的农民集体所有的土地，并对该集体所有的土地行使经营权、管理权。

（4）城市市区的土地全部属于国家所有。

（5）农村和城市郊区的土地，除法律规定属于国家所有的以外，属于农民集体所有（包括村农民集体所有和乡（镇）农民集体所有）。

（6）实行国有土地有偿使用制度。

【知识链接3-1】 --

国务院关于授权和委托用地审批权的决定

国发〔2020〕4号

各省、自治区、直辖市人民政府，国务院各部委、各直属机构：

为贯彻落实党的十九届四中全会和中央经济工作会议精神，根据《中华人民共和国土地管理法》相关规定，在严格保护耕地、节约集约用地的前提下，进一步深化"放管服"改革，改革土地管理制度，赋予省级人民政府更大用地自主权，现决定如下：

一、将国务院可以授权的永久基本农田以外的农用地转为建设用地审批事项授权各省、自治区、直辖市人民政府批准。自本决定发布之日起，按照《中华人民共和国土地管理法》第四十四条第三款规定，对国务院批准土地利用总体规划的城市在建设用地规模范围内，按土地利用年度计划分批次将永久基本农田以外的农用地转为建设用地的，国务院授权各省、自治区、直辖市人民政府批准；按照《中华人民共和国土地管理法》第四十四条第四款规定，对在土地利用总体规划确定的城市和村庄、集镇建设用地规模范围外，将永久基本农田以外的农用地转为建设用地的，国务院授权各省、自治区、直辖市人民政府批准。

二、试点将永久基本农田转为建设用地和国务院批准土地征收审批事项委托部分省、自治区、直辖市人民政府批准。自本决定发布之日起，对《中华人民共和国土地管理法》第四十四条第二款规定的永久基本农田转为建设用地审批事项，以及第四十六条第一款规定的永久基本农田、永久基本农田以外的耕地超过三十五公顷的、其他土地超过七十公顷的土地征收审批事项，国务院委托部分试点省、自治区、直辖市人民政府批准。首批试点地区为北京、天津、上海、江苏、浙江、安徽、广东、重庆，试点期限为1年，具体实施方案由试点地区人民政府制订并报自然资源部备案。国务院将建立健全省级人民政府用地审批工作评价机制，根据各省、自治区、直辖市的土地管理水平综合评估结果，对试点地区进行动态调整，对连续排名靠后或考核不合格的试点地区，国务院将收回委托。

三、有关要求。各省、自治区、直辖市人民政府要按照法律、行政法规和有关政策规定，严格审查把关，特别要严格审查涉及占用永久基本农田、生态保护红线、自然保护区的用地，切实保护耕地，节约集约用地，盘活存量土地，维护被征地农民合法权益，确保相关用地审批权"放得下、接得住、管得好"。各省、自治区、直辖市人民政府不得将承接的用地审批权进一步授权或委托。

自然资源部要加强对各省、自治区、直辖市人民政府用地审批工作的指导和服务，明确审批要求和标准，切实提高审批质量和效率；要采取"双随机、一公开"等方式，加强对用地审批情况的监督检查，发现违规问题及时督促纠正，重大问题及时向国务院报告。

国务院

2020 年 3 月 1 日

（此件公开发布）

资料来源：作者根据相关资料整理。

3.1.1　土地所有权

3.1.1.1　土地所有权的概念

《中华人民共和国宪法》（以下简称《宪法》）规定，中国土地实行公有制，分为国家所有即全民所有和农村集体土地所有两种形式。土地所有人在法律规定的范围内有占有、使用和处分土地，并从土地上获得利益的权利。

土地所有权是指土地所有者依法对土地享有的占有、使用、收益、处分的权利。土地所有人在法律规定的范围内享有占有、使用和处分土地，并从土地上获得利益的权利。一般来说，土地所有权属于财产所有权的范畴。土地所有权内容包括对土地的占有、使用、收益和处分四项权能，同时对土地所有者及其代表行使权利有三条重要限制：

（1）土地所有者及其代表行使权利不得违反法律、行政法规规定的义务。

（2）土地所有者及其代表不得违反其与土地使用者签订的土地使用权出让合同或者土地承包合同中约定的义务。

（3）土地所有权禁止交易。

《中华人民共和国土地管理法》（以下简称《土地管理法》）规定：城市市区的土地属于国家所有；农村和城郊的土地，除法律规定属于国家所有外，属于农民集体所有；宅基地、自留山，属于农民集体所有。

3.1.1.2　我国土地所有权的法律特征

（1）土地所有权是一项专有权，其权利主体具有特定性。土地所有权的权利主体只能是国家或农民集体，其他任何单位或个人都不享有土地所有权。这是由我国实行土地社会主义公有制决定的。

（2）交易的限制性。《土地管理法》第二条第三款规定："任何单位和个人不得侵占、买卖或者以其他形式非法转让土地。"显然，土地所有权的买卖、赠与、互易和以土地所有权作为投资，均属非法，在民法上应视作无效。

（3）权属的稳定性。由于主体的特定性和交易的限制性，我国的土地所有权处于高度稳定的状态。除《土地管理法》第二条第四款规定"国家为公共利益的需要，可以依法对集体的土地实行征用"以外，土地所有权的归属状态不能改变。

（4）权能的分离性。土地所有权包括对土地的占有、使用、收益、处分的权利，是一种最全面、最充分的物权。在土地所有权高度稳定的情况下，为实现土地资源的有效利用，法律需要将土地使用权从土地所有权中分离出来，使之成为一种相对独立的物权形态并且能够交易。因此，现代物权法观念已由近代物权法的以"所有为中心"转化为以"利用为中心"。

（5）土地所有权的排他性。土地所有权的排他性即土地所有权的垄断性，就是说一块土地只能有一个所有者，不能同时有多个所有者。马克思指出："土地所有权的前提是，一些人垄断一定量的土地，把它作为排斥其他一切人的、只服从自己个人意志的领域。"

（6）土地所有权的追及力。土地为他人非法占有时，无论转入何人或何单位控制，所有权人都可以向他人主张权利。

3.1.1.3　我国土地所有权的分类

我国土地所有权分为国家土地所有权和集体土地所有权，自然人不能成为土地所有权的主体。中华人民共和国是国家土地所有权的统一和唯一的主体，由其代表全体人民对国有土地享有独占性支配的权利。在《宪法》《中华人民共和国民法典》（简称《民法典》）《土地管理法》等法律中，对国家土地所有权做了明确规定。《土地管理法》第八条规定："城市市区的土地属于国家所有。农村和城市郊区的土地，除法律规定属于国家所有的以外，属于集体所有。"

集体土地所有权是由各个独立的集体组织享有的对其所有的土地的独占性支配权利。根据《土地管理法》第八条的规定，属于集体所有的土地，是指除法律规定属于国家所有的农村和城市郊区的土地。集体所有的土地主要是耕地及宅基地、自留地、自留山，还包括法律规定集体所有的森林、山岭、草原、荒地、滩涂等土地。至于法律没有规定为集体所有的森林、山岭、草原、荒地、滩涂等土地，则属于国家所有。

集体土地所有权的主体，即享有土地所有权的集体组织，根据《民法典》和《土地管理法》的规定，有以下三类：

（1）村农民集体，村集体经济组织或者村民委员会对土地进行经营、管理。

（2）如果村范围内的土地已经分别属于村内两个以上农村集体经济组织的农民集体所有的，由村内各农村集体经济组织或者村民小组经营、管理。

（3）土地已经属于乡（镇）农民集体所有的，由乡（镇）农村集体经济组织经营、管理。

3.1.2　土地使用权

土地使用权是外延比较大的概念，这里的土地包括农用地、建设用地、未利用地的使用权。根据《土地管理法》《土地登记办法》的相关规定，土地使用类型只有土地划拨和土地出让两种形式。

土地使用权，是指单位或者个人依法或依约定，对国有土地或集体土地所享有的占有、使用、收益和有限处分的权利。

国有土地使用权是指国有土地的使用人依法利用土地并取得收益的权利。国有土地使用权的取得方式有划拨、出让、出租、入股等。有偿取得的国有土地使用权可以依法转让、出租、抵押和继承。划拨土地使用权在补办出让手续、补缴或抵缴土地使用权出让金之后，才可以转让、出租、抵押。

农民集体土地使用权是指农民集体土地的使用人依法利用土地并取得收益的权利。农民集体土地使用权可分为农用土地使用权、宅基地使用权和建设用地使用权。农用地使用权是指农村集体经济组织的成员或者农村集体经济组织以外的单位和个人从事种植业、林业、畜牧业、渔业生产的土地使用权。宅基地使用权是指农村村民住宅用地的使用权。建设用地使用权是指农村集体经济组织兴办乡（镇）企业和乡（镇）村公共设施、公益事业建设用地的使用权。按照《土地管理法》的规定，农用地使用权通过发包方与承包方订立承包合同取得。宅基地使用权和建设用地使用权通过土地使用者申请，县级以上人民政府依法批准取得。

土地使用权获取方式主要有出让、划拨、转让三种方式。

3.1.2.1　以出让方式取得国有土地使用权

土地使用权出让，是指国家将土地使用权在一定年限内出让给土地使用者，由土地使用者向国家支付土地使用权出让金的行为。出让方式有招标、拍卖、挂牌、协议等四种方式。土地使用权出让最高年限：居住用地70年，工业用地50年，教育、科技、文化、卫生、体育用地50年，商业、旅游、娱乐用地40年，综合或者其他用地50年。

（1）以招标拍卖挂牌方式出让土地使用权

第一，土地招标。招标出让国有土地使用权，是指市、县人民政府土地行政主管部门发布招标公告，邀请特定或者不特定的公民、法人和其他组织参加国有土地使用权投标，根据投标结果确定土地使用者的行为。

在招标出让中，土地主管部门要根据出让土地的具体情况编制招标文件，并实施投标的登记，投标人在登记时必须缴纳投标保证金，并提交营业执照的副本、法定代表人身份证明书等文件。投标人在按照招标文件的要求编制标书后，在规定的时间内将标书密封投入指定标箱。经由专家组成的评标委员会按照评标标准对企业提交的投标文件进行评审，在规定的时间、地点开标。在中标人确定后，招标人应向中标人发出《中标通知书》，中标人则在《中标通知书》约定的时间，按照招标文件与土地管理部门签订《国有土地使用权出让合同》。

第二，土地拍卖。拍卖出让国有土地使用权，是指市、县人民政府土地行政主管部门发布拍卖公告，由竞买人在指定时间、地点进行公开竞价，根据出价结果确定土地使用者的行为。

土地的主管部门根据被拍卖土地的特征编制拍卖文件，竞买人在竞买申请截止日期前提出竞买申请，交纳不少于拍卖文件规定的保证金，并同样提交法定代表人证明书等资信证明。竞买人通过审查后，得到印有编号的竞买标志牌，拍卖会在拍卖公告规定的时间、地点进行。参加的竞买人同样不能少于3人，否则应终止拍卖。在拍卖中最终的成交价格必须高于拍卖方所制定的底价，否则也需终止拍卖。拍卖成交后，竞得人按照《拍卖成交书》规定的时间和土地管理部门签订《国有土地使用权出让合同》。土地拍卖中最重要的原则是"价高者得"，与其他形式的拍卖原理相同。

第三，土地挂牌。挂牌出让国有土地使用权，是指市、县人民政府土地行政主管部门发布挂牌公告，按公告规定的期限将拟出让宗地的交易条件在指定的土地交易场所挂牌公布，接受竞买人的报价申请并更新挂牌价格，根据挂牌期限截止时的出价结果确定土地使用者的行为。政府土地主管部门编制挂牌文件，竞买人在规定日期前提出竞买申请，按规定交纳保证金、提交法定代表人证明书等资信证明后提交竞买申请书。在挂牌文件规定的挂牌起始日期，挂牌人应该将挂牌宗地的位置、面积、用途、使用年限、规划要求、起始价、增价规则、增价幅度等内容，在土地交易市场挂牌公布，符合条件的竞买人应该按照文件的要求填写竞买报价单，在挂牌期限内竞买人可多次报价。如果在挂牌期限内只有一个竞买人，且报价不低于挂牌底价，并符合其他交易条件的，挂牌成交；在挂牌期限内有两个或两个以上竞买人报价的，报价最高者为竞得人；报价相同的，先提交报价单者为竞得人，但报价低于底价者除外。在挂牌期限内无应价者或者竞买人的报价均低于底价或均不符合其他交易条件的，挂牌不成交。挂牌交易的挂牌期限不得少于10个工作日。竞买人确定后，挂牌人应当向竞买人发出《挂牌成交确认书》。竞得人应该根据《挂牌成交确认书》所约定的时间与市国土房管局签订《国有土地使用权出让合同》。挂牌同样遵循"价高者得"的原则，不同之处在于不是现场报价。由于挂牌是以书面形式报价的，所引发的关注及公开程度不如招标与拍卖。

招标、拍卖、挂牌出让土地使用权范围：

● 供应商业、旅游、娱乐、工业用地和商品住宅等各类经营性用地以及有竞争要求的工业用地；

● 其他土地供地计划公布后一宗地有两个或者两个以上意向用地者的；

● 划拨土地使用权改变用途，《国有土地划拨决定书》或法律、法规、行政规定等明确应当收回土地使用权，实行招标、拍卖、挂牌出让的；

● 划拨土地使用权转让，《国有土地划拨决定书》或法律、法规、行政规定等明确应当收回土地使用权，实行招标、拍卖、挂牌出让的；

● 出让土地使用权改变用途，《国有土地划拨决定书》或法律、法规、行政规定等明确应当收回土地使用权，实行招标、拍卖、挂牌出让的；

● 法律、法规、行政规定明确应当招标、拍卖、挂牌出让的其他情形。

（2）以协议方式取得国有土地使用权（此方式目前基本不采用）

协议出让，是指土地使用权的有意受让人直接向国有土地的代表提出有偿使用土地的愿望，由国有土地的代表与有意受让人进行谈判和磋商，协商出让土地使用的有关事宜的一种出让方式。它主要适用于工业项目、市政公益事业项目、非营利项目及政府为调整经济结构、实施产业政策而需要给予扶持、优惠的项目，采取此方式出让土地使用权的出让金不得低于国家规定所确定的最低价。以协议方式出让土地使用权，没有引入竞争机制，不具有公开性，人为因素较多，因此对这种方式要加以必要限制，以免造成不公平竞争、以权谋私及国有资产流失。

第一，协议出让国有土地使用权范围。

出让国有土地使用权，除依照法律、法规、行政规定应当采用招标、拍卖或者挂牌方式出让，还可采取协议方式，主要包括以下情况：

● 供应商业、旅游、娱乐和商品住宅、工业用地等各类经营性用地以外用途的土地，其供地计划公布后同一宗地只有一个意向用地者的；

● 原划拨、承租土地使用权申请办理协议出让，经依法批准，可以采取协议方式，但《国有土地计划决定书》《国有土地租赁合同》、法律、法规、行政规定等明确应当收回土地使用权重新公开出让的除外；

● 划拨土地使用权转让申请办理协议出让，经依法批准，可以采取协议方式，但《国有土地划拨决定书》、法律、法规、行政规定等明确应当收回土地使用权重新公开出让的除外；

● 出让土地使用权人申请续期，经审查准予续期的，可以采用协议方式。

第二，禁止性规定，主要包括：

● 以协议方式出让国有土地使用权的出让金不得低于按国家规定所确定的最低价。

● 协议出让最低价不得低于新增建设用地的土地有偿使用费、征地（拆迁）补偿费用以及按照国家规定应当缴纳的有关税费之和；有基准地价的地区，协议出让最低价不得低于出让地块所在级别基准地价的70%；低于最低价时国有土地使用权不得出让。

【知识链接3-2】 --

1987年11月26日深圳首次有偿出让土地使用权

1987年11月26日，深圳市政府首次公开招标有偿出让的土地使用权已有得主。深华工程开发公司在9家投标公司的激烈竞争中获胜，它以合理的土地标价、良好的建筑规划方案和企业资信取得了一块使用权为50年的，占地面积46 355平方米的住宅用地。土地招标小组组长刘佳胜介绍说，综合评估的办法是，土地标价占总分的50%，规划设计方案占40%，企业资信占10%。此次土地公开招标的底价为每平方米332元，在此基础上上浮10%，即每平方米365元，为合理高价。深华工程开发公司的标价为每平方米368元。刘佳胜说，市政府在制定可接受的地价标准时，既考虑了社会经济的承受能力，又考虑了让投标公司有利可图，使投资风险较大的地产业的利润率略高于其他行业。

上海虹桥经济技术开发区第26号地块土地批租

1988年3月22日，上海召开土地使用权有偿出让发布会，将一块位于虹桥开发区内，面积为12 900平方米，可用于酒店、办公楼、住宅用途的土地，以出让50年使用权的方式，首次公开向国内外招标。试点工作按国际惯例进行，通过公告、投标指引、投标和评标委员会审定。来自日本、美国、中国等六家企业参与招标，结果日本孙氏企业有限公司以2 805万美元的出让金中标，并于1988年8月8日签约，受让方在此地块上兴建的太阳广场于1993年落成。这是上海第一宗批租地块，属于试点性质，当时在国内外引起强烈反响。试点成功后，逐步推开，1988年至1991年年底，上海共批租土地12宗，面积980万平方米。批租土地上建造的各类商品房只限于外商投资企业自用，或向境外企业和个人销售，初步形成了外销土地一级市场。

资料来源：作者根据相关资料整理。

- -

3.1.2.2　以划拨方式取得国有土地使用权

土地使用权划拨，是指县级以上人民政府依法批准，在土地使用者缴纳补偿、安置等费用后将该幅土地交付其使用，或者将土地使用权无偿交付给土地使用者使用的行为，即划拨土地使用权不需要使用者出钱购买土地使用权，而是经国家批准其无偿地、无年限限制地使用国有土地。但取得划拨土地使用权的使用者应当依法缴纳土地使用税。

以划拨方式取得土地使用权的，除法律、行政法规另有规定外，没有使用期限的限制。虽然无偿取得划拨土地使用权没有年限限制，但因土地使用者迁移、解散、撤销、破产或者其他原因而停止使用土地的，国家应当无偿收回划拨土地使用权，并可依法出让。因城市建设发展需要和城市规划的要求，也可以对划拨土地使用权无偿收回，并可依法出让。无偿收回划拨土地使用权的，其地上建筑物和其他附着物归国家所有，但应根据实际情况给予适当补偿。

以划拨方式取得国有土地使用权的情形：根据《城市房地产管理法》第二十四条的规定，下列建设用地的土地使用权，确属必需的，可以由县级以上人民政府依法批准划拨：

（1）国家机关用地和军事用地；

（2）城市基础设施用地和公益事业用地；

（3）国家重点扶持的能源、交通、水利等项目用地；

（4）法律、行政法规规定的其他用地。

以划拨方式取得土地使用权的，经主管部门登记、核实，由同级人民政府颁发土地使用权证。

为了规范土地市场，国家对转让、出租、抵押设定了限制性规定：划拨土地使用权一般不得转让、出租、抵押，但符合法定条件的也可以转让、出租、抵押，即土地使用者为公司、企业、其他组织和个人，领有土地使用权证，地上建筑物有合法产权证明，经当地政府批准其出让并补交土地使用权出让金或者以转让、出租、抵押所获收益抵交出让金。未经批准擅自转让、出租、抵押划拨土地使用权的，没收其非法收入，并根据其情节处以相应罚款。

3.1.2.3　以转让方式取得国有土地使用权

土地使用权转让是指土地使用者将土地使用权再转移的行为，即土地使用者将土地使用权单独或者随同地上建筑物、其他附着物转移给他人的行为。原拥有土地使用权的一方称为转让人，接受土地使用权的一方称为受让人。

转让方式包括出售、交换和赠与等。土地使用者通过转让方式取得的土地使用权，其使用年限为土地使用权出让合同规定的使用年限减去原土地使用者已使用年限后的剩余年限。未按土地使用权出让合同规定的期限和条件投资开发、利用土地的，土地使用权不得转让。如果土地使用权转让，其地上建筑物、其他附着物所有权随之转让。地上建筑物、其他附着物的所有人或者共有人，享有该建筑物、附着物使用范围内的土地使用权。土地使用者转让地上建筑物、其他附着物所有权时，其使用范围内的土地使用权随之转让，但地上建筑物、其他附着物作为动产转让的除外。土地使用权转让价格明显低于市场价格的，市、县人民政府有优先购买权。土地使用权转让的市场价格不合理上涨时，市、县人民政府可以采取必要的措施。

3.1.3　土地的他项权利

3.1.3.1　土地他项权利的概念

土地的他项权利是指土地所有权和土地使用权以外与土地有密切关系的权利，主要包括地役权、地上权、空中权、地下权、土地租赁权、土地借用权、耕作权和土地抵押权等，即在已经确定了他人所有权和使用权的土地上保留的其他利用土地方面的权利。

他项权利的主体具有特定性，他项权利拥有者必须是与土地所有权或使用权拥有者有着密切关系的单位和个人，如邻里关系、土地使用权租赁关系、土地使用权抵押关系、地上附着物权属关系等。他项权利的发生，有的是由于土地所有权和使用权拥有者通过协议出让了部分权利，有的是法律明文规定的。

他项权利与土地使用权的客体一般为同一块土地，它既依附于土地的所有权和使用权，又是对土地所有权和使用权的一种限制，这种限制往往影响土地所有者和使用者对土地的充分利用，从而影响土地所有权和使用权的价值。中华人民共和国成立前，在土地私有制条件下，除土地所有权以外，设定在他人所有土地（包括国有土地）上的一切权利统称为土地他项权利。

3.1.3.2　土地他项权利的内容

土地他项权利包括地上权、永佃权、地役权、典权、抵押权和租赁权等。目前中国实行土地公有制，土地他项权利的种类不多，但随着土地使用制度的改革，已逐步派生出各种各样的他项权利。

（1）抵押权。经有偿出让的土地使用权可以用来抵押。抵押开始，抵押权人即取得土地使用权的抵押权，这个抵押权必须经土地登记机关加以确认。抵押终止，抵押权即告消灭。抵押人破产的，抵押权人可以从土地使用权拍卖转让收益中得到补偿。

（2）租赁权。经出让的土地使用权可以出租，承租人对所承租的土地有租赁权，这是中国的一种较为特殊的土地他项权利。租赁权经土地登记可以保护土地承租人在租期内对土地的合法使用。

（3）地役权。《民法典》对相邻用地的通行、排水等权利相邻关系的形式做了规定。这种在他人土地通行、排水的权利称为地役权。相邻关系是通过法律规定的，不必经相邻各方约定而对土地所有权和使用权进行限制，所以不需要再作为土地他项权利予以确认。但将邻里之间的通行权、排水权等进行权利登记，可以更好地保护土地产权各有关方面的合法权益。

（4）耕作权。耕作权是指按照规定或约定，在已经明确了土地使用权的土地上，在不妨碍土地使用人的土地使用权的条件下，种植农作物，在大型靶场、试验场内有限制地种植树木和农作物等。设置这种他项权利，主要是从合理利用土地的原则出发的。耕作权一般都长期依附于土地使用权，取消这种他项权利时，还要给耕作权人以适当补偿。

（5）借用权。通过借用而使用别人的土地，可以认为借用人具有借用权。这是中国特殊历史条件下产生的一种他项权利形式。20世纪五六十年代，通过借用协议使用土地的相当多，且一般协议内容简单，有的有期限，有的没有期限，有的写明不作某用途时即退还等。这些问题，往往通过补签协议，增加限制条件继续借用，对借用方加以权利上的明确，有利于土地使用的稳定。

（6）空中权和地下权。这主要是针对地表土地使用权而言的。空中权涉及的建筑如桥梁、渡槽、架空电线、空中楼阁（水中或地面上以柱角支撑的亭台、房屋）等，地下权涉及的建筑如地下隧道、地下商场等。空中权与地下权的成立是以地表土地使用权已经确定且与空中、地下权利主体不一致为条件的。这是一种可以独立转让、抵押和出租的权利，其权利内容和价值与土地使用权有时基本相同。

总之，土地他项权利是一种发展和变化中的土地权利，对其进行确认和登记，一方面，可以区别土地所有权和使用权与他项权利的地位关系，保障土地所有权和使用权的正常行使不受干扰；另一方面，对土地的所有权和使用权进行了明确的限制，保护了土地所有权和使用权以外的有关土地的合法权益不被忽视和损害。此外，设定他项权利，有利于土地所有权和使用权各项权能的分离和实现，对完善土地的权属管理和适应土地使用制度的改革有重要作用。

【案例分析3-1】

公开通报！全国13起重大典型土地违法违规案件公布

2020年，自然资源部决定挂牌督办3起、公开通报10起重大典型土地违法违规案件。

自然资源部指出，对3起挂牌督办案件，已下发挂牌督办通知书，相关省级自然资源主管部门要抓紧会同有关部门组织调查，在规定时间内依法依规提出处理意见。自然资源部将予以监督指导、跟踪督办。

自然资源部强调，挂牌督办和公开通报的13起案件，反映出当前耕地保护工作仍然形势严峻、任重道远，必须驰而不息、常抓不懈。地方各级人民政府和自然资源主管部门要进一步增强"四个意识"、坚定"四个自信"、做到"两个维护"，把思想和行动统一到党中央、国务院决策部署上来，深刻认识严格耕地保护的极端重要性，采取"长牙齿"的硬措施，强化监督管理，严肃查处、严厉打击违法占用耕地特别是永久基本农田的行为，坚决遏制耕地"非农化"，防止耕地"非粮化"。

此次挂牌督办的3起案件分别是：

1. 云南省曲靖市马龙区违法占地建龙湖公园案。2019年6月，曲靖市马龙区住房和城乡建设局未经批准擅自占用2 152.61亩土地（耕地1 774.19亩）建设龙湖公园。其中，挖田造湖占地847.61亩，配套设施占地322.48亩。

2. 河南省驻马店市上蔡县违法占地建森林公园案。2020年2月，上蔡县林业发展服务中心（原林业局）未经批准擅自占用1 115.7亩土地（耕地1 108.14亩）建设上蔡县森林公园。其中，挖田造湖占地253.39亩，配套设施占地15.74亩。

3.江西省萍乡市上栗县违法占地建花炮文化博览园案。2018年8月，上栗县住房和城乡建设局未经批准擅自占用243.31亩土地（全部为永久基本农田）建设花炮文化博览园。其中，挖田造湖占地82.41亩，配套设施占地44.39亩。

此次公开通报的10起案件分别是：

1.天津市静海区万客隆建筑工程有限公司违法占地堆放垃圾案。2018年12月，天津万客隆建筑工程有限公司未经批准擅自占用静海区杨成庄乡梅厂村耕地32亩（永久基本农田28.93亩）堆放建筑垃圾。2020年8月，天津市规划和自然资源局静海分局立案查处。9月，地上堆放物已全部清理，恢复了耕种条件。

2.内蒙古自治区呼和浩特市酒泉希华建筑劳务工程有限公司违法占地建钢梁厂案。2019年3月，酒泉希华建筑劳务工程有限公司未经批准擅自占用呼和浩特市赛罕区黄合少镇南地村土地221.99亩（耕地213.82亩）建设桥梁结构加工临时工棚、硬化地面、堆放钢梁及施工设施。10月，呼和浩特市自然资源局赛罕区分局立案查处，责令退还土地，拆除地上建筑物，当事人拒不履行行政处罚决定。2020年6月，赛罕区人民法院准予强制执行。赛罕区人民政府组织相关部门进行了拆除清理，恢复了土地原状。

3.浙江省湖州市德清远境装饰有限公司违法占地建公园案。2017年12月，德清远境装饰有限公司未经批准擅自占用雷甸镇雷甸村91.11亩土地（耕地76.05亩）建设青云湖公园。2020年7月，德清县自然资源和规划局立案查处，责令拆除地上建筑物，恢复耕种，并处罚款146.849万元。11月，该公司自觉履行了行政处罚决定。

4.湖南省长沙市文丰物流有限公司违法占地卸土案。2017年7月，湖南文丰物流有限公司未经批准占用长沙市天心区南托街道办事处牛角塘村耕地175.647亩卸土。2018年4月，原长沙市国土资源局以涉嫌构成非法占用农用地罪将案件移送公安机关追究刑事责任。2019年11月，该公司因非法占用农用地罪被判处罚金120万元，追缴非法所得231.358万元；公司法人代表周某被判处有期徒刑1年6个月，缓刑2年，并处罚金40万元。

5.广西壮族自治区贺州市廖某违法占地搭棚堆料案。2019年5月，廖某未经批准占用八步区步头镇梅中村32.7亩土地（永久基本农田27.29亩）搭建厂棚、堆料。2020年5月，贺州市八步区人民政府组织相关部门进行拆除，恢复了土地原状。

6.重庆市垫江县豪凯实业股份有限公司违法占地建套装门厂案。2019年5月，重庆豪凯实业股份有限公司未经批准擅自占用垫江县太平镇天星村土地24.7亩（耕地22.3亩）建设套装门厂。2020年4月，垫江县规划和自然资源局立案查处。没收的地上建筑物已移交垫江县财政局，罚款23.5199万元已收缴。拆除的行政处罚决定已申请垫江县人民法院强制执行，当事人对部分土地实施了复耕复绿。案件因涉嫌构成非法占用农用地罪被移送公安机关追究刑事责任。

7.重庆市北碚区安恩工程机械有限公司破坏永久基本农田案。2018年4月，重庆安恩工程机械有限公司未经批准擅自占用北碚区金刀峡镇石寨村耕地13.61亩（永久基本农田13.31亩）堆填碎石、平整土地、修建围墙等。案件因涉嫌构成非法占用农用地罪被移送公安机关追究刑事责任。2019年12月，该公司因非法占用农用地罪被判处罚金

10万元，公司法人代表汪某被判处有期徒刑2年，缓刑3年，并处罚金2万元。

8.陕西省咸阳市清元建设工程有限公司违法占地建恒大项目案。2018年10月，陕西清元建设工程有限公司未经批准擅自占用咸阳市渭城区正阳街道、黄家寨村167亩土地（耕地110亩）建设恒大运动中心、会展中心、童话世界项目。2019年4月，西咸新区秦汉新城国土资源和房屋管理局立案查处，没收地上建筑物和其他设施，并处罚款140.4万元。秦汉新城招商局干部姚某受到行政警告处分。

9.陕西省榆林市象道物流有限公司违法占地建物流园案。2019年4月，榆林象道物流有限公司未经批准擅自占用金鸡滩镇曹家滩村1 245.8亩土地（永久基本农田33.18亩）建设物流园。同月，榆林市自然资源和规划局立案查处，责令退还土地，没收地上建筑物和其他设施，并处罚款1 103.636万元。案件因涉嫌构成非法占用农用地罪被移送公安机关追究刑事责任。

10.新疆维吾尔自治区伊犁哈萨克自治州兰某破坏耕地案。2018年11月，兰某未经批准擅自占用霍城县兰干乡双渠村耕地44.58亩挖沙取土，破坏耕地。2019年4月，霍城县自然资源局以涉嫌构成非法占用农用地罪将案件移送公安机关追究刑事责任。2020年1月，兰某因非法占用农用地罪被判处有期徒刑1年6个月，缓刑2年，并处罚金8 000元。

资料来源：陈琛，孙安然.自然资源部挂牌督办和公开通报13起重大典型土地违法违规案件［N].中国自然资源报，2021-01-20.

分析：

我国幅员辽阔，国土面积较大，各地区情况复杂。有的地方政府在执行国家政策时没有严格按法律法规办理。有的地方政府甚至和房地产开发商合谋，为了地方利益，没有按国家规定转让土地使用权。有的是项目急于投入使用，政府审批手续繁杂、等待时间较长，出现了"以租代征"、违反土地利用总体规划非法占地、"未批先用"等一系列违法占地事件。

3.2 住房制度

3.2.1 住房制度

住房制度受到一个国家的经济体制、经济发展水平、历史、文化传统、习惯和民族特点的影响。住房制度是政府为解决房地产发展中的问题，采取的调控措施和出台的相关政策。具体的住房制度是指包括住房的建设、分配、交接、管理等方面的法律、法规及政策等调整有关方面关系并约束其行为的规范，是政府为居民提供满足其基本生活所需住房的制度安排，关系到一国的国计民生和社会发展。

住房制度的主要内容包括城镇住房建设投资方式、住房供应方式、住房分配方式、住房社会保障方式、住房管理方式等。中华人民共和国成立以后，我国的住房制度经历了从公有化、福利化住房向私有化、商品化住房的转变。

世界主要国家的住房制度，大体上可分为两大类型。

（1）计划型、福利性、实物分配、行政性管理的住房体制

原先的计划经济体制国家，如苏联、东欧一些国家就实行这种住房体制。其理论基础是住房的福利性，否定住房的商品性。其基本特点是采取国家（政府）和单位统包住房建设投资，对职工实行实物福利分房，低租金使用，实施行政性住房管理。中国原有的住房制度，基本上照抄照搬了这种模式。随着苏联解体、东欧剧变，这种住房制度已失去了基础，逐步退出历史舞台。中国在确定了社会主义市场经济体制以后进行的住房制度改革，就是要扬弃这种计划经济模式的住房体制，建立适应社会主义市场经济要求的市场型住房新体制。

（2）市场型、商品性、工资化分配、社会化管理的住房体制

在实行市场经济体制的国家，住房完全商品化，其基本特点是主要通过市场机制调节住房的生产、分配、交换、消费，决定住房资源的配置、分配和使用。住房投资建设由开发商自主进行。住房消费包含在职工工资之中。住房分配通过市场交换进行，职工以其收入自由选择购买或租房入住。私人住宅一般占60%左右。住房管理与政府和单位分离，由物业公司进行社会化、专业化管理。政府的作用主要体现在调控市场和对低收入者提供基本的住房社会保障方面。

3.2.2　住房制度分类

依据住房社会保障的范围和保障方式的不同，又可以把市场经济国家的住房制度细分为两个子类。

（1）瑞典等福利国家的市场社会保障型住房制度

市场社会保障型住房制度的主要特点：以市场配置住房资源为主体，实施比较广泛的住房社会保障政策。瑞典是福利国家的先驱，在住房制度方面仍以市场配置资源为基础，私人购买和自建的住房占42%，公有住房、合作社住房和房产商出租的住房占58%。政府为住房建设筹集资金，提供贷款，并通过优惠利率和补贴使资金费用和房屋成本保持在合理水平。同时，提供长期住房信贷、建立抵押贷款机构支持居民买房。瑞典政府实施住房补贴政策，主要资助形式是利息补贴和住房津贴，此外还对房产业主提供税收优惠和补贴。采取上述措施占家庭总数50%的中低收入者获得了住房补贴总额的85%的补贴份额。这种泛福利的模式，好处是保障了中低收入者的基本住房需求，缺点是住房资源的配置效益低，政府的财政负担重，难以为继。

（2）美国等国家的市场救济型住房制度

市场救济型住房制度的主要特点：住房问题被当作私人的事情，政府只对贫困线以下的低收入者提供救济性的住房补贴，住房社会保障面相对较窄。美国的住房政策是多极化的住房目标，包括效率目标、经济增长目标和社会公平目标；多样化的政策手段，包括金融手段、税收和财政补贴手段，组成一个比较完整的体系。在美国，大多数人到市场购房，住宅产权属于私人的占65.5%。住宅的投资、买卖和消费由市场调节，住房消费支出已占居民家庭收入的40%左右。政府对住宅问题的干预，除了设立中介机构、为住宅投资提供稳定的资金来源和通过减税刺激投资外，主要是对低收入者提供住房补

贴。对有能力购房的人，政府不直接提供财政援助，仅限于贷款购房者可以得到贷款利息冲减纳税基数的优惠。享受住房补贴的只是生活在贫困线以下的低收入者。目前住房补贴的形式为住宅券，领到此凭证的人，可以在符合政府规定的住房标准前提下，自由选择居住地，只需交不超过自己收入30%的房租，超过部分由政府负责支付。可见，美国的住房社会保障范围相对较小。这种住房制度的好处是，有利于调动居民自主地解决住房问题的积极性，而政府的财政负担又不至于太重。

我国在20世纪90年代初确立建立社会主义市场经济体制以后，基本上按市场经济的要求深化住房制度改革，同时也从本国的实际情况出发，逐步建立起有中国特色的社会主义住房制度。

3.2.3　住房制度改革的方向

住房制度是涉及全体人民生活的一项重要经济制度，1979年启动的住房制度改革极大地减轻了国家在住房建设上的财政负担，同时扩大了内需，促进了国民经济的发展。居民的住房生活水平得到了显著的提高。回顾40多年的住房制度改革，可以看到在住房制度上发生的一系列变化。

（1）住房建设模式由计划走向市场

中华人民共和国成立以后，政府通过社会主义改造，将原有的私人住房收归国家共有。然后将政府掌握的住房以实物的形式分配给职工及其家属。在住房制度上实行"六统一"制度，也即"统一分配、统一规划、统一投资、统一设计、统一施工、统一管理"。在原有旧房之外的新房建设只能由政府统一进行，政府之外的市场力量被严格排除在住房建设模式之外。

住房建设由国家依据计划统一实施，有利于克服市场的无序行为，但与此同时，也为国家的财政带来极大负担。随着社会现实生活中对住房需求的快速增加，政府无力承担巨大的住房建设财政开支。在此情况之下，政府决意推动住房制度改革，其中一个主要的目标就是在住房建设领域由国家投资转变为"国家、单位、个人"三方投资，进而转变为以市场投资为主、政府投资为辅。经过40多年的住房制度改革，住房建设模式已经达到改革的预期目标，由政府垄断的计划行为，变成了由房地产企业主导的市场行为。

（2）住房分配方式由身份走向契约

英国著名法学家梅因在《古代法》中说，"所有社会进步的运动，到此处为止，是一个从身份到契约的运动"。我国住房制度改革在住房的分配方式上成功实现了由身份到契约的转变，住房由福利产品转变为市场商品。

福利分房是在中华人民共和国成立之后，相当长的一段时期内，我国城镇住房的唯一分配方式。实物福利分房制度被视为社会主义的一种必然表现，它和医疗、教育等社会保障制度一起，构成了社会主义制度优于资本主义制度的一个重要内容。但是，实物福利分房以身份作为分配住房的基础，导致城市中不具有"身份"的个体无法分配住房。同时，在住房分配的过程中，主要依据"身份主体"的工龄、职务、职称、学历等相关因素，在实践的过程中不可避免地导致了分配腐败、分配不公。

而到20世纪90年代，住房分配制度就已开始转变为以货币为主要考量因素。货币而不是工龄、职称、职务等身份要素，成为能否拥有住房、拥有何种档次住房的决定性因素。虽然身份因素目前仍然在我国的住房分配制度中存在一定范围的影响，但是从总体上来说，目前我国的住房分配制度，已经实现了由身份向契约的转变。

（3）政府职能由管理转向服务

改革的目标是权力，其实质就是权力的重新分配，住房制度改革也不例外。住房制度改革的核心就是住房建设、住房分配权力的归属问题。纵观 40 多年的住房制度改革，我们发现，住房制度改革的过程，就是国家权力逐渐从住房建设、住房分配等领域退出的过程。市场和社会逐步取代国家，成为住房建设、住房分配的决定主体。在这个过程中，政府也在不断调整着自己的角色，从管理型政府转向服务型政府。

政府在住房制度改革中的这种转变主要体现为两个方面。一方面，政府不再直接干预住房建设、住房分配，而是交由市场和社会进行住房资源的分配。当出现市场失灵、社会失范的情形，政府也只是通过金融政策、土地政策等调控杠杆进行间接调控。另一方面，政府通过法律法规等，为住房市场主体提供各种有利条件，促进住房市场的不断发展。

3.3　我国的房地产制度

3.3.1　我国的土地所有制

我国目前的土地所有制结构为典型的"二元结构"：土地国家所有制与土地集体所有制并存。《中华人民共和国宪法》（简称《宪法》）、《土地管理法》与《城市房地产管理法》对全国土地的所有权进行了明确的界定。

3.3.1.1　土地集体所有制

土地集体所有权制度，具体采取的形式是社会主义集体经济所有制度，即由各个社会主义集体经济组织代表该经济组织的全体人民占有属于该集体的土地，行使占有、使用、收益和处分的权利。根据《宪法》第十条的规定："农村和城市郊区的土地，除法律规定属于国家所有的以外，属于集体所有；宅基地和自留地、自留山，也属于集体所有。"《土地管理法》第八条也规定："农村和城市郊区的土地，除法律规定属于国家的以外，属于农民集体所有；宅基地和自留地、自留山，属于农民集体所有。"与土地国家所有权相比较，土地集体所有权有以下特征：

（1）由于集体所有的土地只属于各个劳动群众集体所有，所以集体所有权在全国范围内没有一个统一的主体。在我国，集体所有权的主体有三种类型：第一种是村农民集体，这是目前我国农村土地所有权最主要的一种主体，依照法律集体所有的土地属于村农民集体所有，由村民委员会或村农业生产合作社等农业集体经济组织经营管理；第二种是农业集体经济组织的农民集体，比如村农民集体所有的土地，已经分别属于村内两个以上农民集体经济组织所有的，可以属于各该农业集体经济组织的农民集体所有；第三种是乡（镇）农民集体所有，已经属于乡（镇）农民集体经济组织所有的，可以属于乡（镇）农民集体所有。

（2）集体土地所有权的客体具有广泛性。

（3）国家十分重视集体土地所有权的保护，因为集体所有制经济是我国社会主义公有制经济的重要组成部分，集体所有的土地是农业集体经济组织的重要生产资料，在我国人口众多、土地面积相对数较小、后备土地资源有限的情况下，保护土地集体所有权同样具有非常重要的意义。

3.3.1.2　土地国家所有制

土地国家所有制具体采取的形式是社会主义国家所有制度，即由社会主义国家代表全体劳动人民占有属于全民的土地。行使占有、使用、收益、处分的权利。根据《宪法》第九条的规定："矿藏、水流、森林、山岭、草原、荒地、滩涂等自然资源，都属于国家所有，即全民所有；由法律规定属于集体所有的森林和山岭、草原、荒地、滩涂除外。"《宪法》第十条规定："城市的土地属于国家所有。"《土地管理法》也规定："城市市区的土地属于国家所有。"因此，我国实行的土地国家所有制度有以下特征：

（1）在所有权主体方面，国家所有的土地只属于国家，其实质为全民所有。因为国家对土地的占有、使用、收益和处分，能够反映人民的意志并为人民的整体利益服务。所以，只有国家才能作为土地国家所有的主体。

（2）在所有权客体方面，土地国家所有权的客体具有相当的广泛性，根据有关法律的规定，土地国家所有权的客体范围除包括城市市区的土地之外，还包括农村与郊区依法没收、征用、征收、征购、收归国有的土地，国家未确定为集体所有的各种土地以及其他土地。

（3）在所有权的行使上，土地国家所有的特点是，由于国家为政治组织而非经济组织，国家虽拥有土地的使用权，但一般不直接经营土地，而是将国有土地交由全民所有制单位、集体所有制单位、其他组织和社会成员经营。

3.3.2　城市土地使用权制度

土地使用制度是指人们使用土地的程序、条件以及在使用时必须遵循的规章制度的总和，它属于社会经济关系的范畴。土地使用权是土地使用制度的法律体现形式。在我国，通过土地使用制度的改革，逐步建立了与社会主义市场经济体制相适应的城市土地产权制度和城市土地使用制度。

3.3.2.1　土地使用权出让

土地使用权出让是由政府垄断经营的，它是政府以土地所有者的身份，将土地使用权以一定的方式、一定的出让金、一定的使用期限出让给使用者。依照《中华人民共和国城镇国有土地使用权出让和转让暂行条例》，出让的地块、用途、年限、价款和其他条件，由政府的土地、城建、规划、房产等管理部门共同拟定。当事人双方的合法权益均受法律保护。

土地使用权出让，可以采取协议、招标、拍卖三种形式进行。拍卖是在指定的时间、公开的地点，在政府的土地使用权拍卖人主持下，由最高出价者获得；招标是在规定的期限内，由符合条件的单位与个人以投标形式竞投指定地块的使用权，最后由招标者择优而定；协议方式是政府与土地利用者协商土地使用权的出让金和其他条件，达成协议，签订土地使用权出让合同。

土地使用权的出让年限，因行业与项目的不同而有所差别。根据《中华人民共和国城镇国有土地使用权出让和转让暂行条例》，各类用地的最高出让年限如下：居住用地70年；工业用地50年；教育、科技、文化、卫生、体育用地50年；商业、旅游、娱乐用地40年；综合与其他用地50年。

根据《土地管理法》的规定，只有国务院、省、自治区和直辖市人民政府才具有土地征用和土地出让的审批权。

3.3.2.2　土地使用权转让

土地使用权转让，是土地使用者将土地使用权再行转移的行为。根据《中华人民共和国城镇国有土地使用权出让和转让暂行条例》的规定，原行政划拨用地在补交地价款，签订有偿使用合同之前不得转让。从土地一级市场获得的土地，未按合同规定的期限和条件开发利用的，也不得转让。土地使用权转让，应签订转让合同，进行使用权转移登记。土地使用权一经转让，原土地使用权出让合同中规定的权利与义务随之转移。通过转让获得土地使用权的受让者，土地使用年限为该土地出让合同中规定的年限减去原土地使用者已使用年限后剩余的年限。

土地使用权转让时，地上建筑物与其他附属物随之转移。如果地上建筑物及其他附属物的产权非单一所有，存在多人（或组织）共有的关系，这些财产共有人对财产所依附的土地也存在共有关系。当这种财产所有人发生财产让渡时，除非明确规定，财产只作为不动产转让，其相应的土地使用权也发生转移。

对于土地使用权转让，政府有权进行调控。当转让价格明显低于市场价格时，政府有优先购买权。当转让价格不合理上涨时，政府也可以采用经济、行政、法律的手段进行调控。

3.3.2.3　土地使用权出租与抵押

土地使用权出租，是土地所有者或占有者为获取租金，将土地使用权连同建筑物及其他附着物向他人租赁的行为。土地使用权出租须签订租赁合同，租赁合同的签订不得违反国家有关法律、法规及土地使用权出让、转让管理办法的规定。双方当事人权益受国家法律保护。

土地使用权的抵押，是土地使用权占有者作为抵押人为获取资金，将土地使用权连同土地上的建筑物及其他附着物作为财产保证，与提供资金的抵押权人签订抵押合同的行为。抵押期满或抵押期间，抵押人不能偿付债务或抵押人解散、破产的，抵押权人有权依照国家有关法律及抵押合同的规定，处分抵押财产，并对处分所得有优先受偿权。

3.3.2.4　土地使用权终止与收回

土地使用权终止与收回，是由多种因素引起的转让合同规定提前终止收回：正常履行合同规定因灾害造成土地灭失而终止等；出让、转让期满收回；本应履行出让但为公共利益提前终止收回；因自然灾害造成土地灭失而终止等。

【知识链接3-3】 --•

住宅建设用地期满自动续期，非住宅建设用地依照法律规定办理

国有土地使用权出让年限短则5~10年不等，最长的是住宅建设用地使用期限是70年。很多土地的使用权陆续期满，社会普遍关心土地使用权期满以后怎么办，《民法典》第三百五十九条明确规定："住宅建设用地期满自动续期，续期费用的缴纳或者减免，依照法律、行政法规的规定办理。非住宅建设用地使用权届满后的续期，依照法律规定办理。该土地上的房屋及其他不动产的归属，有约定的，按照约定；没有约定或者约定不明确的，依照法律、行政法规的规定办理。"

一、住宅建设用地使用权期限届满，自动续期。

《民法典》第三百五十九条规定，"住宅建设用地使用权期限届满，自动续期。"

国人对土地和房产的热情是一贯的，古人有钱买地，确保财富保值增值。现在土地所有权不能买卖了，富裕阶层一边做一些投资，一边购买房产，改善居住条件，抵御通胀，实现家庭财富的保值增值。从这些年的房产限购就可以看得出来人们对房子的钟爱。

房子已经成为很多家庭的主要资产。这就让房屋占用的土地使用权期限以及土地使用权期限届满的处理备受关注。《民法典》这一规定，给住宅业主们吃了一颗"定心丸"。只要房屋还在，房屋占用范围内的土地使用权就自动续期。这也击破了"70年租赁合同"的奇谈怪论。

二、住宅建设用地使用权期限届满，续期费用依法可以减免除。

《民法典》第三百五十九条规定，"续期费用的缴纳或者减免，依照法律、行政法规的规定办理。"

根据该规定住宅建设用地使用权期限届满，续期费用分为三种情况：

1. 依法缴纳土地使用费用。

2. 土地使用费部分缴纳。

3. 免受住宅建设用地使用权费用。

具体是全额缴纳或是费用减免，要根据具体情况，依法处理。《民法典》第三百五十九条明确处理的准据法是全国人大及其常委会通过的法律，以及国务院发布的行政法规。

三、非住宅建设用地使用权期限届满后的续期依法办理。

非住宅建设用地情况比住宅建设用地情况更加复杂，土地使用期限也是有20年、40年、50年不等。非住宅建设用地还多数带有经营性质，土地使用权续期费用恐怕要列入经营成本处理了。

《民法典》第三百五十九条规定，"非住宅建设用地使用权期限届满后的续期，依照法律规定办理。"具体缴费事宜需要根据后续出台的法律规定具体情况具体处理。

非住宅建设用地期限届满不再续期，《民法典》第三百五十九条规定，"该土地上的房屋以及其他不动产的归属，有约定的，按照约定；没有约定或者约定不明确的，依照法律、行政法规处理。"

有约定情况，根据土地使用权出让合同的约定，确定土地上房屋以及其他不动产的归属。不管是约定土地上房屋以及其他不动产归土地使用权人所有还是土地出让人所有，都要按照约定处理。

对于对土地上房屋以及其他不动产没有约定情形，要看其他法律、行政法规的具体规定，依法处理。

《民法典》关于土地使用权续期问题，区分住宅用地使用权和非住宅用地使用权分别处理，充分考虑土地的居住保障和经营等因素，作出不同规定。可以肯定的是，法治日臻完善，权利保障也越来越全面到位，人们可以放心地创造财富，追求美好生活，建设美好社会。

资料来源：郭天喜. 住宅建设用地期满自动续期，非住宅建设用地依照法律规定办理［EB/OL］. (2021-01-22). https://1766175.haolvshi.com.cn/article/3535.html.

- -

3.4　我国的住房制度

3.4.1　我国原有的住房制度

住房制度与房地产业的发展息息相关。如果说改革开放40多年来，我国的房地产业发展迅猛的话，那么不得不同时提及我国的城市住房制度，因为二者是息息相关的。我国城市住房制度的演变代表了住房消费在观念上的转变。住宅是人们最基本的生活资料之一，同时，在现代社会中，住宅也成为一种文化，一种消费潮流的象征，从一个国家或一个地区的住宅消费水平就可以直接看出该国或该地区的房地产业发展状况，进而联系到其经济的发展水平和速度。

城镇住房制度，是国家在解决城镇居民住房问题方面实行的基本政策和方式方法体系。其主要内容如下：城镇住房建设投资方式、住房供应方式、住房分配方式、住房经营方式、住房社会保障方式和住房管理方式等方面，包括有关住房问题的方针、政策、目标、方法等，这些方面的总和就是城镇住房制度。

传统住房制度，是在20世纪50—70年代经过20多年的时间，随着传统计划经济体制的建立而建立起来的。传统住房制度是传统计划经济体制的重要组成部分，是与传统经济体制相适应的。传统住房制度最基本的特征是国家包、福利制（低租金）、所有制单一、政企不分。传统住房制度的主要弊端有：行政性的实物分配，不仅违背了按劳分配的原则，而且成为住房分配不公的重要原因；实物分配和低租金，使投资有去无回，无法实现住宅简单再生产和扩大再生产；实物分配和低租金，以及没有固定的投资渠道，无法使住宅业形成产业，严重地影响和制约着房地产业、建筑业和建材业的发展。

传统住房体制实施的结果，最终导致了住房短缺，而且永远无法满足住房消费者不受经济承受能力制约对实物的巨大需求欲望；进一步加深了住房供求矛盾，使住房问题成为经济社会发展中的一个十分敏感的问题。摆脱住房供求矛盾，解决居民住房问题，唯一的出路就是进行住房制度改革，把住房纳入市场经济运行的轨道。

3.4.2　我国住房制度的改革历程

城镇住房制度改革是经济体制改革的重要组成部分。中国传统的城镇住房制度是一种以国家统包、无偿分配、低租金、无限期使用为特点的实物福利性住房制度。这种住房制度存在着一系列严重弊端和难以克服的矛盾，其根本问题在于不能有效满足城镇居民的住房需求，不适应社会主义商品经济的客观要求。因此，对这种传统的城镇住房制度必须进行全面彻底的改革，实现机制转换，建立具有中国特色的新型住房制度，实现住房商品化、社会化。

我国城镇住房制度改革大致经历了以下三个阶段：

（1）城镇住房制度改革的探索和试点阶段（1978—1990年）

1978年，邓小平同志提出了关于"房改"的问题。1980年4月，他提出了出售公房、调整租金、个人买房建房的住房制度改革的总体构想，明确了住房要走商品化的道路，为改革指明了方向。同年6月，中共中央国务院批转了《全国基本建设工作会议汇报提纲》，正式宣布我国将实行住宅商品化的政策。1979年开始，在低租金、实物分配住房制度不变的情况下，进行向居民全价售房的试点，中央拨款给西安、柳州、梧州、南宁四市，建房向居民出售。1980年试点扩大到50个城市，1981年又扩大到23个省、自治区、直辖市的60多个城市及部分县镇。

1982年开始首批在郑州、常州、四平及沙市进行试点，实行"三三制"补贴出售公房，即政府、单位、个人各负担房价的1/3。1984年国务院批准北京、上海、天津三大直辖市扩大试点。截至1985年年底，全国共有160个城市和300个县镇实行了补贴售房，共出售住房1 093万平方米。这是探索性改革，没有涉及租金、房价等商品性因素，只是酝酿了下一步的改革。

自1986年以后，城镇住房制度改革取得了重大突破，掀起了第一轮"房改"热潮。1986年2月，成立了"国务院住房制度改革领导小组"，下设办公室，负责领导和协调全国的"房改"工作。这一时期的特点是改革低租金、提租补贴、租售结合、以租促售和配套改革。1986年，国务院组织烟台、蚌埠、唐山市制订试点方案进行试验，出现了著名的"烟台模式"。在总结试点经验的基础上，1988年1月国务院召开了第一次全国住房制度改革工作会议，同年2月，国务院以国发〔1998〕11号印发《国务院住房制度改革领导小组关于在全国城镇分期分批推行住房制度改革的实施方案》。这是我国第一个关于房改的法规性文件，充分肯定了试点城市的做法和经验，确定了房改的目标、步骤和配套政策，对全国房改的工作进行了部署，标志着住房制度改革进入了整体方案设计和全面试点阶段。

（2）城镇住房制度改革的全面推进和综合配套改革阶段（1991—1994年）

1991年，城镇住房制度改革取得了重大突破和实质性进展，结束了一段时期以来的徘徊局面，进入了全面推进和综合配套改革的新阶段。1992年2月，国务院正式批复了上海市的住房制度改革方案。同年5月1日，《上海市住房制度改革实施方案》正式出台实施，上海市实行了"五位一体"的房改实施方案，推行住房公积金制度，开辟了新的稳定的住宅资金筹集渠道。上海市住房制度改革方案的实施对全国的房改产生了巨大的影响和推动作用，引起了所谓的"上海效应"。

1991 年 6 月，国务院颁发了《关于继续积极稳妥地进行城镇住房制度改革的通知》，其中明确规定了城镇住房制度改革的根本目的，重申了城镇住房制度改革的有关政策，提出了部分产权理论，要求实行新房新制度，强调了国家统一政策的严肃性。

1991 年 11 月，国务院办公厅下发了《关于全面推进城镇住房制度改革的意见》，这是城镇住房制度改革的一个纲领性文件，明确了城镇住房制度改革的指导思想和根本目的，制定了城镇住房制度改革的总体目标和分阶段目标，提出了城镇住房制度改革的四项基本原则，规定了城镇住房制度改革的 12 大政策，要求 1992—1993 年在全国范围内全面推进城镇住房制度改革。这标志着城镇住房制度改革已从探索和试点阶段，进入全面推进和综合配套改革的新阶段。

（3）城镇住房制度改革的深化和全面实施阶段（从 1994 年开始至今）

1994 年 7 月 18 日，国务院作出了《关于深化城镇住房制度改革的决定》（以下简称《决定》）。它是在认真总结十多年房改实践经验的基础上制定的，是指导今后一段时期房改工作的主要政策文件。《决定》确定房改的根本目的是建立与社会主义市场经济体制建设相适应的新的城镇住房制度，实现住房商品化、社会化；加快住房建设，改善居住条件，满足城镇居民不断增长的住房需求。房改的基本内容可以概括为"三改四建"。"三改"即改变计划经济体制下的福利性旧体制，包括：改变住房建设投资国家、单位统包的体制为国家、单位、个人三者合理负担的体制；改变各单位建设、分配、维修、管理住房的体制为社会化、专业化运行的体制；改变住房实物福利分配的方式为以按劳分配为主的货币工资分配方式。"四建"即建立与社会主义市场经济体制相适应的住房制度，包括：建立以中低收入家庭为对象、具有社会保障性质的经济适用住房供应体系和以高收入家庭为对象的商品房供应体系；建立住房公积金制度；发展住房金融和住房保险，建立政策性和商业性并存的住房信贷体系；建立规范化的房地产交易市场和发展社会化的房屋维修、管理市场，从而逐步实现住房资金投入产出的良性循环，促进房地产业和相关产业的发展。《决定》要求全面推行住房公积金制度，积极推进租金改革，稳步出售公有住房，加快经济适用住房的开发建设，做好原有政策与《决定》的衔接工作等。《决定》标志着城镇住房制度改革已进入深化和全面实施阶段。

财产权即财产的所有权，是指存在或设定在一切客体之中或之上的完全的权利，财产所有者在法律范围内，享有对其财产的占有、使用、收益和处分的权利。

土地产权包括土地的所有权、使用权、租赁权、抵押权等多项权利。我国的土地所有权由国家或集体所有，是不能进入市场进行交易的。我国的土地使用权具有相对独立性，可以进入市场流通。

房屋所有权是指房屋所有权人在法律规定范围内，对房屋行使的占有、使用、收益、处分并排除他人干涉的权利。

建筑物区分所有权指业主对建筑物内的住宅、经营性用房等专有部分享有所有权，对专有部分以外的共有部分按份享有管理的权利。

思政拓展与思考

目前我国房地产长效机制建设取得明显成效

2020年12月31日，中国人民银行、银保监会发布了《关于建立银行业金融机构房地产贷款集中度管理制度的通知》（以下简称《通知》），并自2021年1月1日起正式实施。

房地产贷款集中度管理制度，是指在我国境内设立的中资法人银行业金融机构，其房地产贷款余额占比及个人住房贷款余额占比应满足中国人民银行、银保监会确定的管理要求，不得高于其确定的相应上限。

中国社科院财经战略研究院研究员倪鹏飞表示，当前，我国房地产市场总体平稳，市场主体预期趋于稳定，为经济高质量发展创造了良好的环境，但房地产市场稳定的基础仍有待夯实。同时，尽管我国房地产金融管理取得了明显成效，资金过度流向房地产明显改观，但银行业房地产贷款敞口仍然较大，其资产质量易受房地产价格波动冲击，是需要密切关注的潜在风险点，商业银行对房地产信贷的偏好仍然较强，需要通过制度设计予以约束。

具体来看，《通知》明确对7家中资大型银行、17家中资中型银行、中资小型银行和非县域农合机构、县域农合机构、村镇银行共5档机构分类分档设置房地产贷款占比上限、个人住房贷款占比上限。

中国民生银行首席研究员温彬认为，从国际上看，房地产贷款占比过高或在一定时期占比上升过快，既不利于房地产市场自身发展，也会给金融体系造成风险。目前，我国房地产长效机制建设取得明显成效，房地产贷款余额（含个人住房贷款）占各项贷款余额的比重在29%左右，但部分银行机构占比过高，远超出平均水平。为了进一步增强金融服务实体经济能力，特别是加大对制造业、科技创新、绿色金融、小微企业等关键领域和薄弱环节的支持力度，建立房地产贷款集中度管理制度不仅及时也非常必要，有利于优化信贷结构，有利于房地产市场持续健康发展，有利于金融体系安全平稳运行。

备受关注的是，《通知》在设置房地产贷款余额占比上限的同时，还单独设置了个人住房贷款余额占比上限。为何要设置这一上限？这对个人住房贷款有何影响？

设置个人住房贷款余额占比上限与近年来个人住房贷款增长较快相关。我国居民部门杠杆率近年来上升较快，主要集中在个人住房贷款。这在一定程度上抑制了更高质量消费潜力的充分释放。

业内专家认为，专门设置个人住房贷款余额上限要求，是为了约束银行房地产贷款占全部贷款的比重，而非额度或绝对值，对个人住房贷款需求影响不大。大部分商业银行尚未触及上限，居民无需过度担心买房申请贷款受到影响，存量住房贷款也不会因为该政策而被银行提前收回。

"作为一项长效机制，房地产贷款集中度管理机制旨在防止房地产贷款在银行体系全部贷款中的比重偏离合理水平，防范风险敞口过于集中，并不是禁止相关业务开展。"业内专家表示，制度设计也已充分评估银行的调整压力，除采取分省分类施策、差别化过渡期等多种机制安排外，还将指导超出上限的银行按年度合理分布业务调整数量，有序做好调整工作，避免出现"断贷、抽贷"。总体来看，不会对房地产市场产生短期冲击，有利于房地产市场平稳健康可持续发展。

资料来源：作者根据相关资料整理。

思考：在新时代下，房地产行业的形势发生了深刻变化，同学们必须重视房地产制度改革，主动及时学习国家相关政策内容，加强对祖国的归属感和使命感，努力成为一个优秀的社会主义事业的接班人。请根据我国房地产制度的相关知识及住房制度改革的基本条件、意义，预测今后的住房制度改革方向及机制。

本章小结

土地制度是指包括一切土地问题的制度，是人们在一定社会经济条件下，因土地的归属和利用问题而产生的所有土地关系的总称。土地制度有广义和狭义的概念之分。我国全部土地实行社会主义公有制，即全民所有制和劳动群众集体所有制。土地所有权是指土地所有者依法享有对土地占有、使用、收益、处分的权利。土地所有人具有在法律规定的范围内占有、使用和处分土地，并从土地上获得利益的权利。土地所有权的内容包括对土地的占有、使用、收益和处分四项权能。土地使用权，是指单位或者个人依法或依约定，对国有土地或集体土地所享有的占有、使用、收益和有限处分的权利。土地使用权获取方式主要有出让、划拨、转让三种方式。除此之外，土地还有他项权利。住房制度是政府为解决房地产发展中的问题，采取的调控措施和出台的相关政策。世界主要国家的住房制度，大体上可分为两大类型：计划型、福利性、实物分配、行政性管理的住房体制，市场型、商品性、工资化分配、社会化管理的住房体制。我国目前的土地所有制结构为典型的"二元结构"：土地国家所有制与土地集体所有制。我国住房制度及住房制度改革的基本内容。土地和住房两种制度是两种不同内容的制度，二者的关联度非常高，是房地产行业发展的基本制度和纲领，同时二者的改革与发展又左右着房地产行业的发展，因此，全面掌握我国的土地和住房制度，是正确认识和理性发展房地产的理论基础。

关键概念

土地所有权　土地使用权　土地的他项权利　土地制度　我国的土地所有制
城市土地使用权制度

基础知识练习

一、单项选择题

1.（　　）是指单位或者个人依法或依约定，对国有土地或集体土地所享有的占有、使用、收益和有限处分的权利。

A.土地占有权　　　　B.土地使用权　　　　C.土地收益权　　　　D.土地处分权

2.土地使用权出让最高年限：居住用地（　　）年。

A.70　　　　　　　　B.40　　　　　　　　C.50　　　　　　　　D.60

3.挂牌交易的挂牌期限不得少于（　　　）个工作日。

A.5　　　　　　　　B.10　　　　　　　　C.15　　　　　　　　D.30

4.我国目前的土地所有制结构为典型的"二元结构"，即（　　　）。

A.土地国家所有制与土地集体所有制并存

B.土地分配制与土地集体所有制并存

C.土地国家所有制与住房分配制并存

D.土地集体所有制与土地私有制并存

5.（　　　）是指人们使用土地的程序、条件以及在使用时必须遵循的规章制度的总和，它属于社会经济关系的范畴。

A.土地所有制　　　　B.土地分配制　　　　C.土地收益制　　　　D.土地使用制

二、多项选择题

1.土地所有权内容包括对土地的（　　　）。

A.占有　　　　　　　B.使用　　　　　　　C.收益　　　　　　　D.处分

2.土地使用权出让方式主要有（　　　）方式。

A.招标　　　　　　　B.划拨　　　　　　　C.拍卖　　　　　　　D.挂牌

3.世界主要国家的住房制度，大体上可分为（　　　）。

A.计划型、福利性、实物分配、行政性管理的住房体制

B.出让型、计划性、实物分配、行政性管理的住房体制

C.买卖型、经济性、工资化分配、社会化管理的住房体制

D.市场型、商品性、工资化分配、社会化管理的住房体制

4.城市土地使用权制度包括（　　　）。

A.土地使用权出让　　　　　　　　　B.土地使用权转让

C.土地使用权出租与抵押　　　　　　D.土地使用权终止与收回

5.土地他项权利包括（　　　）。

A.抵押权　　　　　　B.租赁权　　　　　　C.地役权　　　　　　D.地上权

三、简答题

1.简述我国土地所有权的法律特征。

2.简述我国社会主义土地公有制的主要内容。

3.简述土地使用权获取的方式。

4.简述土地的他项权利。

5.简述我国城市土地使用权制度。

实践操作训练

[实训情境设计]

掌握房地产市场的法律政策环境，是进行房地产经济行为的一个前提条件，作为房地产咨询公司工作人员的你，需要熟悉国家当前的土地和住房政策，以指导具体的房地产投资策划行为。

[实训任务要求]

1.将全班同学分成若干小组，每个小组人数不超过 5 人，每组选派组长一名。实训采用组长负责制。

2.每个小组收集不少于 3 条我国近两年内出台的土地和住房政策，并对收集的政策进行分析，说明政府制定该政策的目的、具体措施、影响群体、预期效果等。

3.以小组为单位，将上述信息制作成 PPT。

4.每个小组利用 10 分钟以内的时间对实训成果进行汇报并接受其他同学和老师的提问。

[实训提示]

主要针对当前的房地产市场形势，收集国家进行宏观市场调控出台的各类土地和房地产政策。

[实训效果评价]

房地产项目政策调查实训效果评价表

评价项目	分值	得分	备注
时效性（两年以内）	20		
能够对收集的政策或制度进行有效解读，明确出台政策或制度的目的	30		
PPT 制作规范、条理清晰	20		
态度端正，准备充分，表达流利	30		
实训效果总体评价	100		

第4章

房地产市场

知识目标

1. 掌握影响房地产需求的含义、房地产需求量的影响因素以及对这些因素如何进行分析；
2. 掌握影响房地产供给的含义、房地产市场供给的影响因素以及对这些因素如何进行分析；
3. 了解房地产市场的含义、构成要素与分类。

技能目标

1. 能够对房地产市场的供求因素进行分析；
2. 能够分析房地产市场的基本特点及功能。

引例　　　　　租赁住房将成可长期接受的住房消费方式

2021年2月份，深圳、北京、上海三个一线城市陆续出台政策，整治租赁市场乱象，引导长租市场稳健发展。

专家表示，此次三城密集出台文件，具有风向标意义，为其他大城市规范住房租赁市场提供了借鉴。相关措施有望进一步促进行业规范发展，有效降低长租公寓企业资金链断裂风险，保障广大租房者的利益。

整顿迫在眉睫

近年来，在政策鼓励和资本追逐下，住房租赁市场特别是长租市场快速发展。部分长租公寓采取"高进低出""长收短付""租金贷"等手段，大幅抢占房源扩大规模并违规形成资金池，乱象丛生。2018年以来，逾百家长租公寓陆续"爆雷"，大量租房者权益受到侵害，破坏了长租房市场声誉，冲击了正处在上升通道的住房租赁市场，教训深刻。

据不完全统计，长租公寓提供的租房数量呈逐年上升趋势，在北京、上海等城市，长租公寓类的企业市场份额已超过20%。

住房和城乡建设部部长王蒙徽近日表示，2021年将规范发展住房租赁市场，加大对"高进低出""长收短付"以及违规建立资金池等行为的整治力度，防止"爆雷"风险。

按往年惯例，春节假期后住房租赁市场将迎来签约旺季。京沪深三大一线城市在春节前相继出台针对住房租赁市场的监管规则，进一步规范租赁市场，可谓正逢其时。

直指行业痛点

"租金贷"是近年来长租公寓"爆雷"事件频发的重要原因之一。部分长租公寓企业利用"租金贷"变相融资，通过高杠杆进行扩张，一旦资金链出现问题，将给房东、承租人和金融机构造成极大损失——房东收不到租金，希望租房者腾空房屋；租房者仍要还银行贷款，面临房财两空的窘境；银行回款困难，容易形成坏账。

此次三个城市的整顿措施，均对"租金贷"有所规范。北京严控"租金贷"拨付对象，要求银行业金融机构、小额贷款公司等机构不得将承租人申请的"租金贷"资金拨付给住房租赁企业。深圳提出，金融机构应当与承租人单独签订贷款协议，并将贷款拨付至承租人个人账户。上海则更加严格，要求未开展个人"租金贷"业务的住房租赁经营机构，原则上不得新增该项业务；已开展个人"租金贷"业务的住房租赁经营机构，应确保2022年底前贷款金额调整到占企业租金收入的15%以下。

利用"长收短付"形成资金池进行大规模扩张，也是当前长租公寓企业存在的突出经营风险。此次三个城市的整顿措施均包含避免资金和租期错配的内容。

北京限定住房租赁企业向承租人预收的租金数额原则上不得超过3个月租金。上海规定，承租人支付租金周期在3个月以上的，租金应当按月划转至住房租赁企业；承租人支付租金周期不超过 3 个月的，由住房租赁企业与承办银行约定按月或按季划转。深圳则提出，住房租赁企业收取的承租人押金及单个支付周期租金合计超过 4 个月租金数额的，对于超过部分的资金，由监管银行进行监管。

此外，设立租金监管账户，确保资金安全，也是三个城市此次整顿的共同措施。上海、深圳均提出，住房租赁企业应在当地注册的商业银行中，开立唯一的住房租赁资金监管账户。北京市明确，住房租赁企业向承租人收取的押金需要通过北京房地产中介行业协会建立专用账户托管，并在合同终止后通知退还。

中原地产首席分析师张大伟认为，严控资金池和租期错配将大大降低长租公寓企业爆雷的可能性，政策严格执行之下，长租公寓行业或将出现颠覆性变化。

业内人士预计，通过"高进低出""长收短付"以及"租金贷"等违规模式扩张的企业将逐步出局，特别是经营风险较大的中小企业将被逐步淘汰，行业经营环境得到优化。

规范长租房市场

2020 年 12 月召开的中央经济工作会议提出，解决好大城市住房突出问题，并用较长篇幅对租赁住房提出相关要求，包括加快完善长租房政策，规范发展长租房市场，整顿租赁市场秩序，规范市场行为，对租金水平进行合理调控等。预计我国租赁住房将迎来全面快速发展，租赁住房将成为居民可长期接受的住房消费方式。

浙江工业大学副校长虞晓芬表示，中央经济工作会议特别强调"要高度重视保障性租赁住房建设"，这表明保障性租赁住房建设和规范发展长租房被提到前所未有高度。大力发展政策性租赁住房将成为解决好大城市住房问题的突破口。

上海市房屋管理局有关负责人近日介绍，2021 年上海全年计划新增供应公租房 8 000 套，同时加强既有房源周转循环使用；加大力度推进落实公租房拆套合租和宿舍型房源供应工作，全年计划新增供应床位 1 万张。

清华大学房地产研究所所长刘洪玉认为，我国当前住房的突出问题主要出现在大城市尤其是特大和超大城市，表现为新就业大学生、城市非户籍常住人口、环卫等新市民群体存在较大住房困难，有效解决新市民住房问题，发展住房租赁市场成为关键。

据介绍，保障性租赁住房包括公租房和政策性租赁住房两大部分。公租房主要解决城镇住房和收入"双困"家庭，实行实物保障和货币补贴并举。政策性租赁住房主要面向无房新市民，政府给予政策支持，多主体投资、多渠道供给，实行政府指导价。

住房和城乡建设部部长王蒙徽表示，将在人口净流入的大城市重点发展政策性租赁住房，会同有关部门完善土地、财税、金融等支持政策，增加土地供应，单列用地计划，探索利用集体建设用地和企事业单位自有闲置土地建设，支持产业园区配套建设和"商改租""工改租"等非住宅改建，简化审批程序，充分发挥国有企业和民营企业功能作用。

专家表示，中央经济工作会议提出的相关要求，对住房租赁市场的发展具有里程碑意义。其开启了对规模庞大的住房租赁市场有专项用地保障的历史；同时，将改变住房租赁市场长期以私人房源为主导，公租房和集中式长租房占比低的状况；此外，受政策支持、价格由政府管制的政策性租赁住房在平稳租金价格、提供低租金房源供给方面会更好地发挥市场"稳定器"的作用。

"随着保障性租赁住房供给增加和长租房市场规范发展，我国长期存在的重售轻租的住房供应体系将发生变化，租赁房占比进一步提高，市场规范程度大幅度提升，租赁住房将成为居民可长期接受的住房消费方式。"虞晓芬说。

资料来源：尤舒．租赁住房将成可长期接受的住房消费方式［EB/OL］．（2021-02-18）．http://www.xinhuanet.com/house/2021-02/18/c_1127109071.html．

4.1　房地产需求

4.1.1　房地产需求的含义及房地产需求量的影响因素

4.1.1.1　房地产需求的含义

房地产需求是指消费者在某一特定的时间内，在每一价格水平下，对某种房地产所愿意并且能够购买（或承租，下同）的数量。需求与需要既相关又不相同，其形成条件有以下两个：一是消费者愿意购买，即有购买欲望；二是消费者能够购买，即有支付能力。仅有第一个条件，只能被看成是需要或欲望；仅有第二个条件，不能使购买行为发生。在确定（调查、估计、预测）某种房地产的需求时，通常只考虑对其有支付能力支持的需要。如果没有支付能力的约束，可以说人们对房地产的需要是无止境的。

拓展阅读4-1

"90后"买房增势明显

房地产市场需求是指在一定时间内、一定价格水平下和一定市场上所有的消费者对某种房地产所愿意并且能够购买的数量，即市场需求是所有的消费者需求的总和。

4.1.1.2　房地产需求量的影响因素

某种房地产的需求量是由许多因素决定的，除了随机因素，经常起作用的因素有国民经济发展水平，该种房地产的价格水平，消费者的收入水平，消费者的偏好，相关物品的价格水平，消费者对未来的预期等。它们对房地产需求量的影响分别如下：

（1）国民经济发展水平。房地产需求水平与国民经济发展水平呈正相关关系，一个国家、地区或城市经济发展迅速，这个国家、地区或城市的房地产需求水平就高一些，反之则需求水平较低。一个国家、地区或城市某个时期国民经济发展得快，这个时期的房地产需求水平就高，反之则低一些。

（2）房地产的价格水平。一般来说，某种房地产的价格如果上涨了，对其需求就会减少；如果下跌了，对其需求就会增加。其他商品的需求量与价格的关系一般也如此。由于需求量与价格负相关的这种关系很普遍，经济学家称之为需求规律。

需求规律的例外是炫耀性物品和吉芬物品。炫耀性物品是用以显示人们的身份和社会地位的物品。因为这种物品只有在高价位时才能够起到炫耀作用，所以其需求量与价格呈同方向变化。吉芬物品是指某种生活必需品，在某种特定的条件下，消费者对这种商品的需求与其价格呈同方向变化。19世纪英国人吉芬发现，在1845年爱尔兰大灾荒时，马铃薯价格上涨，但人们对马铃薯的需求却不断增加，这一现象在当时被称为"吉芬难题"。后来，这类特殊物品也因此被称为吉芬物品。

（3）消费者的收入水平。因为消费者对商品的需求是有支付能力支持的需求，所以需求量的大小还取决于消费者的收入水平。对于正常商品来说，当消费者的收入增加时，就会增加对该种商品的需求；相反，就会减少对该种商品的需求。但对于低档商品来说，其需求量可能随着收入增加而下降，即当消费者的收入增加时，反倒会减少对该种商品的需求。

（4）消费者的偏好。消费者对商品的需求产生于其需要或欲望，而消费者对不同商品的需要或欲望又有轻重缓急之分，从而形成消费者的偏好。消费者的偏好影响着其在使用价值相同或相似的替代品之间进行的选择。当消费者对某种房地产的偏好程度增强时，该种房地产的需求就会增加；相反，需求就会减少。例如，如果城市居民出现了向郊区迁移的趋势，则对市区住宅的需求将会减少，对郊区住宅的需求将会增加。但是，人们的消费偏好不是固定不变的，在某些因素的作用下会发生变化。

（5）相关物品的价格水平。当一种房地产自身的价格保持不变，而与它相关的物品的价格发生变化时，该种房地产的需求也会发生变化。与某种房地产相关的物品，是指该种房地产的替代品和互补品。某种房地产的替代品，是指能够满足类似需要、可替代它的其他房地产，如经济适用住房与普通商品住宅之间、宾馆与写字楼之间都存在着一定的替代关系。在替代品之间，一种房地产的价格不变，另一种房地产的价格如果下降，则消费者就会把需求转移到另一种房地产上，从而使另一种房地产的需求增加，该种房地产的需求减少。

某种房地产的互补品，是指与它相互配合的其他房地产或物品，如住宅和与之配套的商业、娱乐房地产，大城市郊区的住宅和高速公路收费。在互补品之间，对一种物品的消费如果多了，对另一种物品的消费也会多起来。因此，一种房地产的互补品的价格低时，对该种房地产的需求就会增加。例如，对于大城市郊区的住宅，当降低或取消连接它与市区的高速公路收费时，对其需求就会增加。

（6）消费者对未来的预期。消费者的行为不仅受到许多现实因素的影响，还受到预期的影响。例如，消费者的现时房地产需求不仅取决于其目前的收入水平和当前的房地产价格水平，还取决于消费者对其未来收入增长和房地产价格未来涨落的预期。当消费者预期其未来的收入会增加时，就会增加现时需求；相反，就会减少现时需求。当消费者预期房地产价格在未来会上涨时，就会增加对房地产的现时需求，因为"今天不买，明天更贵"；相反，就会持币观望，减少对房地产的现时需求，因为"今天买进，明天更低"。这就是通常所讲的"买涨不买跌"。

由上可知，当一种房地产的价格低，消费者的收入高，消费者对该种房地产的偏好程度增强，该种房地产的替代品的价格高或者互补品的价格低，消费者预期未来的收入会增加或者该种房地产的价格未来会上涨时，消费者对该种房地产的当前需求通常会增多；反之，消费者对该种房地产的当前需求通常会减少。

4.1.1.3 房地产需求曲线

影响某一种（类型）房地产需求量的因素有：该（类）房地产价格、消费者的收入及偏好、替代房地产价格、预期房地产价格的变动趋势。如图4-1所示，消费者在某一特定时期内对某一房地产的需求量，随着价格（P）的降低而增加。在价格固定不变的前提下，消费者的收入增加（减少）、对该房地产的偏好提高（降低）、替代房地产价格上升（降低）、预期房地产价格上升（下降）都会导致房地产需求数量（Q）的增加（减少），这样就形成新的需求曲线（D）。

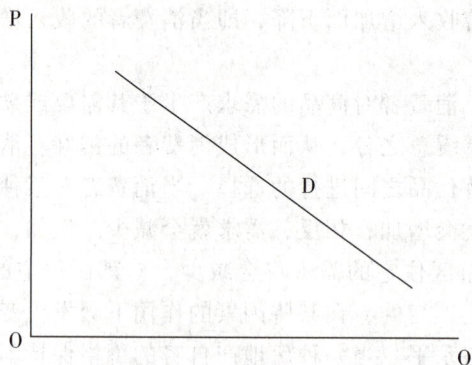

图4-1 房地产需求曲线

按照需求者的来源，房地产需求可分为本地需求和外来需求。城市级别越高或重要程度越高，其外来需求就越大。如杭州房地产的需求至少涉及浙江全省，北京、上海的房地产需求则涉及全国甚至海外。外来购买力是这些城市房价居高不下的重要原因。

4.1.2 房地产需求的分类

（1）生产性需求

生产性需求是指物质生产部门和服务部门为满足生产经营需要而形成的对房地产商品的需求，其需求的主体是各类企事业单位和个体工商业者，例如，工厂的厂房、商店的商铺、办公用房、服务行业用房以及其他生产经营性用房等产生的需求。这类需求直接同社会生产经营活动有关，是房地产作为生产要素存在而形成的需求。房地产开发商要从生产性需求出发，提供符合需求的这类物业。

（2）消费性需求

消费性需求是由人们的居住需要而形成的房地产需求，主要是住宅房地产需求，其需求的主体是居民家庭。这类需求具有广泛性和普遍性，居住消费需求占整个房地产市场需求的绝大部分，一般占总需求的70%~80%。按住宅的分类，居住消费需求又可以分为花园别墅需求、高层住房需求、多层住房需求、大中小各类房型的需求和各种不同档次的住房需求等。如何根据住宅消费需求的层次性，开发建设不同的居住物业，始终是房地产供应商需要认真研究的课题。

（3）投资性需求

投资性需求是指人们购置房地产不是为了直接生产和消费，而是作为一种价值形式储存，在合适的时候再出售或出租，以达到保值增值的目的。它本质上属于获利性的投资行为，房屋转售是为了获取差价收入，房屋出租是为了获得租金收入。在市场经济条件下，房地产投资性需求的产生有其必然性，它是由房地产的资产功能引申出来的，房地产作为不动产不仅是价值量大的超耐用品，而且土地又是稀缺资源，有升值的趋势，是良好的投资工具，投资者看中的正是其投资风险较小，收益稳定的特性。

4.1.3　房地产的潜在需求和有效需求

4.1.3.1　房地产的潜在需求

所谓房地产的潜在需求，是指居民对房地产商品消费的欲望按目前社会一般生活水平计算的房地产商品应有的需求量。即过去和现在尚未转变为实际的房地产购买力、但在未来可能转变为房地产购买力的需求。由于潜在房地产需求是一定时期内该地区房地产需求的最大可能值，因此也称为房地产的边界需求。潜在需求虽然不能作为提供现实供给的根据，但对规划未来房地产开发规模和投资决策有重要的参考作用。所以政府部门和房地产开发企业在制定长期发展规划时都要重视预测房地产的潜在需求。

4.1.3.2　房地产的有效需求

所谓房地产的有效需求，从微观经济的意义上来讲，是指消费者在一定的时期内，在每一价格的水平上愿意而且能够购买的商品量，即有支付能力的需求。从宏观经济的意义上来讲，是指商品的总供给与总需求达到均衡状态时的总需求。因此，分析房地产市场的有效需求，必须从微观上把握有支付能力的需求，在宏观上把握总供给与总需求的均衡。培育房地产市场的有效需求，要从两方面努力：一方面，要增加有效供给，促进流通，使有支付能力的消费者买到合适的住房；另一方面，则要随经济发展、增加收入，排除体制障碍，调整消费政策，支持居民买房，创造条件使潜在需求尽快转化为有效需求。

4.1.4　房地产需求的特点

由于房地产商品是与土地密切联系的特殊商品，因此，与一般商品的需求相比较，房地产需求具有显著的特点，主要包括：

（1）房地产需求的整体性

这是由地产和房产需求的不可分割性所决定的。由于房地产是地产和房产的结合体和统一物，土地是房屋的物质载体，而房屋是地基的上层建筑，二者不可分割，因而房地产需求既包含了对房产的需求，也包含了对地产的需求，是对房地产统一体的需求，决不可以也不可能把二者分离开来。这就决定了房地产商品空间的固定性、效用的长期性和价值量的巨额性，由此引发房地产需求的特殊性和对房地产市场需求分析的复杂性。

（2）房地产需求的区域性

由于房地产空间的固定性及不动产的特性，其位置不可移动，这就决定了房地产需求的地区性较强。其主要表现在两方面：一方面，一定地域或一个城市的房地产市场需求绝大部分来自本地区或本区域内的工商企业和居民的需求，即使外地居民或海外居民有购房需求也必须迁移到该地区才能形成实际需求，不像彩电、冰箱等一般商品可以运输到凡是有需求的全国各地甚至海外销售。另一方面，在同一城市的不同地段，房地产市场需求也可以有很大差异，如在市中心地区、次中心地区和城市郊区，人口密集度、地区级差和房价等不同，都会形成不同的房地产需求。房地产需求的这种明显的区域性，要求房地产企业在投资决策时，要认真分析本区域的房地产市场需求，使供给与地区需求相适应；同时，也要求地区政府在处理供求关系时，必须根据地区市场需求，组织本区域内房地产供给和需求的总量平衡。

（3）房地产需求的层次性

这里所说的需求的层次性主要是针对住宅房地产而言的，包括两层含义：

第一层，是指住宅的功能性需求层次。住宅作为生活资料，可以满足人们的生存性需求、享受性需求和发展性需求。随着社会经济的增长和人们收入的增加，在满足基本生存需要的基础上，享受性需求和发展性需求会越来越上升到主要地位，因此，为适应这种需求的变化趋势，住宅的设计、房型、设施、科技含量、环境与品位也要不断提高。

第二层，是指住房消费需求的结构性层次。由于居民的收入结构和购房承受能力是区分为不同层次的，因而相应的住宅消费需求结构也划分为不同层次，从档次结构看可以分为高档住房、中档住房和低档住房；从价位结构看可以分为高价位住房、中价位住房和低价位住房等。住房消费需求结构的这种层次性，要求供给结构与之相适应，从而达到二者之间的结构平衡。如果高档住房、高价位住房建设过多，超过高收入家庭的比例，可能因卖不出去而造成空置积压；而如果中低档次、中低价位住房建设不足，则又有可能形成供不应求，导致中低收入家庭的住房需求得不到满足。现实经济生活中这两种情况都会阶段性存在。

4.2　房地产供给

4.2.1　房地产供给的含义及房地产供给量的影响因素

4.2.1.1　房地产供给的含义

房地产供给是指房地产开发商和拥有者（即房地产出售者或出租者，下同）在某一特定的时间内，在每一价格（或租金，下同）水平下，对某种房地产所愿意并且能够提供出售（或出租，下同）的数量。在生产者的供给中既包括了新生产的房地产商品（俗称增量房），也包括过去生产的存货（俗称存量房）。形成供给有两个条件：

（1）房地产开发商和拥有者愿意供给。

（2）房地产开发商和拥有者有能力供给。

如果房地产开发商和拥有者对某种房地产虽然有提供出售的愿望，但没有提供出售的能力，则不能形成有效供给，也就不能算作供给。

房地产市场供给是指在一定时间内、一定价格水平下和一定市场上所有房地产开发商和拥有者对某种房地产所愿意并且能够提供出售的数量，即市场供给是所有房地产开发商和拥有者供给的总和。

4.2.1.2　房地产供给量的影响因素

某种房地产的供给量是由许多因素决定的，除了随机因素，经常起作用的因素包括：该种房地产的价格水平，该种房地产的开发建设成本，该种房地产的开发技术水平，房地产开发商和拥有者对未来的预期。

它们对房地产供给量的影响分别如下：

（1）该种房地产的价格水平。一般地说，某种房地产的价格越高，开发该种房地产就越有利可图，房地产开发商愿意开发的数量就会越多；相反，房地产开发商愿意开发的数量就会越少。供给量与价格正相关的这种关系，称为供给规律。

（2）该种房地产的开发建设成本。在某种房地产的价格水平不变的情况下，当其开发建设成本上升，例如，当土地、建筑材料、建筑设备、建筑人工等投入要素中的一种或几种价格上涨时，房地产开发的利润率就会下降，从而会使该种房地产的供给减少；相反，则该种房地产的供给增加。

（3）该种房地产的开发技术水平。在一般情况下，开发技术水平的提高可以降低开发成本，增加开发利润，房地产开发商就会开发更多的房地产。

（4）房地产开发商和拥有者对未来的预期。如果房地产开发商和拥有者对未来的市场看好，例如，预期房地产价格会上涨，则房地产开发商在制订房地产开发计划时会增加开发量，从而会使未来的供给增加，同时房地产开发商和拥有者会把现在的房地产留着不卖，待价而沽，从而会减少房地产的现期供给；如果房地产开发商和拥有者对未来的预期是悲观的，结果则会相反。

由上可知，当一种房地产的价格高，该种房地产的开发建设成本低或开发技术水平提高，房地产开发商和拥有者预期该种房地产的价格未来会下降时，该种房地产的当前供给通常会增多；反之，该种房地产的当前供给会减少。

需要指出的是，由于土地总量不可增加、建设用地使用权出让由市场政府独家垄断以及房地产开发期长、不可移动等，导致房地产供给与一般商品供给有很大的不同，不能随着房地产需求和价格的变动及时做出调整，房地产供给缺乏弹性。

4.2.1.3 房地产供给曲线

房地产供给曲线表示房地产的供给量与其价格之间的关系——某种房地产的供给量如何随着该种房地产价格的变动而变动。在图 4-2（a）中，根据习惯，以纵坐标轴表示某种房地产的价格（P），横坐标轴表示该种房地产的供给量（Q），因为在价格较低时供给量减少，在价格较高时供给量增加，所以得到的是一条向右上方倾斜的供给曲线（S）。

如果考虑影响房地产供给量的非价格水平因素，那么供给量不再是沿着供给曲线变动，而是整个供给曲线发生位移。如图 4-1（b）所示，以 S_0 为基础，如果房地产的开发成本上升，则整个供给曲线将由 S_0 向左位移到 S_1；如果房地产的开发成本下降，则整个供给曲线将由 S_0 向右位移到 S_2。在房地产开发成本下降导致整个供给曲线向右位移的情况下，每一价格水平都有更多的供给量，或者说，对每一供给量水平，房地产开发商都愿意接受较低的价格。

4.2.1.4 房地产供求与价格关系的特殊性

在理论上，可把房地产的供求状况分为以下四种类型：

（1）全国房地产总的供求状况；

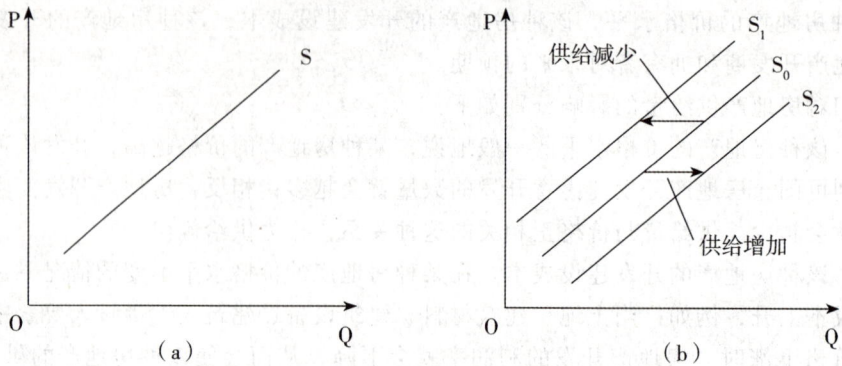

图 4-2   房地产供给曲线

（2）本地区房地产总的供求状况；

（3）全国同类房地产的供求状况；

（4）本地区同类房地产的供求状况。

与其他可移动的商品不同，房地产由于不可移动及变更用途困难，决定某一房地产价格水平高低的供求状况，主要是本地区同类房地产的供求状况。至于其他类型的房地产供求状况对该房地产的价格有无影响及其影响的程度，要视这些供求状况的波及性而定。

4.2.2   房地产供给的特点

房地产商品是一种特殊商品，所以房地产供给具有自身的一些显著特点。

（1）城市土地供应的刚性和一级市场的垄断性

城市土地是指作为城市房地产基础的土地，它的供给分自然供给和经济供给两类。自然供给是指自然界提供的天然可利用的土地，它是有限的，因此是刚性的。经济供给是指在自然供给基础上土地的开发利用和多种用途的互相转换。土地的经济供给，由于受自然供给刚性的制约，其弹性也是不足的。因此，从总体上说，城市土地的供给是有限的、刚性的。中国城市土地属于国家所有，国家是城市土地所有权市场的唯一供给主体，因此城市土地一级市场是一种垄断性市场。房地产供给的这一特点，决定了其受土地供应量、供应方式和供应结构的制约特别明显。国家把握住土地供应的龙头，便可以达到有效调节房地产供给总量和供给结构的目的，因而土地供应也就成为政府实施宏观调控的重要手段。

（2）房地产供给的层次性

房地产供给一般分为三个层次，即现实供给层次、储备供给层次和潜在供给层次。这三个供给层次是动态变化的。

现实供给层次是指房地产产品已经进入流通领域，可以随时出售和出租的房地产。通常也称其为房地产上市量，其主要部分是现房，也包括已经具备预售条件的期房。房地产的现实供给是房地产供给的主导和基本层次，它是房地产供给方的行为状态，并不等于房地产商品价值的实现。房地产商品价值的实现取决于供给和需求的统一。

储备供给层次是指房地产生产者出于一定的考虑，将一部分可以进入市场的房地产商品暂时储备起来不上市。这是生产者的主动商业行为，与人们说的空置房是有区别的，空置房主要是指生产者想出售而一时出售不了的房地产商品。

潜在供给层次是指已经开工和正在建造，以及竣工但未交付使用等尚未上市的房地产商品，还包括一部分过去属于非商品房地产，但在未来可能改变其属性而进入房地产市场的房地产商品。

认真分析房地产供给的这三个层次，对于科学地把握供给状况和预测未来供给都具有重要意义。

（3）房地产供给的滞后性

房地产商品的生产周期长，一般要二三年，甚至数年。较长的生产周期决定了房地产供给的滞后性，这种滞后性又导致了房地产供给的风险性。即使房地产开发计划在目前是可行的，但在数年后房屋建成投入市场时，也可能因市场发生变化，而造成积压和滞销。因此，科学地预测市场供求变化趋势，对开发商投资决策极为重要。

（4）房地产供给的时期性

房地产供给的时期一般可分为特短期、短期和长期三种。

所谓特短期又称市场期，是指市场上房地产生产资源固定不变，从而房地产供给量固定不变的一段时期。

所谓短期是指在此期间，土地等房地产生产的固定要素不变，但可变要素是可以变动的时期，是可以对房地产供给产生较小幅度变化影响的一段时间。

所谓长期是指在此期间，不但房地产行业内所有的生产要素可以变动，而且可以与社会其他行业的资本互相流动，是对房地产供给产生较大幅度影响的一段时期。在长期内，土地供应量变动，房屋供应量变动更大。

拓展阅读 4-2

从供求两端加强房地产金融管理

4.3　房地产市场含义、要素及分类

4.3.1　房地产市场的含义

房地产市场，是指房地产商品交换的领域和场所。房地产作为商品生产出来以后，必须通过流通领域进行市场交换，才能进入消费。从房地产再生产过程来看，房地产市场属于房地产流通领域。同时，房地产商品的交换又必须在一定的场所内进行，例如，在售楼处或房地产交易中心，买卖双方签订成交协议，办理相关手续。从这个意义上说，房地产市场也是房地产商品交易的场所。

更进一步说，房地产市场是指房地产商品一切交换和流通关系的总和。其内涵既包括土地、房产及相关的劳务服务的交易行为，又包括土地所有权和使用权的有偿转让、房地产买卖交易以及租赁、典当、抵押等各类经济活动。从经济关系分析，房地产市场是所有这些交换和流通关系的综合，体现了市场中的当事人之间错综复杂的经济利益关系。

房地产市场是房地产经济运行的载体。健全的房地产市场，是房地产业赖以生存和发展的基础和必要前提，是房地产企业运行不可缺少的外部环境，也是完善社会主义市场经济体制、促进社会经济健康发展的重要保证。可以说，没有房地产市场便不可能有真正意义上的房地产业。我国改革开放以前，否定房地产的商品性，取缔房地产市场，导致房地产业萎缩；而20世纪80年代以后，市场化导向的改革明确了房地产的商品性，房地产市场日渐繁荣，带来房地产业的大发展，有力地促进了国民经济增长。这个事实印证了房地产市场的重要性。

从房地产市场在市场体系中的地位分析，它同生产资料市场、生活资料市场、金融市场、动力市场、技术市场和信息市场一样，也是社会主义市场体系中一个不可缺少的重要组成部分，发挥着其他市场不可替代的重要作用。

4.3.2　房地产市场的构成要素

房地产市场是由一个多种要素构成的系统，其中的各个要素之间相互作用、相互联系，从而构成一个完整的房地产市场。房地产市场的基本构成要素主要包括房地产市场主体、客体和为市场交易提供服务的中介机构。

通常，房地产市场体系由四部分组成，如图4-3所示。一是以供求双方为中心的房地产交易系统，该系统主要由房地产供给者和房地产需求者组成，是房地产市场体系的主体；二是以中介服务机构为中心的房地产支持服务系统，主要包括房地产评估、房地产经纪、房地产金融、法律服务和其他机构等；三是以政府管理部门为中心的房地产调控和管理系统；四是以业主为中心的物业管理服务系统。

4.3.3　房地产市场的分类

房地产市场可以根据结构层次划分为一级市场、二级市场和三级市场。

（1）房地产一级市场，又称土地一级市场，是土地使用权出让的市场，即国家通过其指定的政府部门将城镇国有土地或将农村集体土地征用为国有土地后出让给使用者的市场，出让的土地可以是生地，也可以是经过开发达到"七通一平"的熟地。房地产一级市场是由国家垄断的市场。

（2）房地产二级市场，主要是房地产增量市场，是土地使用者经过开发建设，将新建成的房地产进行出售和出租的市场，一般指商品房首次进入流通领域进行交易而形成的市场。房地产二级市场也包括土地二级市场，即土地使用者将达到规定可以转让的土地，进入流通领域进行交易的市场。

（3）房地产三级市场，主要是房地产存量市场，是购买房地产的单位和个人，再次将房地产转让或租赁的市场，也就是房地产再次进入流通领域进行交易而形成的市场，包括房屋的交换。

二级市场主要是房地产物质生产过程，三级市场是平等的市场交易主体公开、公平交易房地产产品及其权利的市场。三级市场的交易主体和交易内容及方式等更加丰富多彩和灵活多变，它们是房地产业被划分为第三产业的主要标志。房地产市场结构层次见表4-1。

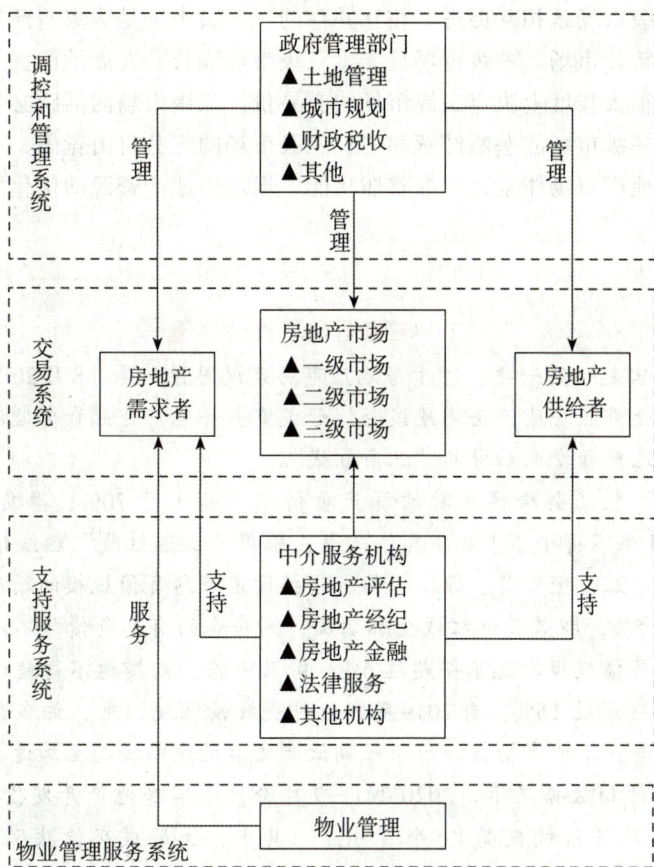

图4-3 房地产市场体系

表4-1 房地产市场结构层次

房地产市场	一级市场	土地征购市场
		土地批租市场
	二级市场	房地产转让市场
		房地产租赁市场
		房地产抵押市场
		房地产信托市场
	三级市场	房产租赁市场
		房产买卖市场
		房产调换市场
		房产典当市场
		房产按揭市场
		房产拆迁市场
		房产租售后服务市场
		物业管理市场

房地产这三级市场是相互促进、相互并存的。一级市场是国家垄断的出让市场，二级市场是开放的转让市场。一级市场是二、三级市场成长、发展的前提和基础。一级市场的交易量将在很大程度上决定二级市场的交易量，二级市场的活跃必然促进三级市场的兴旺。这样，一级市场的垄断经营和二、三级市场的充分自由竞争，共同构成一个完整的、有机的房地产市场体系，发挥整体功能，促进房地产资源的优化配置和房地产业的繁荣发展。

【知识链接4-1】 --

楼市"三条红线"圈住了谁

2020年是跌宕起伏的一年，对于房地产市场来说同样如是。8月20日，住房和城乡建设部、央行召开重点房地产企业座谈会，形成重点房地产企业资金监测和融资管理规则，明确了收紧地产开发商融资的"三条红线"。

"三条红线"包括剔除预收款的资产负债率不得大于70%；净负债率不得大于100%；现金短债比不得小于1倍。具体来看，根据"三道红线"触线情况不同，试点房地产企业分为"红、橙、黄、绿"四档，分档设定有息负债规模的增速阈值：每降低一档，上限增加5%，即若三道红线全部触及，则房企的有息负债就不能再增加；若触及两条，则有息负债规模增速不得超过5%；触及一条，则增速不得超过10%；一条未触及，则增速不得超过15%。自2019年新冠肺炎疫情暴发以来，许多行业因此遭受重创，而从数据来看，土地市场在经历了短期低迷之后迅速回暖甚至加速升温。

根据国家统计局数据显示，2020年1—7月份，全国房地产开发投资75 325亿元，同比增长3.4%，增速继续提高1.5个百分点。其中，土地成交价款5 382亿元，增长12.2%，增速提高6.3个百分点。其中7月份，全国房地产开发投资额完成1.2万亿元，同比增长11.7%，增幅处于近两年月度高位。开发商之所以有加大投资的底气是因为2020年上半年房地产市场融资环境、货币政策均有所宽松促使房企资金面略有改善，许多房企借此时机激进拿地。数据显示，1—8月，TOP100房企拿地总额21 162亿元，拿地规模同比增长7.2%；TOP100门槛值升至54亿元，环比增长10.2%。50家代表房企1—8月月拿地均值为1 906.4亿元，显著高于2019年月度均值。

根据《全国百城居住用地价格报告》，2020年1—7月份，全国100个城市居住用地价格为6 088元/平方米，同比上涨8.8%；其中，至少有7个城市地价涨幅超过了20%，而地价上涨最快的城市银川，涨幅达到了81%。在对开发商给出"三条红线"之前，房地产市场由于"热钱"加速涌入，一些地区的房价已有了冒头的迹象。尤其是在一季度房地产销售几近停摆的情况下，上半年的房价却依然逆势上扬。1—7月份，全国100个城市新建商品住宅成交均价为15 647元/平方米，同比上涨10.4%。其中，全国有8个城市房价位于过热区间，也就是房价同比涨幅超过20%。"三条红线"的出台让一些房企不得不暂缓跑马圈地，招拍挂市场拿地明显回落。

在新政出台当月，土地市场火速降温，其中成交量、地价和溢价率均有所下降。

8月，在成交量方面，40个典型城市土地成交建筑面积为5 386万平方米，环比下降18%。在地价方面，40城的移动平均土地成交均价为5 874元/平方米，环比下跌

2.8%。与此同时，40城的土地成交溢价率为13.6%，与7月相比下降2.7个百分点，为2020年以来首次回落。

根据2019年年报数据，30强房企中有9家房企触及了三条红线，5家触及两条红线，11家触及一条红线，这意味着新政将使多数房企融资端面临较大的融资收缩压力，房企减"负"迫在眉睫。

2020年下半年，各大房企着力清理库存，积极促销，提高存货周转速度、扩大销售，捂盘惜售行为受到打击。40个典型城市新建商品住宅成交面积自9月开始由降转增。尤其是一线城市，9月以来同比持续增长，于12月份达到16%。

此外，为了降低成本、改善现金流，房企之间抱团取暖的现象也更加频繁。包括越秀地产、融信中国、首创置业、中国奥园、弘阳地产、正荣地产等多家房企都曾表示，继续增加土地联合获取开发、增强合作。联合拿地不仅能分摊投资成本，还能在房地产政策收紧之际，减少风险支出。

由"三条红线"新政不难看出，平稳发展依然是当前房地产市场的主要基调。2020年11月发布的"十四五"规划，也再次明确，坚持房子是用来住的、不是用来炒的定位。也就是说，在未来5—10年间，房住不炒定位不会改变，"稳地价、稳房价、稳预期"，房地产市场"稳"依然是调控的方向，而"三条红线"的出台将在一定程度上防止房企激进扩张，量入为出。

开发商的经营思路也将发生转变，即周转提速、杠杆趋稳。而随着杠杆率下降，整个房地产行业才能回归到理性、健康的发展轨迹。

资料来源：郝一萍. 楼市"三条红线"圈住了谁［N］. 新金融观察，2021-02-08.

思政拓展与思考

多地持续推进 整治规范房地产市场秩序

日前，全国住房和城乡建设工作会议提出，持续整治规范房地产市场秩序。大连、烟台等城市近日相继出台持续整治规范房地产市场秩序的行动方案，对房地产开发、买卖、租赁、物业等领域存在的违法违规等突出问题进行重点整治。

业内人士表示，持续整治规范房地产市场秩序，有利于巩固楼市调控效果，促进房地产市场平稳健康发展。

多地发布行动方案

据大连市政府新闻办官方微信2021年1月21日发布的消息，大连市住房和城乡建设局等部门日前联合印发《大连市持续整治规范房地产市场秩序实施方案》（简称《方案》）。《方案》指出，坚决贯彻落实"房子是用来住的，不是用来炒的"定位，紧紧围绕稳地价、稳房价、稳预期目标，严厉打击房地产市场违法违规等突出问题，进一步加强房地产市场监管，积极营造诚实守信的市场环境，保障人民群众合法权益，确保房地产市场平稳发展。

《方案》提出，力争用3年左右时间，使房地产市场违法违规行为得到有效遏制，监管制度不断健全，信用体系不断完善，市场主体行为更加规范，市场环境不断净化，房地产领域矛盾纠纷显著减少，房地产市场保持平稳健康发展。

根据日前发布的《关于印发烟台市持续整治规范房地产市场秩序三年行动方案的通知》，烟台市将对房地产开发、买卖、租赁、物业等重点领域的违法违规问题展开全方位整治。

此外，天津与济南最近分别发布整治规范房地产市场秩序的行动方案，争取用3年时间实现房地产市场秩序明显好转，违法违规行为得到有效遏制，市场监管制度不断健全。

整治规范行动持续展开

2021年7月，住房和城乡建设部等八部门联合印发《关于持续整治规范房地产市场秩序的通知》，提出要"力争用3年左右时间，实现房地产市场秩序明显好转"，明确"因城施策"重点整治房地产开发、房屋买卖、住房租赁、物业服务等领域的突出问题。

此后，各地陆续出台整治规范房地产市场秩序的行动方案。据明源地产管理研究院不完全统计，截至目前，已有天津、厦门、浙江、江西、山西、辽宁等20余个地区发布了整治规范房地产市场秩序行动方案，整治规范行动正在全国持续展开。

推动楼市平稳健康发展

明源地产管理研究院发布的报告显示，去年下半年以来，各地陆续推出房地产市场整治方案，加大房地产市场秩序整治力度，积极落实相关举措。预计2022年发布整治方案的城市范围将不断扩大，各地区整治方案将持续完善，促使房地产开发、房屋买卖、住房租赁和物业服务更加规范发展。

资料来源：武卫红．多地持续推进　整治规范房地产市场秩序［EB/OL］．［2022-01-26］．http://finance.china.com.cn/house/20220126/5736342.

课程思政分析：房地产市场秩序的规范是必要的，也是必然的。这种规范会呈现出持续化、常态化的特点。持续整治规范市场秩序，有利于巩固当前楼市调控取得的积极效果，有利于推动房地产市场平稳健康发展。作为未来房地产行业的从业者我们要树立规矩意识，与国家发展休戚与共，为规范房地产市场秩序做出努力。

本章小结

本章以市场的观点作为问题的出发点，从两个方面分析房地产市场，即从供应与需求两个因素对房地产市场的影响来全面分析围绕供求关系对房地产商品的价值影响。房地产需求是指消费者在某一特定的时间内，在每一价格水平下，对某种房地产所愿意并且能够购买的数量。某种房地产的需求量是由国民经济发展水平、该种房地产的价格水平、消费者的收入水平、消费者的偏好、相关物品的价格水平、消费者对未来的预期等决定的。房地产需求分为生产性、消费性、投资性需求。房地产需求的特点包括房地产需求的整体性、区域性、层次性。房地产供给是指房地产开发商和拥有者在某一特定的时间内，在每一价格水平下，对某种房地产所愿意并且能够提供出售的数量。房地产供给量的影响因素包括：该种房地产的价格水平；该种房地产的开发建设成本；该种房地产的开发技术水平；房地产开发商和拥有者对未来的预期。房地产供给的特点包括：城市土地供应的刚性和一级市场的垄断性，房地产供给的层次性、滞后性、时期性。房地产市场的基本构成要素主要包括房地产市场主体、客体和为市场交易提供服务的中介机构。房地产市场可以根据结构层次划分为一级市场、二级市场和三级市场。

关键概念

房地产需求　房地产需求量　房地产供给　房地产供给量　房地产市场

基础知识练习

一、单项选择题

1.（　　）是指消费者在某一特定的时间内，在每一价格水平下，对某种房地产所愿意并且能够购买（或承租）的数量。

A.房地产需求　　　　　　　　B.房地产需求量

C.房地产供给　　　　　　　　D.房地产供给量

2.（　　）是指物质生产部门和服务部门为满足生产经营需要而形成的对房地产商品的需求，其需求的主体是各类企事业单位和个体工商业者。

A.投资性需求　　　　　　　　B.消费性需求

C.期望性需求　　　　　　　　D.生产性需求

3.（　　）是指在自然供给的基础上，经过开发，可为人类直接用于生产、生活等各种用途的土地数量。

A.土地自然供给　　　　　　　B.房地产供给

C.房地产供给量　　　　　　　D.土地的经济供给

4.当消费者预期房地产价格在未来会上涨时，就会（　　）对房地产的现时需求。

A.减少　　　　　B.不增不减　　　　　C.增加　　　　　D.阶段性增减

5.（　　）是指已经开工和正在建造，以及竣工但未交付使用等尚未上市的房地产商品。

A.有效供给层次　　　　　　　B.潜在供给层次

C.储备供给层次　　　　　　　D.现实供给层次

二、多项选择题

1.某种房地产的需求量是由许多因素决定的，除了随机因素，经常起作用的因素有（　　）。

A.国民经济发展水平　　　　　B.该种房地产的价格水平

C.消费者的收入水平　　　　　D.消费者对未来的预期

2.房地产需求可分为（　　）。

A.生产性需求　　　B.消费性需求　　　C.期望性需求　　　D.投资性需求

3.房地产市场可以根据结构层次划分为（　　）。

A.一级市场　　　B.二级市场　　　C.三级市场　　　D.四级市场

4.房地产的供求状况分为（　　）。

A.全国房地产总的供求状况　　　　B.本地区房地产总的供求状况

C.全国同类房地产的供求状况　　　D.本地区同类房地产的供求状况

5.房地产一级市场包括（　　　）。

A.房地产转让市场　　　　　　　　B.土地批租市场

C.房产租赁市场　　　　　　　　　D.土地征购市场

三、简答题

1.简述房地产需求的含义及形成条件。

2.简述房地产需求的分类。

3.简述房地产供给的特点。

4.简述房地产供给量的影响因素。

5.简述房地产市场的含义及构成要素。

实践操作训练

[实训情境设计]

　　供给和需求是房地产市场的两大决定性要素，了解房地产市场需求是进行房地产供给的一个前提条件。而房地产市场需求问卷调查是了解市场需求的有效途径之一。

[实训任务要求]

　　1.将全班同学分成若干小组，每个小组人数不超过5人，每组选派组长一名。实训采用小组长负责制。

　　2.每个小组制作一份本市居住类房地产市场需求情况调查问卷，要求调查问卷能够专业地反映影响市场需求的信息和人们的诉求，并符合调查问卷的基本要求。

　　3.每组利用教师审核通过的调查问卷，以20个样本为容量，进行随机市场问卷调查。

　　4.根据调查问卷，统计分析调查结果，得出调查结论，拟定调查报告。

　　5.课后完成，课内以小组的方式介绍调研结果。

[实训提示]

　　参考教材内容"4.1.1　房地产需求的含义及房地产需求量的影响因素"。

[实训效果评价]

本市居住类房地产市场需求情况调查实训评分表

评价项目	分值	得分	备注
调查问卷制作的科学合理性	30		
调查过程和调查对象选择的合理性	20		
调查结果分析的系统性	20		
态度端正、准备充分、表达流利	30		
实训效果总体评价	100		

第5章

房地产价格

知识目标

1. 熟悉房地产价格的含义、特点及类型；
2. 了解房地产价格的构成；
3. 了解房地产价格的影响因素；
4. 掌握房地产评估的概念、特点及作用。

技能目标

1. 能够分析城市的房地产价格存在差异的原因；
2. 能够了解房地产估价活动。

　　　　　　　　　中国近三十年来房价变迁史

　　说到房价要先从福利分房说起，那是计划经济时代特有的一种房屋分配形式，从1963年开始到1999年结束，前后历经了30多年。最早出现的房价数据是在1981年，当年浙江温州瑞安商品房热卖，房价为68.85元/平方米，每套2 600元。到了1988年7月，中国第一个土地拍卖、按揭贷款，真正完全意义上的商品房小区——东晓花园在深圳竣工，售价是1 600元/平方米。

　　1987年，才有全国性的房价统计。当年商品房销售面积2 697万平方米，相对于庞大的国民总数，实在太少，只能满足几十万人的居住需求。当年的全国平均房价是408元/平方米。

　　1989年2月15日，北京首次公开出售建在黄金地段的商品房350套，每平方米最高2 000元，但只被预订了250套。没办法，还是太贵了。

　　到了20世纪90年代初，海南大开发推动了房地产市场的繁荣，那时海南成为淘金者的乐园，很多人都去淘金，很多企业也在海南派人设点。那时上海市中心房价涨到6 000元/平方米，但随着1993年第一次房地产调控，海南、北海等地的房地产泡沫破裂。泡沫破裂效应蔓延至全国，1994年上海市中心房价降到3 000元/平方米，市场一片萧条。

　　1998年，在新中国短暂的房地产历史上是一个分水岭。1998年，国务院发布《关于进一步深化城镇住房制度改革，加快住房建设的通知》，要求自该年7月30日起停止福利性分房，全面实行住宅商品化。1999年，国务院又专门下发《在京中央和国家机关进一步深化住房制度改革实施方案》，规定在京中央机关和国家机关要"停止住房实物分配，逐步实行住房分配货币化；建立和完善以经济适用住房为主的多层次城镇住房供应体系"。随后，企业福利分房的尝试也被叫停。也就是在1998年，房价的单价跃上2 000元。记得1998年的时候，北京海淀区清河附近的二手房的房价是2 100元/平方米。1998—2000年，房价维持不动甚至略有下跌。2000年房价出现一小波上涨。到了2001—2003年时，房价还是给足了很多人机会，小幅上涨。也就是在当时，市场上就出现了房价泡沫的声音。

　　从2004年开始，全国平均房价的单价一路跃过3 000元、4 000元、5 000元、6 000元关口，2004年同比暴涨18.7%。在2005年开始首次调控，首次调控房价的新旧"国八条"于3月和5月先后出台；9月银监会212号文件收紧房地产信托。虽然许多项目主动降价出售存量，总体而言，房价还是继续上涨。

　　2006年"国十五条"出台，规定90平方米以下住房须占项目总面积七成以上，也即"70/90政策"。但房价继续上涨，涨幅相对平稳，中小户型房增加。

　　2007年，这一年楼市价格暴涨，地王频现。2008年，中国楼市出现十年大拐点，量价齐跌。2009年在大规模经济刺激政策之下，房价同比上涨22.4%，创历史新高，楼市复苏。2010年，国家加大调控力度，各地限购政策纷纷出台，上海和重庆试点房地产税。这被称为史上最严的房地产调控政策。但高价地王继续产生，3月后房价飙升。2011年，二套房首付提高，"新国八条"公布，二套房贷款首付比例提至60%，贷款利率提至基准利率的1.1倍，但一线城市房价继续上涨。2013年2月出台"新国五条"，房价缓慢增长。2014年，各地陆续松绑限购政策，9月30日央行出台房贷新政。新政出台后，全国各地楼市皆迎来短暂成交高峰，房价停滞。2015年3月央行、住建部、银监会联合发文，全国二套房首付降至四成；财政部通知，将个人出售普通住宅，营业税免征的购买年限由5年下调至2年。各地放开公积金政策，央行多次降息，全国房价出现差别化趋势。从2016年底楼市提出"房住不炒"之后，市场上的炒房行为得到有效抑制，限购、限售、限贷等政策让炒房者能钻的漏洞越来越少，特别是限售政策一出台，炒房者基本上就只能被套牢在楼市里。继"房住不炒"之后，楼市依旧火爆。2017年，三四线城市涨幅普遍高于一二线城市，三四线城市中洛阳为53.73%，而同期广州、北京和上海仅为9.97%、2.60%和1.92%。从这个数据中我们可以看到在过去的两年多里，北京和上海的涨幅很低，但是一些三四线城市却成为了楼市主角。2018年，全国各地相继出台"人才新政"，进一步助推了房地产热潮。《凤凰周刊》报道，杭州市有人排队排到晕倒，一套房子诚意金最高达到1 700万元。北京、深圳、上海均价均突破5万元。这一年楼市调控政策密集，全年房地产调控合计450次，刷新历史纪录，同比2017年大幅上涨75%。密集的调控——特别是7月31日政治局会议"坚决遏制房价上涨"之后，市场迅速转冷，不少城市房价出现微跌，2018年9月份，全国各地房地产价格普遍下调。总体来看，2018年一二线城市房价稳中有降，三四线城市房价比较稳定。2019年，"稳地价稳房价稳预期"成为工作重点。虽然有些地方出现房价上涨现象，如苏州、西安，但是地方很快就出台了调控政策，且力度很大。2020年上半年突如其来的疫情，对我国的经济以及房地产市场造成了巨大冲击，但是在随着疫情不断向好趋势的发展下以及在宏观政策的这个大环境调整下，房地产行业在疫情过后开始迅速回暖，整个行业呈现上升趋势，其中主要指标始终保持平稳发展，为房地产行业的发展带来了新一轮的动力，缓解了疫情带来的冲击以及影响。在下一阶段房产发展中，中央还是继续坚持之前的"房住不炒"战略，从而长时间坚持关于房地产市场的政策，坚定不移地推进落实好市场的长效机制。同时地方政府加以协同配合，从而保障房地产市场的运行可以平稳且向好。

资料来源：根据相关资料整理。

5.1　房地产价格概述

任何一种商品的价格都是价值的货币表现。房地产与其他经济物品一样，之所以有价格（价值）是因为它们能够用来满足人们的某种需要，经济学上称为有使用价值。例如，粮食能够充饥，住宅可以居住。房地产如果没有使用价值，人们就不会产生占有房地产的要求或欲望，更谈不上花钱去购买或租赁它，房地产也就不会有价格。一种物品仅有用还不能使其有价格，因为如果这种物品的数量丰富，随时随地都可以自由取用，像空气那样，尽管对人们至关重要，但也不会有价格。房地产显而易见是一种稀缺物品。现代政治经济学奠基人亚当·斯密曾经说过："使用价值很大的东西，往往具有极小的交换价值，甚或没有；反之，交换价值很大的东西，往往具有极小的使用价值，甚或没有。例如，水的用途最大，但我们不能以水购买任何物品，也不会拿任何物品与水交换。反之，钻石虽几乎无使用价值可言，但须有大量其他货物才能与之交换。"

人们对一种物品有需求，是指不仅愿意购买它，而且有能力购买它。只有需要而无支付能力（即想买但没有钱），或者虽然有支付能力但不需要（即有钱但不想买），都不能使购买行为发生，从而不能使价格成为现实。例如，对于一套总价50万元的住房，在甲、乙、丙、丁四个家庭中，甲家庭虽然需要，但是买不起；乙家庭虽然买得起，但是不需要；丙家庭既不需要，也买不起；丁家庭既需要，也买得起。在这种情况下，只有丁家庭对这套住房有需求。

因此，需要不等于需求，需要只是一种要求或欲望，有支付能力支持的需要才是需求。当然，房地产由于既是一种可以满足生产、生活需要的生产资料或消费品，又是一种可以带来租赁、增值等收益的投资品，对其需求不仅有自用需求（或者说消费需求），还有投资需求甚至投机需求，房地产价格高低直接影响房地产产品的销售和房地产企业的利润，所以房地产价格至关重要。

5.1.1　房地产价格的含义及重要性

5.1.1.1　房地产价格的含义

价格是商品的货币表现。房地产价格是指建筑物连同其占用土地的价格。

房地产价格=土地价格+建筑物价格

这是房地产经济运行和资源配置最重要的调节机制。房地产价格体现在现实中，可以是每平方米建筑面积的价格、每栋建筑的价格、每套房屋的价格等。

5.1.1.2　房地产价格的重要性

房地产价格在整个价格体系中，处于基础价格的重要地位。在生产领域，房地产是一切商品生产的空间和场所，房地产价格作为生产要素价格，既影响商品生产的物质成本，又影响工资成本，作为基础性价格，房地产价格水平一定程度上决定着市场总体价格水平。住房作为重要的消费资料，住房价格对调节居民的生活水平有重要的作用。房地产价格具有传导信息的作用。房地产价格是房地产市场供求状况的反映，房地产市场供求的主体可以通过房地产价格，判断房地产市场的供求状况，为房地产的生产、分配、流通、消费领域的各类经济主体，即为政府、企业、个人，提供可靠信息，使它们在房地产经济活动中做出正确的决策。

价格作为市场经济最重要的调节机制，还发挥着调节房地产市场供求总量和结构的重要作用。

5.1.2　房地产价格的特点

房地产价格与机器设备等一般物品的价格既有相同之处，也存在不同之处。

它们的相同之处在于：

（1）都是价格，用货币来表示；

（2）都有波动，受供求因素的影响；

（3）都是按质论价，优质高价，劣质低价。

房地产价格与一般物品价格的不同，主要表现在以下六个方面：

（1）房地产价格受区位的影响很大。区位是指一宗房地产与其他房地产或者事物在空间方位和距离上的关系。人们的各种生产、生活活动都需要房地产，并对其区位有一定要求。房地产区位的优劣，直接关系到房地产所有者或使用者的经济收益、生活便利或社会影响。因此，房地产的区位不同，例如，是坐落在城市还是乡村，是位于城市中心还是边缘地带，是临街还是不临街，价格会有很大的差异。尤其是城市土地，其价格高低更是和区位有着密切联系。

（2）房地产价格实质上是房地产权益的价格。房地产由于不可移动，在交易中可以转移的不是实物，而是所有权、建设用地使用权或其他权利。实物状况相同的房地产，权益状况可能千差万别，甚至实物状况好的，由于权益过小，如土地剩余期限很短，产权不明确或权属有争议，属于违法、违章建筑等，价格可能较低；相反，实物状况差的，由于权益较大，如产权清晰、完全，价格可能较高。因此，从这种意义上讲，房地产价格实质上是房地产权益的价格。

（3）房地产价格形成的时间通常较长。一般物品因为相同的很多，相互之间容易比较，且价值不是很大，所以价格形成的时间通常较短。房地产因为具有独一无二的特性，相互之间难以比较，加上价值量大，人们在房地产交易时一般十分谨慎，所以房地产交易价格通常难以在短期内达成。

（4）房地产价格容易受交易者的个别情况的影响。一般的物品由于品质相同，可以开展样品交易、品名交易，同时存在众多的卖者和买者，其价格形成通常较客观，不易受交易者的个别情况的左右。房地产由于不能移动到同一处进行比较，具有独一无二的特性，要认识房地产，只有亲自到实地查看，而且由于房地产价值量大，相似的房地产一般只有少数几个买者和卖者，有的房地产甚至只有一个买者和一个卖者，所以，房地产价格通常随交易的需要而个别形成，并容易受买卖双方的个别情况（如偏好、讨价还价能力、感情冲动）的影响。

（5）房地产价格具有多种表现形式。房地产因为价值量大、寿命长久，交易方式多种多样，所以同时存在着买卖和租赁、抵押、典当、入股等。在这些不同的交易方式中，房地产价格也有不同的表现形式，如售卖价、租赁价、抵押价、典当价等。

（6）房地产价格与用途的相关性。房地产价格与用途的相关性极大。一般商品的价格由房地产成本、供求等因素决定，其价格并不因使用目的产生差别，而房地产价格与其使用目的有非常密切的联系。同一宗房地产，由于不同的使用目的会产生不同的价格。比如一处繁华地段的临街房屋，作为居住使用出租是一种价格，而作为商业门面房出租会是另一种价格。用途不同，导致房地产价格差异很大。

5.1.3 房地产价格的类型

5.1.3.1 成交价格、市场价格、理论价格和评估价值

（1）成交价格

成交价格简称成交价，是指在一笔房地产交易中交易双方实际达成交易——买者同意支付、卖者同意接受，或者买者付出、卖者收取的货币或实物、无形资产和其他经济利益。成交价格是一个已经完成的事实，是个别价格，通常随着交易者的财力、动机、对交易对象和市场行情的了解程度、购买或出售的急迫程度、讨价还价能力、交易双方之间的关系、卖者的价格策略等的不同而不同。

理解成交价格，应对其形成机制，主要是对卖价、买价、成交价三者的关系有所了解：

①卖价也可称为供给价格，是站在卖者的角度，指卖者出售房地产时所愿意接受的价格。由于卖者想尽量多卖一些钱，卖者出售房地产时总有一个内心愿意接受的最低价格（简称最低卖价），买者的出价必须高于这个最低价格他才愿意出售，其心态是在此价格之上越高越好。

②买价也可称为需求价格，是站在买者的角度，指买者购买房地产时所愿意支付的价格。由于买者想尽量少花一些钱，买者购买房地产时总有一个内心愿意支付的最高价格（简称最高买价），卖者的要价必须低于这个最高价格他才愿意购买，其心态是在此价格之下越低越好。

③卖价和买价都只是买卖双方中某一方所愿意接受的价格。在实际交易中，只有当最高买价高于或等于最低卖价时，交易才可能成功。因此，在一笔成功的房地产交易中，最低卖价、最高买价和成交价三者的高低关系为：

最高买价≥成交价≥最低卖价

在图5-1（a）中，因为最高买价低于最低卖价，所以交易不能成功。在图5-1（b）中，因为最高买价高于最低卖价，所以交易可能成功，并由最低卖价和最高买价构成了成交价的可能区间。卖者和买者通常只知道该区间中自己的那一端，并都试图了解对方的那一端（但通常不成功）。实际的成交价将落在这一区间的某个位置，至于是刚好为最低卖价或最高买价还是在它们之间，取决于买卖双方相对的议价能力和技巧，特别是该种房地产市场是处于买方市场还是卖方市场。买方市场是房地产供大于求，买方处于有利地位并对价格起主导作用的市场。卖方市场是房地产供不应求，卖方处于有利地位并对价格起主导作用的市场。在买方市场下，成交价会偏向最低卖价；在卖方市场下，成交价会偏向最高买价。

成交价格可能是正常的，也可能是不正常的，因此可将成交价格区分为正常成交价格和非正常成交价格。正常成交价格是指交易双方在公开市场、信息通畅、平等自愿、诚实无欺、无利害关系下进行交易所形成的价格，不受诸如垄断或强迫交易、对交易对象或市场行情不了解等不良因素的影响；反之，则为非正常成交价格。

严格地说，正常成交价格的形成条件有以下7个：

①公开市场。

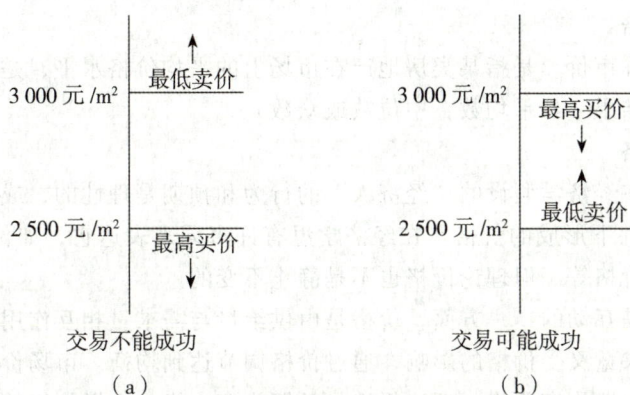

图 5-1　达成交易的基本条件示意图

②交易对象本身具备市场性。

③众多的买者和卖者。买者和卖者的数量都必须相当多才不至于使买者或卖者的个别情况影响价格，即他们都应是价格的被动接受者，其中的任何一个买者或卖者对价格都没有控制的力量，没有显著的影响力。

④买者和卖者都未承受任何压力，完全出于自愿。

⑤理性且自私的经济行为。这又被称为"经济人假定"。其含义有二，即"人是理性的，也是自私的"。在交易中，"经济人假定"是指交易双方均是谨慎的，价格不受任何一方感情冲动的影响；卖者总想多卖一些钱，买者总想少付一些钱。

⑥买者和卖者都具有完全信息。这是指买者和卖者都充分了解交易对象的性能和特点，充分了解市场行情。

⑦适当的期间完成交易。即有适当长的时间寻找合适的买者或卖者，而不是急于出售或急于购买。

成交价格还可按照交易方式的不同来划分。例如，按照国有建设用地使用权出让方式的不同，可将建设用地使用权出让成交价分为招标成交价、拍卖成交价、挂牌成交价和协议成交价。招标成交价是指采取招标方式交易（或出让）房地产的成交价格；拍卖成交价是指采取拍卖方式交易（或出让）房地产的成交价格；挂牌成交价是指采取挂牌方式交易（或出让）房地产的成交价格；协议成交价是指采取协议方式交易（或出让）房地产的成交价格。在目前国有建设用地使用权出让中，由于协议出让方式是政府对于那些需要扶持的高科技项目等提供土地的方式，所以一般会降低地价。招标出让方式通常不仅考虑投标报价，还考虑投标人的开发建设方案和资信等，中标人不一定是投标报价最高者，所以有一定的抑制地价作用，但主要以投标报价高低确定中标人的招标出让方式有抬高地价的作用。拍卖出让方式由于是"价高者得"，所以最能抬高地价。因此，在通常情况下采取协议方式出让的地价最低，其次是招标方式，拍卖方式出让的地价最高。造成这种差异的原因，主要是三种出让方式的地价形成机制不同，地块位置的好坏不同（拍卖、招标出让的地块一般位置较好），经验、人为因素及管理体制的差异等。

（2）市场价格

市场价格简称市价，是指某类房地产在市场上的平均价格水平，是该类房地产大量成交价格的抽象结果（如平均数、中位数或众数）。

（3）理论价格

理论价格是在经济学假设的"经济人"的行为和预期是理性的，或者真实需求与真实供给相等的条件下形成的价格。在经济学里有许多词来表达它，如价值、内在价值、自然价值、自然价格等。但理论价格也不是静止不变的。

价格与供求是互动的：一方面，价格是由供给量与需求量相互作用决定的；另一方面，供给量与需求量又受价格的影响，通过价格调节达到均衡。市场价格和理论价格相比，市场价格是短期均衡价格，理论价格是长期均衡价格。市场价格的正常波动是由真实需求与真实供给相互作用造成的。凡是影响真实需求与真实供给的因素，如居民收入、房地产开发建设成本等的变化，都可能使市场价格发生波动。因此，在正常市场或正常经济发展下，市场价格基本上与理论价格相吻合，围绕着理论价格而上下波动，不会偏离太远。但在市场参与者普遍不理性的情况下，市场价格可能会较大、较长时期脱离理论价格，例如，在投机需求带领下或在非理性预期下形成不正常的过高价格。

一般地说，成交价格围绕着市场价格而上下波动，市场价格又围绕着理论价格而上下波动（即小波动围绕着大波动而上下波动，大波动又围绕着更大的波动而上下波动），它们之间的关系如图5-2所示。

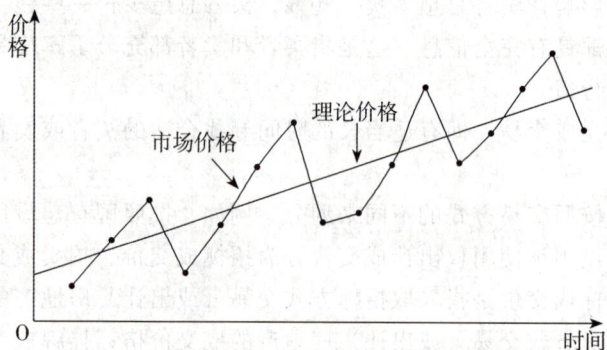

图5-2　市场价格与理论价格的关系示意图

（4）评估价值

评估价值（appraisal value）也称为评估价格、估计价值，简称评估值、评估价，是指估价师通过估价活动得出的估价对象的价值。评估价值可根据采用的估价方法的不同而有不同的称呼。

5.1.3.2　基准地价、标定地价和房屋重置价格

基准地价、标定地价和房屋重置价格是一组《城市房地产管理法》规定应当定期确定并公布的房地产价格。《城市房地产管理法》第三十三条规定："基准地价、标定地价和各类房屋的重置价格应当定期确定并公布。"

（1）基准地价

基准地价也称为城镇基准地价，是指在某个城镇的一定区域范围内，对现状利用条

件下不同级别或不同均质地域的土地，按照商业、办公、居住、工业等用途，分别评估确定的一定使用期限的建设用地使用权在某一时点的平均价格。

（2）标定地价

标定地价是指以基准地价为基础确定的标准地块的一定使用年限的价格，是政府根据管理需要评估的某一宗地在正常土地市场条件下于某一估价时点的土地使用权价格。它是该类土地在该区域的标准指导价格。标定地价是指在城镇不同土地级别或区段内，按照土地的条件、用途等选定的宗地所评估的单位面积土地使用权价格。它是政府出让土地使用权时确定出让金额的依据，是清产核资中核定单位所占用地的土地资产和股份制企业土地作价入股的标准；是核定土地增值税和管理地产市场的具体标准；是划拨土地使用权转让、出租、抵押时，确定补交出让金的标准。

（3）房屋重置价格

房屋重置价格是假设房屋在估价时点重新建造与旧有建筑物完全相同或具有同等效用的全新状态的建筑物时，所必要的建筑费、其他费用和正常的利润。重置价格标准应以当地现行的建筑材料、现行的建筑技术和现时费用标准的平均水平建造某种结构等级的同等效用的新建筑物的完全价值来计算。

【知识链接5-1】 •--•

呼和浩特市地面基准地价见表5-1。

表5-1　　　　　　　　　　呼和浩特市各类用地基准地价表

用途 级别	商服		住宅		工业	
	元/平方米	万元/亩	元/平方米	万元/亩	元/平方米	万元/亩
Ⅰ	7 800	520	5 250	350	1 515	101
Ⅱ	6 435	429	4 425	295	915	61
Ⅲ	5 250	350	3 390	226	480	32
Ⅳ	4 350	290	2 685	179	375	25
Ⅴ	2 850	190	1 890	126	288	19.2
Ⅵ	2 235	149	1 425	95	—	—
Ⅶ	1 575	105	840	56	—	—
Ⅷ	990	66	—	—	—	—

注：1.表中的价格均为各级别土地分用途的级别基准地价；2.本次土地定级估价的基准日期为2017年1月1日；3.各类用途的级别基准地价均为法定最高出让年限的基准地价，商服用地40年，住宅用地70年，工业用地50年；4.表中各类地价除工业用地的开发程度为"五通一平"外，其余均属于平均土地开发程度"七通一平"下的熟地价。

资料来源：呼和浩特市自然资源局. 呼和浩特市国土资源局关于公布实施基准地价更新成果的通知[EB/OL]. [2020-12-11]. http://zrzyj.huhhot.gov.cn/zwgk/dj/jzdj/202012/P020201211478049545195.pdf.

•--•

5.1.3.3 土地价格、建筑物价格和房地价格

土地价格、建筑物价格和房地价格是一组按照房地产的基本存在形态来划分的房地产价格。

（1）土地价格

土地价格简称地价，如果是一块无建筑物的空地，是指该块土地的价格；如果是一块有建筑物的土地，是指其中的土地部分的价格，不包含该土地上的建筑物的价格。土地估价时，根据土地实际的基础设施完备程度和场地平整程度，或者在特殊情况下假设其基础设施完备程度和场地平整程度不同，俗称"生熟"程度不同，会有不同的价格。

土地的"生熟"程度主要有以下5种：

①未完成征收补偿安置的集体土地。取得该土地后还需要支付征地补偿安置等费用。

②已完成征收补偿安置但未完成"三通一平"以上开发的土地。

③已完成征收补偿安置和"三通一平"以上开发的土地。

④未完成房屋拆迁补偿安置的国有土地。取得该土地后还需要支付房屋拆迁补偿安置等费用。

⑤已完成房屋拆迁补偿安置的国有土地。

有时根据土地的"生熟"程度，粗略地将土地分为生地、毛地、熟地三类，土地价格相应地又有生地价格、毛地价格、熟地价格之分。

（2）建筑物价格

建筑物价格是指建筑物部分的价格，不包含该建筑物占用范围内的土地的价格。人们平常所说的房价，例如，购买一套商品住房的价格，通常含有该建筑物占用范围内的土地的价格，与这里所说的建筑物价格的内涵不同。

（3）房地价格

房地价格也称为房地混合价，是指土地与建筑物综合体的价格，或者建筑物及其占用范围内的土地的价格，或者土地及其上面的建筑物的价格。该价格往往等同于人们平常所说的房价。

对于同一宗房地产而言，有：

房地价格＝土地价格＋建筑物价格

土地价格＝房地价格－建筑物价格

建筑物价格＝房地价格－土地价格

但需要指出的是，上述土地价格、建筑物价格、房地价格三者的关系不是机械的，即不论房地产是在分割、合并前后，还是土地、建筑物各自独立考虑时都存在着上述关系，而是指对于同一宗房地产来讲，由于只存在土地、建筑物和房地三种基本形态，所以同一宗房地产的价值只能归属于这三种对象之中。房地价值在土地与建筑物之间的分配与房地产分割、合并估价不同。在房地产价值分配的情况下，各部分的价值之和等于整体价值。在房地产分割的情况下，分割后的各个独立部分的价值之和一般小于分割前的整体价值。在房地产合并的情况下，合并后的价值一般大于合并前各个独立部分的价值之和。

5.1.3.4 总价格、单位价格和楼面地价

总价格、单位价格和楼面地价是一组按照房地产价格的表示单位来划分的房地产价格。

（1）总价格

总价格简称总价，是指某一宗或者某一区域范围内的房地产整体的价格。它可能是一块面积为200平方米的土地的价格，一套建筑面积为300平方米的高档公寓的价格，或一座建筑面积为3 000平方米的商场的价格，也可能是一个城市的全部房地产的价格，或者一国全部房地产的价格。房地产的总价格一般不能完全反映房地产价格水平的高低。

（2）单位价格

单位价格简称单价，其中，土地单价是指单位土地面积的土地价格，建筑物单价通常是指单位建筑物面积的价格，房地单价通常是指单位建筑物面积的房地价格。房地产的单位价格一般可以反映房地产价格水平的高低。

（3）楼面地价

楼面地价是一种特殊的土地单价，通常情况下，是按照土地上的建筑物面积均摊的土地价格。在这种情况下，楼面地价与土地总价的关系如下：

$$楼面地价 = \frac{土地总价}{总建筑面积}$$

由此公式可以找到楼面地价、土地单价、容积率三者之间的关系如下：

$$楼面地价 = \frac{土地总价}{总建筑面积} \times \frac{土地总面积}{建筑总面积} = \frac{土地单价}{容积率}$$

认识楼面地价的作用十分重要。在现实中，楼面地价往往比土地单价更能反映土地价格水平的高低。例如，有甲、乙两块土地，甲土地的单价为700元/平方米，乙土地的单价为510元/平方米，如果甲、乙两块土地的其他条件完全相同，毫无疑问甲土地比乙土地贵（每平方米土地面积贵190元），此时理性而谨慎的买者会购买乙土地而不会购买甲土地。但如果甲、乙两块土地的容积率不同，除此之外的其他条件都相同，则不应简单地根据土地单价来判断甲、乙两块土地的价格高低，而应采用楼面地价。例如，甲土地的容积率为5，乙土地的容积率为3，则甲土地的楼面地价为140元/平方米，乙土地的楼面地价为170元/平方米。根据楼面地价来判断，乙土地反而比甲土地贵（每平方米建筑面积贵30元）。此时懂得楼面地价意义的买者，通常会购买甲土地而不会购买乙土地。这是因为，在同一地区，同类用途和建筑结构的房屋（含土地）在市场上的售价基本相同（但在人们越来越重视环境的情况下，高的容积率意味着高的建筑密度，从而房价会受到一定的影响）。假如平均售价为建筑面积1 200元/平方米，建筑造价（不含地价）也基本接近（如果容积率差异较大会导致对建筑高度或建筑结构的不同要求，如一个只需建多层，而另一个必须建高层，则建筑造价会有一定差异），假如每平方米建筑面积为900元，那么，房地产开发商在甲土地上可获得利润160元/平方米（1 200-900-140），而在乙土地上只获得利润130元/平方米（1 200-900-170）。

5.2　房地产价格的构成

房地产价值是房屋建筑物价值和土地自然资源价值及土地中投入劳动所形成的价值的统一，房地产价格就是这种综合性特殊价值的货币表现，由于房屋建筑物价值和土地中投入的劳动形成的价值占主要部分，因此可以说，房地产价格基本上是房地产价值的货币表现。房地产价格是房产价格和土地价格的统一。

5.2.1　土地价格

土地价格是土地经济作用的反映，也叫地价，是土地权利和预期收益的购买价格，即地租的资本化。我国的地价是以土地使用权出让、转让为前提，一次性支付的多年地租的现值总和，是土地所有权在经济上的实现形式。

按土地权利分类，地价可分为所有权价格、使用权价格、租赁价格、抵押价格等；按形成的方式分类，地价可分为交易价格和评估价格；按政府管理手段分类，地价可分为申报地价和公告（示）地价；按表示方法分类，地价可分为土地总价格、单位面积地价和楼面地价等。

我国土地价格的含义不同于一般土地私有制国家，主要表现为：

（1）它是取得一定年期土地使用权时支付的代价，而不是土地所有权的价格。

（2）土地使用权价格是一定年限的地租收入资本化，土地所有权价格是无限期的地租收入资本化。从理论上讲，土地使用权价格低于土地所有权价格；土地使用权年限长的，其价格要高于土地使用权年限短的。

（3）土地使用年期较长，按法律规定，最长可达70年，而且在使用期间也有转让、出租、抵押等权利，这又类似于所有权。

5.2.2　房产价格

房产价格是其价值的货币表现形式，即在土地开发、房屋建造和经营过程中，凝结在房地产商品中的活劳动与物化劳动价值量的货币表现。房产价格的基本构成要素如下：

（1）前期开发工程费

前期开发工程费主要包括征用土地的拆迁安置费、勘察设计费、项目论证费。

（2）基础设施建设费

基础设施建设费为经规划部门批准建设的住宅小区用地规划红线以内的道路、供水、供电、供气、通信、照明、园林、绿化、环卫、排污、排洪等工程发生的费用。

（3）建筑、安装工程费

建筑、安装工程费为房屋主体部分的土建（含桩基）工程、水电安装工程、装修工程等建设发生的费用。

（4）公共配套设施建设费

公共配套设施建设费为房地产开发项目配套建设的各种非营利性的公共配套设施的

建设费用，包括居委会、派出所、物业用房、幼儿园等。

（5）开发间接费

开发间接费为开发经营者直接经营组织、管理开发项目发生的各项费用，包括工资、职工福利费、折旧费、修理费、办公费、水电费、劳动保护费、周转房摊销等项支出。开发间接费，按照房地产开发企业财务会计制度核算，并据实列入开发成本。

（6）期间费用

商品住宅开发的期间费用为管理费用、财务费用、销售费用等与住宅开发项目有关的支出。

（7）房地产开发企业的利润和税费

由市场定价的商品房，房地产开发企业的利润率不是固定的，它取决于企业的经营管理水平。而我国对于由政府定价的安居房、解困房等，利润率则限定在 5% 以内。税费包含房地产交易的契税和房地产开发企业的所得税等。

5.2.3　房地产价格

房地产作为商品同任何商品一样，是使用价值和价值的统一体。根据马克思主义经济学的劳动价值理论和价格理论，从总体上看，房地产价格的基础仍然是价值，基本上也是房地产价值的货币表现，但又有其特殊性。

在这里之所以说是"基本上"，是因为房地产价格的形成与其他一般商品的价格形成相比，有着不同的特点。房地产价格是一个复杂的经济范畴，既包括土地的价格，又包括房屋建筑物的价格，房与地是不可分割的统一体，房地产价格是这个统一体的价格。

房屋建筑物是人类劳动的结晶，具有价值，这与一般商品价值的形成是相同的。但是土地是一种特殊商品，却不完全是劳动产品。因为一方面，原始土地是自然界的产物，并不包含人类劳动，之所以具有价格是因为土地垄断引起的地租的资本化。所谓地租，实质上就是土地使用者为使用土地而向土地所有人支付的费用，反映了土地的自然资源价值。从这个角度看，原始土地的价格并不是劳动价值的货币表现。另一方面，现实生活中的土地已经过了劳动加工，凝结了大量的人类劳动。为了使土地符合人类经济性的运用，人们在开发利用土地的过程中，对原始土地进行改造，投入了大量的物化劳动和活劳动，特别是作为建筑地块的土地投入的基础设施等费用更多，而且后续投入的劳动积累更多，这些投入的劳动凝结而成的价值与一般商品一样具有同等性质的劳动价值。从这个角度看，土地价格绝大部分又是劳动价值的货币表现，它的价值量是由投入的劳动量来衡量的。

房地产价值是房屋建筑物价值和土地自然资源价值及土地中投入劳动所形成的价值的统一，房地产价格就是这种综合性特殊价值的货币表现。由于房屋建筑物价值和土地中投入的劳动形成的价值占主要部分，因此可以说房地产价格基本上是房地产价值的货币表现。

5.3 房地产价格的影响因素

房地产价格受各种因素的影响而发生变动，要掌握房地产价格的运动规律，必须弄清影响房地产价格的因素。

根据影响房地产价格因素的自身性质，可以分为经济因素、社会因素、行政和政治因素、房地产的内在因素和周边环境因素。

5.3.1 经济因素

影响房地产价格的经济因素主要是国家、地区或城市的经济发展水平、经济增长状况、产业结构、就业情况、居民收入水平、投资水平、财政收支、金融状况。这些因素会影响房地产市场的总体供求，特别是影响需求。通常来讲，一个地区的经济发展水平越高，经济增长越快，产业结构越合理，就业率、收入水平和投资水平越高，财政收入越多、金融形势越好，那么房地产市场需求就越大，房地产价格总体水平也越高。反之，房地产价格总体水平越低。从中国的情况来看，改革开放40多年后的今天与改革初相比，房地产价格有了巨幅增长，就是源于全国的经济发展水平、居民收入水平等一系列经济因素的迅猛发展。而从目前来看，沿海地区与内地，北京、上海、广州、深圳等大城市与一般城市之间，房地产价格水平有较为显著的差异，这主要是由这些城市之间在以上经济因素方面存在明显的差异所造成的。

5.3.2 社会因素

影响房地产价格的社会因素包括人口、家庭、城市形成历史、城市化状况、社会治安、文化与时尚等。其中，人口因素包括人口的数量、密度、结构（如文化结构、职业结构、收入水平结构等）；家庭因素指家庭数量、家庭构成状况等；文化与时尚主要指文化氛围、风俗习惯、大众心理趋势等。

社会因素对房地产价格的影响是相当复杂的，它的作用方式不如经济因素那样直接，作用过程也比较长，是一种渗透性的影响。如城市形成历史，对一个地区房地产价格水平的影响，虽然不如经济因素那样明显，但却常常是非常深远并具有根本性的。在我国许多城市中，某一个特定的区域，由于其独特的发展历史，而始终成为房地产价格水平的高值区，如上海的外滩、徐家汇，厦门的鼓浪屿，青岛的"八大观"等。有些社会因素对房地产价格的影响在不同的阶段，作用结果是不同的。如人口密度的提高，一开始会造成房地产需求的增加，引起房地产价格上升，但发展到一定程度，则会造成生活环境恶化，有可能引起需求量减少，房地产价格下降。

5.3.3 行政和政治因素

行政因素主要是国家或地方政府在财政、税收、金融、土地、住房、城市规划与建设、交通治安、社会保障等方面的一些制度、法规、政策和行政措施。政治因素主要指政局安定程度以及国与国之间的政治、军事关系等。行政和政治因素都是由国家机器来体现的，因此它对房地产价格的影响作用也比较突出。如城市规划对一块土地用途的确定，决定了这一地块价格的基本水平。与经济因素、社会因素不同，行政和政治因素对房地产价格影响的速度相对较快，如果说经济因素、社会因素的作用是渐变式的，则行政和政治因素的作用可以说是突变式的。例如，加强宏观调控，紧缩固定资产投资规模，收紧银根政策，会使所在地的房地产需求减少，房地产价格在较短的时间内迅速下跌。

拓展阅读5-1

浅谈雄安
新区房价

5.3.4　房地产的内在因素和周边环境因素

这个因素主要是指房地产自身及其周边环境状态，如土地的位置、面积、形状，建筑物的外观、朝向、结构、内部格局、设备配置状况、施工质量，以及所处环境的地质、地貌、气象、水文、环境污染情况等。首先，房地产的内在因素对房地产的生产成本和效用起着重大的制约作用，从而影响着房地产的价格。例如，地价上涨，建筑材料涨价，会带来成本推进型房价上升。商品房内在品质提高，效用增大，也会造成内在品质提高型房价上涨。再如，房屋的朝向也会影响房价。在北半球中纬度地区，朝南的住宅，就比朝北的住宅舒适，因而价格也高。由于房地产的个别性，房地产价格受自身因素（特别是一些与自然有关的因素）制约的现象是非常明显的。这是房地产与一般商品不同的一个重要表现。其次，房地产的使用离不开周围的环境，因此房地产周边环境的因素也影响房地产的价格。例如，位于公园、绿地旁边的住宅，由于安静、空气清新、风景怡人等因素，价格往往也较高；而如果住宅紧临高速公路、机场等噪声源或垃圾处理场、臭河道等视觉、空气污染源，则价格就低。

5.4　房地产估价

5.4.1　房地产估价的概念

房地产估价是指房地产估价师和房地产估价机构接受委托，为了特定目的，遵循公认的原则，按照严谨的程序，依据有关法律法规和标准，在合理的假设下，运用科学的方法，对特定房地产在特定时间的特定价值进行分析、测算和判断，并提供相关专业意见的活动。

由于房地产估价是科学与艺术的有机结合，是把客观存在的房地产价格揭示、表达出来的过程，事关公众利益，甚至人民财产安全，所以估价应由专业估价师从事，而不是任何人都可以从事的。

5.4.2　房地产估价的特点

由于房地产及其价格构成比较复杂，因此决定了房地产估价业务具有如下特点：

（1）房地产估价具有科学性

房地产估价建立在科学的估价理论与方法之上，具有科学性。虽然房地产价格受多种因素影响，构成和变化都比较复杂，难以准确地确定，但通过估价师的长期理论研究与实践探索，总结出了房地产价格形成与变化的基本规律，这些内容构成了房地产估价的基本理论。在这些估价理论的基础之上，又形成了一整套系统而严谨的估价方法及评估步骤，使房地产估价有章可循。另外，在房地产估价过程中还广泛涉及规划、建筑、结构、概预算、法律，以及宏观经济等有关理论和知识。因此，房地产估价是把房地产的客观实在价值通过评估活动正确地反映出来，是估价师对房地产价格所做出的推测与判断，具有很强的科学性。

（2）房地产估价的客观性

房地产估价应当完整、客观、准确地描述说明估价对象的物质实体状况和权益状况，尤其应当注意阐明估价对象的权益状况。例如，对于土地使用权，应当注意区分是通过划拨方式取得的，还是通过有偿出让或转让方式取得的；当估价对象的规定用途与实际用途不符时，应当分别说明估价对象的规定用途和实际用途，描述用途转换的背景，阐明是否已按有关法律、法规办理手续等。

（3）房地产估价具有艺术性

房地产估价必须遵循一套科学严谨的估价理论和方法，但又不能完全拘泥于有关的理论和方法。房地产估价在一定程度上具有艺术性，主要体现在如下几个方面：

①房地产估价师需要有丰富的经验。

A.准确、完整地了解和掌握估价对象离不开估价师的经验。各类房地产都有其固有特征，各类房地产之间受各种因素的影响差异也较大，因此要准确、完整地了解和掌握估价对象，不仅需要了解估价对象自身的情况，也需要掌握估价对象的影响因素以及对房地产价格的影响程度，而这些都需要估价师具有丰富的经验。

B.准确地运用各种估价方法离不开估价师的经验。首先，对于某一确定的估价对象，究竟选用哪几种估价方法较为适宜，以哪一种估价方法为主，都需要估价师具备类似的估价经验。其次，在运用某种估价方法评估某一房地产时，还有许多具体问题及参数需要估价师解决和确定。

②房地产估价需要很强的推理与判断能力。

A.丰富的估价经验是顺利评估的前提，在经验基础上所形成的推理判断能力在一定程度上代表着估价师的水平。

B.房地产估价离不开对房地产价格变化趋势的分析。由于房地产价格是在多种因素综合作用下形成与变化的，且受区域市场影响较大，这就要求估价师具有较强的综合分析与推理判断能力，以及具有一定的洞察力，才能够做出准确的判断。

③房地产估价需要一定的技巧。

如何以最快的速度进行估价，并保证委托人及有关当事人能够接受合理的评估结论，避免以后出现纠纷，都需要估价师具备相应的估价技巧。

（4）房地产估价具有综合性

房地产估价的综合性主要体现在如下几个方面：

①房地产估价师需要具备综合性知识。

作为一名业务优良的估价师，除了必须掌握房地产估价理论和方法、房地产经营和管理以及规划、建筑、结构、概预算、法律、经济等知识外，还应该熟悉各行各业，尤其是主要工业行业的生产、技术以及设备安装、工艺流程对厂房用地的要求等知识。

②估价过程涉及面较广。

A.单纯的房地产估价包括土地和建筑物，而建筑物又包括建筑结构、装修、设备等多方面，涉及建筑物的重置成本以及各方面的折旧等，还要考虑土地与建筑物的配置是否均衡、目前的使用情况是否处于最有效利用状态，以及未来的增值潜力等。

B.房地产估价有时不仅包括有形资产（实物房地产），也包括无形资产。如在估算商业大楼及写字楼价格时，商业信誉、商业景观以及经营管理水平等构成该房地产的无形资产，在整体资产价值评估中必须重视。

③房地产估价有时需要协同作业。

房地产估价有时需要估价师、结构工程师，以及建筑师、规划师、税务师、会计师等协同作业。

5.4.3　房地产估价的作用

（1）房地产交易时的参考标准

交易双方为确定合理的交易价格，可以委托评估事务所进行评估，以评估价作为交易价格的参考。以避免交易双方因对房产价值不了解，期望值相差太远而影响交易的正常进行。

（2）缴纳房地产税费的依据

交易双方当事人向房地产管理部门申报其成交价格时，房地产管理部门如果认为报价明显低于市场价值，会委托具有一定资质的专业评估机构对交易的房地产进行评估，并以评估的价格作为缴纳税费的依据。

（3）为房地产保险服务

房地产保险估价，分为房地产投保时的保险价值评估和保险事故发生后的损失价值或损失程度评估。房地产投保时的保险价值评估，是评估有可能因自然灾害或意外事故而遭受损失的建筑物的价值。

（4）申请银行贷款的依据

向银行申请房地产抵押贷款时，抵押人以抵押物作为还款的担保，银行为确定抵押物的担保价值需要对抵押人抵押的房地产价值进行评估。借款者为了证实其拥有的房地产价值，确定其可能获得的贷款金额，也会委托估价机构对自己的房地产价值进行评估。

（5）为解决房地产纠纷服务

发生房地产纠纷时，可委托具有权威性的专业房地产评估机构对纠纷案件中涉及的争议房地产的价值、交易价格、造价、成本、租金、补偿金额、赔偿金额、估价结果等进行科学的鉴定，提出客观、公正、合理的意见，为以协议、调解、仲裁、诉讼等方式解决纠纷提供参考依据。

拓展阅读5-2

浅析《民法典》与评估之物权价值的量化

思政拓展与思考

房价稳定好处多，集中体现在这4方面，一起来看看

近年来国家一直把稳定二字当作房价的新预期，有两方面的声音不断发出疑问，有人说既然房地产是我国经济的支柱，为何不通过上涨房价来带动我国经济的发展呢？还有人觉得房子就是用来住的，房价本来就不该像现在这么贵，降房价难道不是主基调吗？如果你也有过类似的想法，不妨先来看看房价稳定后，社会将出现的4大利好：

第一，购房者增多。

在国家"房住不炒"的要求下，房子的居住属性越来越明显；再加上即将到来的房地产税，未来买房的主力军一定是刚需人群。但房改二十年来，我国的住房刚需已经大大减少，现在还没有属于自己的住房的人，一部分是因为房价太高买不起房子的；还有一部分是受房闹等的影响，在房价降低时不敢买房而持币观望的，只有稳定房价才能增加人们的购买力、提高大家买房的欲望。当人们的买房热情由此被激发后，房子的库存量和空置率才会逐步降低，社会资源也将得到进一步的利用，届时各地区的贫富差距会逐渐缩小，全体人民住有所居的步伐才能稳步推进。

第二，炒房客减少。

房价稳定后，炒房客通过把手头的房子低买高卖来赚取差价很难行得通了，届时会有更多人因为自身利益受损而退出炒房行列另谋出路。当这些优质房源不再掌握在少数人手里，而是在市场上自由流通时，购房者的选择空间会逐步增大，更多改善型住房需求将得到进一步的满足，稳房价的调控目标也因此落实，由此形成的一个良性循环，会促进房地产市场的健康发展。

第三，实体经济得到发展。

在社会资源一定的情况下，唯有稳定的房价，才能让实体经济获得更多的资金支持，实体经济的发展能给我们带来更优质的医疗、交通等资源；人们衣食住行的需求也会因此得到满足；未来我国的经济支柱也会从房地产变成高新科技产业，建设创新型国家的步伐将进一步加快。

第四，人民生活更稳定。

"买涨不买跌"是楼市的一个怪圈，因此当房价下跌时，房子的成交量也在下滑，此时房地产的直接关联和衍生行业的从业者，都可能因此失业或降薪，更重要的是这些行业给人们提供的工作机会不在少数，届时影响社会经济的不安定因素会持续增加；从价格影响需求的价值规律看，房价上涨时，各大开发商会抓住机会玩命地开发新楼盘，如此冒进的做法不但会增加自身的经营风险，还会产生行业恶意竞争的局面，人民生活的不稳定因素也由此增加，唯有稳房价才能避免上述情况的发生。

资料来源：佚名. 房价稳定好处多，集中体现在这4方面，一起来看看［EB/OL］.［2022-01-25］. https://www.163.com/dy/article/GUIFRM020525TFAM.html? f=post2020_dy_recommends.

作为房地产行业的从业者，一方面要关注房地产行业的发展，更重要的是应该关注国家和人民对房地产行业企业的需求。只有生产出符合国家未来绿色建筑发展要求、满足人民群众日益增长的对房屋质量和功能的需要的房屋，避免行业恶意竞争和人民生活

不稳定因素的产生，房地产行业才能有更强的生命力。

本章小结

任何一种商品的价格都是价值的货币表现。房地产与其他经济物品一样。房地产价格是指建筑物连同其占用土地的价格。房地产价格在整个价格体系中，处于基础价格的重要地位。房地产价格与一般物品价格的不同，房地产价格受区位的影响很大。房地产价格实质上是房地产权益的价格。房地产价格形成的时间通常较长。房地产价格容易受交易者的个别情况的影响。房地产价格具有多种表现形式。地产价格与用途的相关性。房地产价格的类型有很多种。房地产价格是房产价格和土地价格的统一。根据影响房地产价格因素的自身性质，影响房地产价格的因素可以分为经济因素、社会因素、行政和政治因素、房地产的内在因素和周边环境因素。房地产估价是指房地产估价师和房地产估价机构接受委托，为了特定目的，遵循公认的原则，按照严谨的程序，依据有关法律法规和标准，在合理的假设下，运用科学的方法，对特定房地产在特定时间的特定价值进行分析、测算和判断，并提供相关专业意见的活动。房地产估价具有科学性、客观性、艺术性、综合性。房地产估价是房地产交易时的参考标准、缴纳房地产税费的依据、为房地产保险服务、申请银行贷款的依据、为解决房地产纠纷服务。

关键概念

房地产价格　土地价格　房产价格　房地产估价

基础知识练习

一、单项选择题

1.房地产价格的类型分为成交价格、市场价格、理论价格和（　　）。

A.市场价值　　　　B.非市场价值　　　　C.买卖价格　　　　D.评估价值

2.（　　）是一种特殊的土地单价，是按照土地上的建筑物面积均摊的土地价格。

A.楼面地价　　　　B.名义价格　　　　C.现货价格　　　　D.期货价格

3.（　　）是房产价格和土地价格的统一。

A.楼面地价　　　　B.名义价格　　　　C.房地产价格　　　　D.期货价格

4.影响房地产价格的因素主要是国家、地区或城市的经济发展水平、经济增长状况、产业结构、就业情况、居民收入水平、投资水平、财政收支、金融状况。这些因素属于（　　）。

A.经济因素　　　　　　　　　　B.社会因素

C.行政和政治因素　　　　　　　D.房地产的内在因素和周边环境因素

5.房地产估价应当完整、客观、准确地描述说明估价对象的物质实体状况和权益状况，尤其应当注意阐明估价对象的权益状况。这是房地产估价的（　　）特性。

A.科学性　　　　B.客观性　　　　C.艺术性　　　　D.综合性

二、多项选择题

1.房地产价格与一般物品价格的不同，主要表现在（　　）。

A.房地产价格受区位的影响很大

B.房地产价格实质上是房地产权益的价格

C.房地产价格形成的时间通常较长

D.房地产价格具有多种表现形式

2.根据影响房地产价格因素的自身性质，影响房地产价格的因素可以分为（　　　）。

A.经济因素　　　　　　　　　B.社会因素

C.行政和政治因素　　　　　　D.房地产的内在因素和周边环境因素

3.房地产估价具有（　　　）。

A.科学性　　　　　B.客观性　　　　　C.艺术性　　　　　D.综合性

4.房地产估价的综合性主要体现在（　　　）。

A.房地产估价师需要具备综合性知识

B.估价过程涉及面较广

C.房地产估价有时需要综合作业

D.房地产估价师需要有丰富的经验

5.房地产估价的作用是（　　　）。

A.房地产交易时的参考标准　　　B.缴纳房地产税费的依据

C.为房地产保险服务　　　　　　D.申请银行贷款的依据

三、简答题

1.简述房地产价格的含义及重要性。

2.简述房地产价格的构成。

3.简述房地产价格的影响因素。

4.简述房地产估价的概念及作用。

实践操作训练

[实训情境设计]

　　房地产价格是影响房地产市场供给和需求的重要因素，不管从事哪种类型的房地产经济行为，都需要了解你所在城市各类房地产价格的情况。

[实训任务要求]

　　1.将全班同学分成若干小组，每个小组人数不超过5人，每组选派组长1名。实训采用组长负责制。

　　2.根据所在城市的分区情况，每个小组负责一个行政区，对行政区内至少5处居住类房地产项目的市场平均价格进行调研。

　　3.要求调查人员必须到现场实地收集资料，包括项目外观照片、建造年代、建筑物类别、使用情况、周围环境、现实交易价格等。

　　4.分析影响所调研项目价格的主要因素。

　　5.以小组为单位，将上述信息制作成PPT。

　　6.每个小组利用10分钟以内的时间对实训成果进行汇报，并接受其他同学和老师的提问。

[实训提示]

　　参考教材内容"5.3　房地产价格的影响因素"。

[实训效果评价]

房地产市场价格调研实训评分表

评价项目	分值	得分	备注
收集实例的代表性	30		
收集资料的全面性	20		
PPT条理清晰，分析透彻	20		
态度端正，准备充分，表达流利	30		
实训效果总体评价	100		

第6章

房地产投资

知识目标

1. 了解房地产投资的基本知识；
2. 掌握房地产投资决策的概念及程序；
3. 熟悉房地产投资风险的基本概念和特点；
4. 熟悉房地产业投资可行性研究步骤、编制依据及阶段。

技能目标

1. 能够运用房地产投资知识认识房地产开发相关活动；
2. 能够分析房地产投资风险因素及风险防范。

引例   未来房地产发展趋势如何？

在监管趋严、政策规范及资本市场趋冷等多重因素影响下，2019年中国房地产行业披露并购金额的交易事件共计428笔，较2018年微降2.5%。2019年国内货币政策仍然坚持去杠杆、防风险的基调，房企融资环境未见宽松。与此同时，全球经济面临增速放缓压力，各国家及地区政府债券收益率下降，低收益环境下房地产的保值和增值功能使其继续受到各类战略和财务投资者的关注。

展望2020年，房地产市场将继续由总量扩张向结构分化过渡。突如其来的新冠肺炎疫情对房地产行业产生了较大影响，行业内的市场参与主体也将持续震荡和整合，行业的集中度有望继续提升。流动性承压的部分房企将会面临出售核心资产，出让控股权以求生存的局面，而融资成本较低、运营实力强的大型企业将凸显其优势，有望通过收并购方式获取优质项目资源。随着房企对业务结构的持续调整，打造中长期的投资和资产管理能力将是未来获取利润增长的重中之重。此外，房地产作为资产配置的重要元素，疫情期间催生的特殊投资机会，也为各类财务投资者提供了新机遇。

1.新兴地产投资

物流地产：随着零售业数字化时代的逐渐成熟，电商平台从一、二线城市逐渐下沉至更广大的市场，更多的电商企业开始布局物流地产，完善其供应链的整体布局。市场对高品质的物流仓储设施仍然保持着大量需求。

数据中心：受到云计算服务提供商和即将到来的5G移动技术的推动，市场对数据中心的需求巨大，且远未达到供需平衡。《2020年亚太房地产市场新兴趋势报告》指出，数据中心是2019年最受欢迎的另类资产板块，且投资热度在2020年有望继续提升。

养老地产：中国老龄化人口的增长为养老地产市场带来巨大的需求潜力。养老地产与数据中心同属于偏重运营的另类资产投资，只有产业链上各投资者发挥自身的优势，地产商开发建设好项目，运营商提供专业护理和康复服务，保险机构提供资金支持以及养老保险服务，实现资源整合及共享，才能逐步走向成熟的产业化运作模式。

2.新冠肺炎疫情的挑战催使房地产行业出现新机遇

新冠肺炎疫情对房地产行业产生了较大影响，根据国家统计局发布的数据，2020年1—2月全国房地产开发投资额较2019年同期下降16%，商品房销售额较去年同期下降36%。

酒店和大型商场是疫情下受到最直接冲击的商业物业，部分地产商采用租金减免和优惠的方式帮助零售租户渡过难关，各地也分别出台了金融和财政等救助措施。办公物业的租金和售价短期也将受到影响，原本有扩张意向的企业开始谨慎考虑扩张决策。此次疫情突显了物流行业的重要地位，作为支撑物流高效运转的现代化物流仓储设施势必受到投资者青睐。在家办公模式、各类在线教学、远程问诊及线上交易广泛开展的背后都少不了数据中心的技术支持和安全保障，可以预期未来对数据中心的地产载体投资将进一步增加。

3.行业展望及投资热点

（1）行业洞察

2019年，房地产行业整体增速放缓，银保监会等部门出台收紧房地产贷款的通知文件，外部融资成本的增加使不少中小型房企面临资金短缺、生存压力增大的问题。部分房企被迫战略收缩，出售资产寻求生存；部分房企资金链断裂，宣告破产。

激进的多元化投资、冒进新市场，尤其是低线城市高价拿地等都是导致房企出现困局的原因。一些已进入长租公寓或共享办公领域的房企，由于未找到契合企业自身情况的盈利模式，亏损逐年扩大，只能出售资产回收资金，回归地产开发业务。一、二线城市土地供应紧张成为开发中的一大挑战，越来越多的房企开始通过并购获得项目资源，城市更新已经成为新主题。打造中长期的投资和资产管理能力将是房企未来获取利润增长的重点。

（2）投资热点

遭遇资金压力和经营困局的中小房企将通过处置资产、回笼资金以投资利润点更高的领域。出现更多的大型房企对中小房企的收并购交易，大型房企得以进一步提升其规模和行业地位，强者恒强，房地产行业的集中度将有所提升。虽然房企在多元化发展的过程中已有不少教训，但仍在不断探索与金融、养老、教育、旅游、医疗等领域融合的机会。可以预见，未来通过并购寻求资源整合的房企跨界并购仍将继续。城市更新正成为商办类投资的热点，收购–改造修复–退出的模式为具备改建能力的房地产投资者带来可观的利润。产业升级、环境保护、贸易摩擦等各种因素促使部分制造业搬离一、二线城市或向东南亚地区转移，而其中也蕴含着巨大的腾笼换鸟的机遇。更多房企加快物业增值服务的发展，提升自己的资管能力。投资参股运营商或将是迈出的关键第一步。

资料来源：乾元商学院. 未来房地产发展趋势如何？（节选）［EB/OL］.（2020-04-08）. http: //www.qianyuanbs.com/a/wlfdcfzqsrh--sdhw-.html.

6.1 房地产投资概述

6.1.1 房地产投资概念

投资指的是特定经济主体为了在未来可预见的时期内获得收益或是资金增值，在一定时期内向一定领域的标的物投放足够数额的资金或实物的货币等价物的经济行为。投资可分为实物投资、资本投资和证券投资。资本投资是以货币投入企业，通过生产经营活动取得一定利润。证券投资是以货币购买企业发行的股票和公司债券，间接参与企业的利润分配。所谓房地产投资，是指资本所有者将其资本投入房地产业，以期在将来获取预期收益的一种经济活动。房地产投资所涉及的领域有土地开发、旧城改造、房屋建设、房地产经营、物业管理及置业等。

6.1.2　房地产投资特点

（1）房地产投资的回收期长

房地产投资的实际操作，就是房地产整个开发过程。对每一个房地产投资项目而言，它的开发阶段一直会持续到项目结束，投入和使用的建设开发期是相当漫长的。房地产投资过程中要经过许多环节，从土地所有权或使用权的获得、建筑物的建造，一直到建筑物的投入使用，最终收回全部投资资金需要相当长的时间。房地产投资的资金回收期长，原因如下：

①因为房地产投资不是一个简单的购买过程，它要受到房地产市场各个组成部分的制约，如受到土地投资市场、综合开发市场、建筑施工市场、房产市场的限制，特别是房屋的建筑安装工程期较长。投资者把资金投入房地产市场，往往要经过这几个市场的多次完整的流动才能获得利润。

②由于房地产市场本身是一个相当复杂的市场，其复杂性是单个投资者在短期内无法应付的。所以，一般投资者必须聘请专业人员进行辅助工作，才能完成交易。这样，又会增加一定的时间。

③如果房地产投资的部分回收是通过收取房地产租金实现的话，由于租金回收的时间较长，这样更会延长整个房地产投资回收期。

（2）房地产投资的高风险性

由于房地产投资占用资金多，资金周转期又长，而市场是瞬息万变的，因此投资的风险因素也将增多。加上房地产资产的低流动性，不能轻易脱手，一旦投资失误，房屋空置，资金不能按期收回，那么企业就会陷于被动，甚至债息负担沉重，导致破产倒闭。

（3）房地产投资的强环境约束性

建筑物是一个城市的构成部分，又具有不可移动性。因此，在一个城市中客观上要求有一个统一的规划和布局。城市的功能分区，建筑物的密度和高度，城市的生态环境等都构成外在的制约因素。房地产投资必须服从城市规划、土地规划、生态环境规划的要求，把微观经济效益和宏观经济效益、环境效益统一起来，只有这样，才能取得良好的投资效益。

（4）房地产投资的低流动性

房地产投资成本高，房地产交易通常要一个月甚至更长的时间才能完成；而且投资者一旦将资金投入房地产买卖中，其资金很难在短期内变现，因此房地产资金的流动性和灵活性都较低。当然，房地产投资也具有既耐久又能保值的优点。房地产商品一旦在房地产管理部门将产权登记入册，获取相应的产权凭证后，即得到了法律上的认可和保护，其耐久保值性能要高于其他投资对象。

6.1.3　房地产投资的影响因素

影响房地产投资的因素较多，其中主要因素有经济因素、社会因素、政治和行政因素、政策法规因素和技术因素等。

（1）经济因素

影响房地产投资的经济因素往往是比较直接的，例如，经济发展状况、居民储蓄、消费水平、财政收支及金融状况、居民收入水平等，它们都影响着房地产投资者的决策结论：是否投资、投资何种类型的房地产以及投资的规模等。

（2）社会因素

影响房地产投资的社会因素主要有社会秩序、城市化水平、人口水平、人均收入水平等。社会秩序包括当地社会的稳定性、安全性，当地居民对本地经济发展的参与感，对外来经济实力的认同感等。一个地区社会秩序好，就会优化投资环境，特别是房地产的投资环境。城市化发展意味着人口向城市地区集中，会造成城市房地产的需求不断增加，从而带动房地产投资增加。人口的不断增长，会增加对房地产的需求，使得房地产价格上扬，进而刺激房地产投资，如此良性循环。

（3）政治和行政因素

影响房地产投资的政治和行政因素主要有政治局势、行政隶属变更、城市发展战略和城市规划等。一个国家或者某一地区政治环境稳定，相应的经济策略就会可持续利于经济发展，吸引众多国内外投资者投资于房地产行业，促进房地产业的发展。如果出现行政隶属变更，例如，将某个非建制镇升级为建制镇，或将某个地区由县级市升级为地级市，势必会促使该地区的房地产价格上涨，从而促进房地产投资。城市发展战略、城市规划、土地利用规划等对房地产投资都有很大的影响，特别是城市规划对房地产用途、建筑高度、容积率等的规定对房地产投资的影响非常大。

（4）政策法规因素

影响房地产投资的政策因素主要有房地产政策、金融政策、税收政策；法规因素主要是指与房地产相关的法律法规。房地产政策的变化直接影响到房地产投资的政策保障度、市场变化、运作模式等。由于房地产投资的资金来源很大比例来自贷款，如果金融政策出现变动，特别是存贷利率的变动，将会对房地产投资收益有非常重要的影响。而房地产的税收政策是否合理，直接关系到房地产投资收益的高低。至于法规方面，影响因素主要是土地和房地产以及投资的相关法律的完整性、法制的稳定性和执法的公正性。完整性是指投资项目所依赖的法律条文的覆盖面，稳定性是指法规是否变动频繁，公正性是指法律纠纷争议仲裁过程中的客观性。法规的完整与否，决定对房地产投资是否有促进作用。

（5）技术因素

影响房地产投资的技术因素主要包括施工技术、房屋装修技术等。一流的施工技术能够保证房地产物质实体的质量，有利于房地产投资的长远发展。同时，房屋的装修技术也是房地产价值增值的有效影响因素。

6.2 房地产投资决策

6.2.1 房地产投资决策概念

房地产经济活动，是一个大量资金运动的过程，一旦做出投资决定，资金的投入就是一个难以逆转的持续过程。投资决策准确，是确保整个开发项目成功的关键。反之，投资决策失误，就会导致重大损失。因此，慎重地进行决策，是房地产开发经营的必要前提。所谓房地产投资决策，是指对拟建房地产投资项目的必要性和可行性进行技术经济分析，对可以达到目标的不同方案进行比较和评价，并做出判断，选择某一方案的过程。

6.2.2 房地产投资决策程序

房地产投资决策过程是指在房地产投资决策中，提出问题、分析问题和解决问题的过程。其一般程序包括分析问题、设计方案、评价方案、实施方案、方案调整和反馈的过程。

（1）调查研究提出房地产投资项目

市场调查尤为重要，它是房地产项目投资决策的前提和基础。这一阶段的关键在于明确问题，包括：希望解决的问题是什么？它的关键因素是什么？必须在什么时间解决它？为什么要解决这一问题？为解决这一问题愿意付出多大代价？在发现问题的过程中，可以使用关键因素分析技术。关键因素即在做出任何行动之前，必须改变、转移和消除的因素。通过发现这一关键因素，我们通常可以透过问题的表象把握真正的问题所在。确定决策的时机也是十分重要的，无论是先于或滞后于决策能产生实效的时机，都无法实现有效的决策。

（2）确定房地产投资决策目标

合理的目标是合理决策的前提。决策目标的形成，目标的大小、层次及决策者对目标的认识都会影响决策的顺利进行。决策目标是由调查研究阶段中所要解决的问题决定的。在目标确定过程中，首先必须把要解决问题的性质、结构、症结及其原因分析清楚，然后才能有针对性地确定合理的决策目标。决策目标必须十分明确，目标过分抽象或模棱两可、含糊不清，决策将无所遵循，决策目标的实现程度也难以衡量。合理的决策目标应该是可以衡量其成果、规定其时间和确定其责任的。另外，决策目标往往不止一个，而且多个目标之间有时还会有矛盾，这就给决策带来了一定的困难，所以，要处理好多个目标的问题。

（3）找出所有可行方案

根据房地产投资目标和有关的信息情报，拟订可行方案，并要求整体详尽性和相互排斥性相结合，以避免方案选择过程中的偏差。整体详尽性指拟订的各种备选方案应尽量包括所有可能找到的方案，因为方案的数量越多、质量越好，选择的余地就越大。相互排斥性指在不同方案中只能选用一个方案。分析者对于最有潜力的方案，应依照下列原则进行检查：主要分析工作应致力于最有效的几个方案；用在分析上的总费用不可超过它的预期收益。在拟订备选方案的过程中，还应考虑可能出现的意外变动，并对主要的参数及可能出现的误差和变动进行预测性分析。

（4）确立衡量房地产投资效益的标准

确立衡量房地产投资效益的标准，测算每个方案的预期结果，衡量效益的标准决定了最后的分析结果。但这一标准很大程度上取决于决策者的主观判断。在不同的决策者之间，最佳方案的选择很可能因衡量效益的标准不同而不同。通常可以通过成本与收益来衡量方案效益。成本是方案实施过程中所需消耗的资源，如资金、人员、设备等。收益则是由某些行动的结果而产生的价值。在决定选择方案的整体价值时，成本与收益都要考虑。确立了各种可行方案的效益衡量标准后，就可据以对每个方案的预期结果进行测量，以供方案评价和选择之用。

（5）房地产投资方案评估及方案选择

方案评估就是根据确立的决策目标所提出的各种可行方案以及衡量效益的标准、预期的结果等，分别对各方案进行衡量。方案选择则是就每一方案的结果进行比较，选出最可能实现决策预期目标或期望收益最大的方案，作为初步最佳方案。方案评估的标准包括方案的作用、效果、利益、意义等，应具有技术可能性和经济合理性。选择方案的方法通常有经验判断法、数学分析法和试验法三种。经验判断法是依靠决策者的经验进行判断的，常用的有淘汰法、排队法、归类法等。数学分析法是应用决策论的定量化方法进行方案选择的，常用的有概率法、效用法、期望值法、决策树等。试验法，则是在管理决策中，特别是新方法的采用、新工艺的试验中所采用的一种选择方法，可视为正式决策前的试验。

（6）实施房地产投资决策方案

方案的实施是决策过程中至关重要的一步，在方案选定以后，就可制定实施方案的具体措施和政策。

（7）追踪调查方案实施，保证目标的实现程度

执行一个大规模的决策方案通常需要较长的时间，在这段时间中，情况可能会发生变化。而初步分析只产生对于该问题的一个初步估计。因此，在进行方案计划的设置及解决不确定性问题时，方案应不断加以调整和完善。同样，任何连续性活动过程由于涉及多阶段控制，定期的分析也是必要的。这是在变动的环境中获取最优结果的唯一途径。另外，由于外部环境和内部条件的不断变动，也需要通过不断修正方案来消除不确定性，以适应变化的情况。

6.3　房地产投资风险分析

6.3.1　风险的含义

迄今为止，还没有关于风险的公认的标准化定义。对风险的理解，存在以下几种观点。

（1）风险是损失的可能性

当个人、团体或社会面临某种损失的可能性时，这种可能性及引起损失的状态被称作风险。风险的这种含义强调了风险的存在与否，而忽视了风险的预测和衡量。

（2）风险是损失的概率

从概率论的角度，将风险理解为损失出现的概率，即损失在一定时间或范围内发生的相对可能性。损失发生的概率只可能在 0~1 波动，损失的概率越接近 1，表明风险出现的可能性越大；损失的概率越接近 0，表明风险出现的可能性越小。风险的这一含义不仅表明在某一确定的范围内损失将会出现，而且还表明风险是能够被测度和衡量的。可见，损失的可能性强调了对损失是否存在的定性分析，而损失的概率则强调了对损失可能性的定量分析。

（3）风险是潜在损失

潜在损失是可能发生但尚未发生甚至永远也不会发生的损失。潜在损失与损失的可能性不同，前者侧重于损失的非预期性，后者则强调损失的存在性。

（4）风险是潜在损失的变化范围与幅度

风险的这种含义与风险损失出现的概率这一含义相近，可以测定和衡量风险的大小，并且这一含义更为实用。潜在损失的幅度这一含义指在对大量风险指标分析的基础上，分析和确定出某种损失出现的大致幅度和范围，这对风险的处置非常重要。

总结以上各种观点可以得出如下总结：风险的含义包括两个方面，一是事件发生的可能性，二是事件发生所产生的后果。

6.3.2 房地产投资风险的概念与特点

众所周知，开发经营房地产业能为投资者带来丰厚的收益，这像磁石一样强烈地吸引着广大投资者。但是房地产投资是一项极为复杂而又充满风险的经济活动，在为投资者带来较高经济收益的同时，也有可能使投资者遭受风险而导致损失甚至破产。实践证明：任何一个投资项目在其投资过程中，收益总是与风险结伴而行的，风险越大则收益越大，风险越小则收益越小。这就证实了投资学中的一条重要原则，即风险报酬原则。

房地产投资风险是指由于开发房地产而造成损失的可能性。这种损失包括投入资本的损失和预期收入未达到的损失。

房地产开发投资风险具有以下特点：

（1）客观性

它指房地产开发风险是客观存在的，不以个人的意志为转移。

（2）不确定性

它指风险是难以预知的。客观条件不断变化导致不确定性是风险的客观体现，不确定性是风险的最主要的特征。

（3）多样性

由于房地产具有投资品和消费品的二元性、消费与生产的双重性，房地产投资的不确定因素要比其他投资工具多。而且房地产投资的整个过程涉及社会、经济、技术等各个方面，因而易受各种因素波动的影响，不同因素导致的风险也就多种多样。

（4）潜在性

它是指风险潜藏于房地产开发中的某些确定事物中间，并通过它们的发生而起作用。但这并不是说风险是不可认识的，人们可以根据以往发生的类似事件的统计资料，经过分析，对某种风险发生的概率及其所造成的经济损失程度做出客观判断。

（5）投资双重性

风险对开发收益并不仅仅只有负面影响。若能正确认识并充分利用风险，它也可使收益有大幅增加。比如开发一个房地产项目，若预期收益很大，那么风险必定大，如果形势不好，极有可能发生亏损，但若进行科学决策并顶着风险上，形势转化为有利时，收益必定会大大增加。

（6）可测性

不确定是风险的本质，但人们可以分析以往发生的类似事件的统计资料，对某种投资风险发生的概率及其造成的经济损失做出主观上的判断，从而对可能发生的风险进行预测和度量。

（7）相关性

它是指投资者面临的风险与其投资行为及决策是紧密相连的。决策正确与否，直接影响投资者面临的风险及其程度。

6.3.3　房地产投资风险的类型

（1）经营风险

经营风险是指房地产商品在生产、销售和经营管理中可能出现的风险，主要包括房地产商品的生产过程、售价、租金和空置率的不确定性带来的风险。

（2）财务风险

财务风险的实质是由于投资者负债经营而产生的不能履行债务义务或不能及时获得贷款的风险。房地产投资额通常比较大，常常需要向银行贷款或通过其他渠道集资，由于房地产变现能力差，一旦无法筹集到资金或无法保证按期还本付息，则开发企业就会面临资金短缺、入不敷出的风险，陷入财务困境。

（3）市场风险

市场风险是指市场中不确定因素所产生的风险，房地产市场是周期波动的，在一个较长的开发期内，房地产供给状况、市场价格水平、消费者收入、市场发育程度和竞争状况等是不断发生变化的。这些变化导致房地产投资市场风险，市场风险直接影响对房地产的需求，并影响房地产投资收益的实现。

（4）通货膨胀风险

通货膨胀风险是指物价水平上升致使投资者未来收益减少而形成的风险，其高低与通货膨胀率的大小密切相关。

（5）变现风险

变现风险是指急于将商品兑换为现金时，由于折价而导致资金损失的风险。房地产作为不动产，销售过程复杂，投资变现性差，很容易遭受此风险。

（6）利率风险

调整利率是国家对经济进行宏观调控的主要手段之一。利率的波动会引起房地产价值的变化，利率提高还有可能抑制对房地产的需求，导致房地产价格下降，甚至使投资者陷入资金短缺的困境。

（7）政策性风险

政策性风险是指影响房地产投资的社会、经济、政治等政策因素变化所带来的风险。由于房地产商品既是生产资料又是生活资料，与整个社会生产关系十分紧密，国家或地方政府通常对房地产实行直接、有效的管理，并建立完善的政策法规和管理体制，政策发生变化会给房地产投资带来很大影响。

【知识链接6-1】

疫情下房地产企业面临的衍生风险及战"疫"策略

1. 疫情对房地产行业的冲击

受疫情影响，全国多地土地拍卖暂缓、建筑工地停工、线下售楼处关闭。克而瑞2020年3月初发布的地产百强业绩数据显示，2020年1—2月累计销售业绩规模较上年同期降低近23.8%；2月中旬克而瑞监测数据显示春节后一周（1月31日—2月6日）88个城市成交面积同比上年春节后一周暴跌95%，克而瑞监测数据显示2月全国300个城市土地成交规模同比下降34%，预计一季度房地产开发投资、销售、开工及竣工均受到一定程度影响，2020年一季度小阳春可能难及预期。

2. 疫情下房地产行业面临的衍生风险

（1）短期：快速业务重建

面对被疫情影响甚至中断的重要业务，房企应全面梳理疫情下面临的衍生风险及受疫情影响严重甚至被中断的业务场景，对疫情下衍生的风险及被影响甚至中断的重要业务场景进行全面排查与识别，建立应急方案，使疫情对业务的中断及负面影响降到最低。

（2）中期：加强业务精细化管控

本次疫情所带来的风险，将会在一定时间内持续对企业业务经营带来影响，且可能暴露了日常经营中的薄弱环节。企业应在快速重建基础上，梳理疫情对各业务环境的影响，进一步加强各领域精细化管控。

3. 后疫情时期的转型升级思考

尽管疫情在短期内对地产企业带来一定的冲击和调整，但从长远看却有可能进一步助推企业在产品和科技方面加快其智能化升级转型，并对整个产业链的布局产生深远的影响，企业应当在未来的发展战略上及早做出研判和布局。我们观察到市场上主要有以下几方面转型方向：

产品升级：多家地产企业在本次疫情期间对客户需求进行调查和研究，结果显示，在经历"宅家抗疫"之后，消费者将更加关注产品的绿色、健康、科技元素。房企应及时发掘消费者的需求变化，提升产品竞争力。挖掘客户对于绿色健康、安全舒适、智能化等方面的产品需求，优化产品结构及功能设计，更新产品线及相关配置，完善产品结构及功能升级，提升产品竞争力。

品牌升级：疫情使众多房企重新审视及提升社区配套服务的产品增值能力。疫情防控期间，社区管理的应急事件响应及处理能力，社区安全保障管理，上述AI智能化疫情防控手段的应用，"最后一公里"的物业服务价值体现，进一步影响客户对产品品牌的认可度和忠诚度，从而进一步影响潜在购房者的购房决策。

技术升级：规模性房企具有普遍辐射城市广、项目数量多、业务端口系统繁杂、数据体量大且多样的特点。本次疫情的突发，也是对企业数字化基础的一次大考验，加速了企业数字化建设进程。我们建议企业未来可进一步考虑大数据、人工智能、物联网等技术在运营及管控中的应用，包括建设及普及智慧工地及智慧社区，如利用数字化工地管控平台，搭建"智能施工人员管理""智能设备监控""智能环境监测""智能监理"等智慧工地业务场景，实现更安全、高效、精细化工程管理；深化科技在社区的应用，为业主提供绿色、安全、高效的智能化物业服务。

组织及人才配套升级：根据大数据统计，房地产企业近两年随着项目增长率日趋平稳，大多企业也开始实行"组织调整，人才优化"政策，对岗位编制、组织架构进行重新审视，提升人均效能。本次疫情的发生，更加暴露了组织架构中冗余臃肿的部分，随着房地产行业跨界发展（互联网+）、产品趋势变化（智慧家居、智慧社区等），房企对复合型、专业型人才的需求暴增，而行业复合型人才结构性稀缺，组织结构及人才梯队的配套培养与升级，亦是未来的主要趋势之一。

短期内，房地产企业无疑将面临重重挑战，但危机中往往潜藏着机遇，企业在应对危机的同时将重新审视和提升抗风险能力，并有机会从中进一步探索企业未来的发展方向。我们预期，本次危机将进一步加速地产行业洗牌，推动科技赋能行业转型升级。深谋远虑的企业应抓住机遇，因势利导、趁势而上推动运营管理能力升级和科技技术升级，为企业实现长期高质量增长夯实基础。我们相信，随着疫情得到控制，楼市将回归平稳运行态势，而成功战"疫"的企业也将更加稳健与优质。

资料来源：普华永道中国. 疫情下房地产企业面临的衍生风险及战"疫"策略（节选）［EB/OL］.
（2020-03-20）. http://www.ctaxnews.com.cn/2020-03/20/content_962492.html.

6.3.4 房地产投资风险识别

风险识别是在风险发生之前，对投资开发经营阶段存在的风险及产生的原因做出判断。在房地产开发过程中，许多风险具有较强的隐蔽性，各种风险往往交织在一起，引起风险的原因更是错综复杂，这就给风险识别带来了一定的困难。因此，风险识别必须采用科学的方法，而不能凭主观臆断进行猜测。风险识别的方法很多，在房地产开发中常用的有专家调查法、分解法、流程图分析法、环境分析法、故障树法和市场调查法等。

（1）专家调查法

这是一种主要以专家为对象、利用专家知识和经验进行风险识别的方法。不同领域的专家运用深厚的专业理论知识和丰富的实践经验，找出投资开发经营过程中的各种潜在风险并分析其原因。它是近年来在国内外比较广泛使用的一种方法，该方法的优点是在缺乏足够统计数据和原始资料的情况下，可以做出较为精确的估计。

在专家调查法中，头脑风暴法和德尔菲法是两种十分常用且有效的方法。

①头脑风暴法是一种刺激创造性、产生新思想的技术。该方法是根据风险识别的目的和要求，邀请有关专家（一般为五六人，多则十几人），通过会议形式，由组织者提出问题，促使与会专家畅所欲言，相互启发，最后综合专家意见，做出判断，可得出房地产开发经营面临的风险。本方法比较适合问题单纯、目的明确的风险识别。如果问题涉及面广，包含因素太多，则应首先对其进行分析和分解，然后再采用此方法。本方法的优点是能较快集中专家意见，得出风险识别的结论。缺点是心理因素影响较大，有人碍于面子不愿意改变自己已经发表过的意见，讨论易受权威人士或大多数人意见左右。

②德尔菲法采用函询即向有关专家（人数20~50人，来自不同专业）提出问题，而后将他们的意见予以综合、整理、归纳、匿名反馈给各专家，再次征求意见，然后再加以综合、整理、归纳、再反馈，这样反复多次，得到一个渐趋一致且较可靠的意见。德尔菲法避免了头脑风暴法的某些缺点，特别适合影响因素多、情况比较复杂的风险识别，所以德尔菲法在现实中得到了广泛的应用。

（2）分解法

分解法是指利用分解原则将复杂的事物分解成比较简单的容易被认识的事物的分析方法。例如，在进行一项物业开发时，房地产投资分析人员就要根据该投资项目的特点，外界的环境、条件，市场投资人的实力等情况将总风险分解为经营风险、政策风险、财务风险、法律风险等，然后再把风险细分，直到容易判断、确定风险为止。分解法的不足在于它的主观性比较强，主要依赖于投资分析人员的主观经验。

（3）流程图分析法

流程图分析法是一种识别投资项目所面临潜在风险的动态分析法。使用本方法时，首先应根据所准备开发项目的情况，建立反映本项目开发经营过程的流程图。而后通过对流程图的分析，有效地揭示本项目开发经营过程中的"瓶颈"分布及其影响，找出影响全局的"瓶颈"，并识别可能存在的风险。在进行风险识别时，可根据特定需要建立流程图，而后对每个环节、每个过程进行分析，以达到识别开发过程中所有风险的目的。

（4）环境分析法

环境分析法是一种识别某一特定风险的方法，也就是详细分析外部环境对内在风险的影响。房地产投资者的风险分析结构，即识别有关环境的四个组成部分如下：

①购房者或承租者；

②建筑承包商；

③市场竞争者；

④有关政府部门。

在分析各部分时，重点是考虑它们与投资风险相关联的特性。外部环境因素及其变化是房地产开发公司内部风险产生的主要原因之一。这是环境分析法所要特别提醒投资风险分析、管理人员注意的重要内容。

（5）故障树法

故障树法是分析问题原因广泛使用的一种方法，其原理就是将复杂的事物分解成比较简单、容易被认识的事物。具体做法就是利用图解形式将大的故障分解成各种小的故障，或对各种引起故障的原因进行分解、细化。在房地产风险分析中就是通过设置故障树的方式将可能引起风险的各种因素以树状表示出来，将产生风险的原因进行一层又一层的分析，然后逐个排除，最后确定产生风险的原因。

（6）市场调查法

通过市场调查法可以收集的信息包括社会经济状况、人口增长率、消费者态度、消费动机、消费能力和水平等。市场调查法要求收集的信息资料准确、可靠、有代表性，因此，在使用市场调查法时，要设计出合适的调查方式和手段。

6.3.5　房地产投资风险的防范策略

房地产投资主体在识别和分析了投资风险之后，就要对所面临的风险问题寻求有效的方法进行防范和处理。常用的策略有以下几种：

（1）投资分散策略

房地产投资分散是通过开发结构的分散，达到减少风险的目的，其做法一般如下：

①投资区域分散。房地产商品的特点决定了房地产带有浓厚的区域性特点，由于各个地区的经济政策、投资政策、市场条件和资金供求各不相同，对房地产收益的影响也就各不相同，因而将房地产投资分散到不同的区域，可以避免某一特定地区经济不景气对房地产经营的影响，从而达到降低房地产风险的目的。

②投资时间分散。确定一个合理的房地产投资时间间隔，将房地产买、卖分开，以避免因市场变化带来的损失。

③投资种类分散。房地产投资虽然会有风险，但并不是所有的房地产投资都会遭受损失，而且各种房地产投资的风险大小不一，可能得到的收益也不一样。将房地产投资的种类分散化，可以降低房地产投资者的整体风险。

（2）保险策略

房地产保险业务主要指设计、营建、销售、消费和服务等环节中的房屋以其相关利益和责任为保险标的的保险。对于房地产投资者来说，购买保险是十分必要的，它是转移或降低风险的主要途径之一。房地产投资风险可以通过购买相应的保险将可保风险转移给保险公司。

（3）联合策略

联合策略就是组织多个房地产经营者联合起来，共同对某项房地产项目进行投资。它要求联合者共同对开发项目进行投资，这样就能实现利益共享、风险共担，充分调动投资各方的积极性，最大限度发挥各自的优势，从而减轻独自经营该项目的风险。

6.4　房地产投资可行性研究

可行性研究是随着技术、经济和管理科学的发展而产生并日益完善、日趋成熟起来的一门综合性科学。早在20世纪30年代，美国在开发田纳西流域时就把可行性研究列入流域的开发程序，成为项目开发的重要阶段。可行性研究促使项目开发顺利进行，对提高项目的投资效益，优化项目开发方案，起到了重要作用。此后，经过数十年的发展，尤其是伴随着应用计算技术的发展和电子计算机的发展，可行性研究已渗透到许多领域，成为世界各国项目投资前期的重要工作内容。我国实现经济体制改革开放后，国家相应出台有关文件要求投资项目实行可行性研究。至此，可行性研究便作为我国投资项目建设前期不可缺少的环节。由于历史原因，我国房地产投资活动起步较晚，初期房地产市场不正规，有些房地产投资决策靠"拍脑门"，也有许多投资者靠"投机"行为获取暴利，而没有对可行性研究引起重视，结果损失惨重。进入20世纪90年代后期，随着房地产投资环境逐渐趋于成熟，房地产法规的完善和市场行为的规范，对未来的投资者来讲，即将面临的是一个完备的房地产市场体系和一个公平、公正、公开的竞争环境，房地产投资可行性研究环节就显得更为重要。

房地产投资可行性研究是指在投资决策前，对与房地产项目有关的市场、资源、工程技术、经济、社会等方面问题进行全面的分析、论证和评价，从而判断项目技术上是否可行、经济上是否合理，并对多个方案进行优选的科学方法。它是项目投资决策中一项重要的工作内容。

6.4.1 房地产投资可行性研究的必要性

（1）保证投资决策的科学性和合理性

房地产投资项目投资数额巨大，几百万、几千万甚至上亿元，而且房地产开发项目投资建设周期长、牵涉面广、所含工程项目多，靠盲目投资、"投机"行为是不可能达到预期经济效益的，只能给投资者带来无法挽回的巨大损失，这是任何投资者都不希望发生的。特别是目前房地产企业处于强烈的市场竞争中，要在竞争中求生存求发展，只有对投资项目进行详细的市场预测、成本分析和效益计算，才能对项目所面临的主要技术经济问题进行全面评价和分析，才能使投资决策建立在科学合理的基础上，使项目具有一定的可行性。可以这么说，房地产开发项目成功与否，在相当大的程度上取决于可行性研究的成功与否。

（2）保证投资方案的优化

任何一个项目投资，都会存在众多可供选择的方案，如房地产开发项目小区规划设计中，会存在几种可行方案。不同方案的实施，将会带来不同的经济效益。只有通过可行性研究，进行方案的具体情况分析、效益的比较和选择，才能尽可能选择最佳方案，使投资获得最大经济效益。开发方案选择的正确与否，几乎完全依赖于可行性研究成果的正确与否。

（3）保证项目投资的有序性

房地产项目投资的可行性研究过程，实质上就是对项目的实施进行周密安排的过程。尤其是围绕项目开发进度所进行的资源配置、资金筹措、现金流量、还贷能力等一系列分析研究，可初步确定项目开发建设过程中各阶段的资金供给与资金使用、原材料和设备的供应、配套工程实施步骤等，使整个项目的实施有条不紊地进行，以达到预期目的。

6.4.2 房地产投资项目可行性研究的主要步骤

房地产投资项目可行性研究活动是一项系统工程，要按照一定的步骤进行。其主要包括以下步骤：

（1）筹划

筹划是可行性研究开始前的准备工作，也是关键环节，具体包括：提出项目开发设想；委托研究单位，或组建研究机构；筹集研究经费；承担研究课题的部门则要摸清项目研究的意图，项目提出的背景；研究项目的界限、范围、内容和要求；收集该研究课题的主要依据材料；制订研究计划。

筹划阶段最重要的工作是组建队伍。组建一支精明强干、工作责任心强、业务能力强、专业知识搭配合理的研究队伍是决定研究成果水平高低的关键。一般来讲，房地产投资项目可行性研究的研究班子应由熟悉房地产经济的经济师主持，包括了解房地产市场状况的专家、熟悉房地产开发与建设的工程技术人员、熟悉房地产经济运行机制的财务分析专家以及熟悉城市规划及规划管理的专家。有条件的投资商，也可委托房地产咨询公司、房地产投资项目研究机构等来承担。

（2）调研

调查研究是房地产项目可行性研究开始后第一步要做的工作，也是基础工作。只有调查研究所收集的资料全面、及时、准确，才能使所做出的可行性研究报告翔实可信。调查研究主要从以下两方面进行：

①内业资料的调查研究，即收集各类有关资料。内业资料包括有关房地产投资的方针政策、委托单位设想说明；各种有关资源报告；有关城市规划；有关地理、气象、交通、经济发展、售价及房地产市场需求等技术经济资料。

②现场实地的调查研究，即开发区域的实地自然、经济、技术方面的调查和市场研究。

（3）优化及选择开发方案

优化及选择开发方案是可行性研究的主要步骤。房地产开发项目的开发方案主要是项目的规划及开发进度安排。为了便于进行优化及选择，一般都应同时提出多种方案，再进行方案评选，仅由承担可行性研究的部门或规划部门独家提出规划方案的做法，谈不上方案的选择及优化，是不可取的做法。许多地区，这一步骤是采取方案征集或方案投标的方式进行，同时由多个专业单位或专业人员进行规划设计。评选小组再组织方案的评选，通过对方案技术、经济方面的比较，从而选出最优方案。

（4）详细研究

由于房地产投资项目的盈亏关系到企业的成败，因而对优选方案的决策必须慎重对待，进行详细研究。详细研究阶段是对方案优选阶段的验证和继续。在这一阶段，要用多种技术经济方法，对优选出的方案进行财务分析、经济效益分析、社会效益分析和环境效益分析，还要进行敏感性分析，表明在成本、价格、工期等不确定因素发生变化时，对项目经济效益产生的影响。

（5）编写报告书

在对项目进行了全面、详细的分析研究之后，便可编制可行性研究报告。可行性研究报告是投资项目可行性研究成果的最终体现，对该项目投资决策成功与否关系极大。房地产综合开发项目可行性研究报告书必须附有一些主要的原始资料，如开发规划平面图、经济效益计算书、开发成本计算表等。在报告书中还要提出项目开发的资金筹措方案，即对开发资金来源、筹措方式及偿还方式、资金筹措成本及风险进行分析；对项目投资的经济效益、社会效益及环境效益做出全面评价。

经有关主管部门审批的可行性研究报告，可作为房地产开发项目编制设计任务书和投资决策的依据，筹集开发建设资金的依据，与有关部门签订合同的依据，以及编制初步设计和项目建设准备工作的依据。

6.4.3 房地产投资项目可行性研究的编制依据

一个拟建项目的可行性研究，必须在国家有关的规划、政策、法规的指导下完成，同时，还必须有相应的各种技术资料。

进行可行性研究工作的主要依据如下：

（1）国家经济和社会发展的长期规划，部门与地区规划，经济建设的指导方针、任务、产业政策、投资政策和技术经济政策以及国家和地方法规等；

（2）经过批准的项目建议书和在项目建议书批准后签订的意向性协议等；

（3）由国家批准的资源报告有国土开发整治规划、区域规划和工业基地规划，对于交通运输项目建设要有相关的江河流域规划与路网规划等；

（4）国家进出口贸易政策和关税政策；

（5）当地的拟建厂址的自然、经济、社会等基础资料；

（6）有关国家、地区和行业的工程技术、经济方面的法令、法规、标准定额资料等；

（7）由国家颁布的建设项目可行性研究及经济评价的有关规定；

（8）包含各种市场信息的市场调研报告。

6.4.4 房地产投资项目可行性研究的阶段

可行性研究的根本目的是实现项目决策的科学化、民主化，减少或避免投资决策的失误，提高项目开发建设的经济、社会和环境效益。根据可行性研究编制的精确度不同将可行性研究分为四个阶段：投资机会研究、初步可行性研究、详细可行性研究和项目评估与决策。

（1）投资机会研究

投资机会研究也称投资机会鉴别，是指为寻求有价值的投资机会，对项目的有关背景、资源条件、市场状况等进行的初步调查研究和分析预测。机会研究一般与规划研究同步进行，以机会研究结果为基础，可以设立备选项目库，进行项目储备，供今后制订投资计划和开展投资项目可行性研究使用。初步可行性研究阶段投资估算的精度可达±30%，所需费用占总投资的0.2%~0.8%。

（2）初步可行性研究

初步可行性研究亦称"预可行性研究"，是指在机会研究的基础上，进一步对项目建设的可能性与潜在效益进行论证分析。初步可行性研究阶段投资估算的精度可达±20％，所需费用占总投资的0.25％～1.5％。

（3）详细可行性研究

详细可行性研究是开发建设项目投资决策的基础，是在分析项目技术、经济可行性后做出投资与否的决策的关键步骤。这一阶段对建设投资估算的精度为±10％，小型项目所需费用占投资的1.0％～3.0％，大型复杂工程所需费用占投资的0.2％～1.0％。

（4）项目评估与决策

国家为了保证大中型项目和重要的小型项目投资的有效性，要求必须进行项目评估。在对投资项目进行详细可行性研究的基础上，从企业整体的角度对拟投资建设项目的计划、设计、实施方案进行全面的技术经济论证和评价，从而确定投资项目未来发展的前景。

这种论证和评价从正反两方面提出意见，为决策者选择项目及实施方案提供多方面的告诫，并力求客观、准确地将与项目执行有关的资源、技术、市场、财务、经济、社会等方面的数据资料和情况真实、完整地汇集并呈现于决策者面前，使其能够处于比较有利的地位，实事求是地做出正确、合理的决策，同时也为投资项目的执行和全面检查奠定良好的基础。

随着改革开放的不断深入、经济的不断发展，房地产投资逐渐成为社会经济生活的重要组成部分，而对房地产投资项目成败起关键作用的房地产投资可行性研究越来越被业内人士所重视，一项投资能否取得预期收益，只有在投资计划阶段中的可行性分析确定后，整个计划才可能付诸实施。投资者必须了解在计划评估过程中，可能会因为遭受的限制而做某些修改，因此，投资者在进行可行性分析时，并不能将其当作单纯的接受或否决的过程，它实际上还包括了重新评估与修正的功能。

拓展阅读6-1

长租公寓频频暴雷现象剖析

思政拓展与思考

2021年终盘点：坚持"房住不炒" 房地产行业探索新的发展模式

房地产行业是国民经济的重要组成部分，对生产、投资、消费都有着重要影响。同时，也和人民生活息息相关，关系到百姓安居、生活幸福。

2021年，全国各地区、各部门按照中央要求，坚持"房住不炒"的定位，持续稳地价、稳房价、稳预期，加快建立完善房地产长效机制，积极防范化解房地产潜在风险，促进了房地产市场的平稳健康发展。

（1）坚持"房住不炒"定位不动摇

党的十九大以来，党中央提出"房子是用来住的，不是用来炒的"定位，坚持不将房地产作为短期刺激经济的手段，全面落实稳地价、稳房价、稳预期的房地产长效机制，促进房地产市场平稳健康发展。

今年以来各地坚持购租并举、因城施策，促进房地产市场健康发展，成效逐步显现，部分城市房地产价格较快上涨的势头得到了抑制。从全国来看，房地产市场总体稳定，商品房销售和投资保持增长，增势有所减缓。国家统计局数据显示，今年前11个月，商品房销售面积同比增长4.8％，比1—10月份回落2.5个百分点；房地产开发投资增长 6%，比 1—10 月份回落 1.2 个百分点。

（2）租购并举，加快完善住房保障体系

加快发展保障性租赁住房是完善住房保障体系、健全租购并举住房制度的重要内容，有利于帮助大城市新市民、青年人等群体缓解住房困难，推进以人为核心的新型城镇化。当前，各地区、各部门推动发展保障性租赁住房取得初步成效，形成了一批可复制、可推广的经验。

（3）多地探索集体土地租赁住房建设

住房和城乡建设部提供的数据显示，2021 年，全国 40 个城市计划新筹集保障性租赁住房 93.6 万套，前三季度已开工 72 万套，占全年计划的 76.9%，完成投资 775 亿元。南京、无锡、宁波、佛山、长春、南宁等 6 个城市已完成年度计划。

"十四五"期间，发展保障性租赁住房仍是重点，将进一步完善住房保障体系，增加保障性住房的供给，努力实现全体人民住有所居。

展望 2022 年，不久前召开的 2021 中央经济工作会议给房地产未来发展指明了方向。下阶段，要按照中央的要求，坚持"房子是用来住的、不是用来炒的"定位，加强预期引导，探索新的发展模式，坚持租购并举，加快发展长租房市场，推进保障性住房建设，支持商品房市场更好满足购房者的合理需求，因城施策促进房地产业良性循环和健康发展，更好满足人民群众生活需要。

资料来源：凤凰网房产. 2021 年终盘点：坚持房住不炒，房地产行业探索新的发展模式. [EB/OL]. [2021-12-24]. http://k.sina.com.cn/article_2810373291_a782e4ab020028tic.html.

党的十九大报告提出"坚持房子是用来住的、不是用来炒的定位，加快建立多主体供给、多渠道保障、租购并举的住房制度，让全体人民住有所居"。这是今后一个时期我国调控房地产市场发展政策的根本指导思想，是党中央坚持人民至上的理念，在正确把握城镇住房供需矛盾规律的基础上作出的重大决策。近年来，国家在促进房地产业健康发展的同时，密切关注市场变化，因城制宜，精准施策，落实"房住不炒"精神，通过出台相关政策，引导房地产投资方向，推进保障性住房建设，让人民群众收获实实在在的幸福感和获得感。请你根据上面的新闻报道，并查阅国家和地方近年来的房地产调控政策，对比所在省市近五年来房地产投资数额和结构的变化，谈谈你的看法。

本章小结

房地产投资，是指资本所有者将其资本投入房地产业，以期在将来获取预期收益的一种经济活动。房地产投资的特点：房地产投资的长回收期、房地产投资的高风险性、房地产投资的强环境约束性、房地产投资的低流动性。影响房地产投资的因素较多，其中主要因素有经济因素、社会因素、政治和行政因素、政策法规因素和技术因素等。房地产投资决策，是指对拟建房地产投资项目的必要性和可行性进行技术经济分析，对可以达到目标的不同方案进行比较和评价，并做出判断，选择某一方案的过程。其一般程序包括分析问题、设计方案、评价方案、实施方案、方案调整和反馈的过程。房地产投资风险是指由于开发房地产而造成损失的可能性。这种损失包括投入资本的损失和预期收入未达到的损失。房地产开发投资风险具有以下特点：客观性、不确定性、多样性、潜在性、投资双重性、可测性、相关性。房地产投资风险的类型包括：经营风险、财务风险、市场风险、通货膨胀风险、变现风险、利率风险、政策性风险。在房地产开发中常用的有专家调查法、分解法、流程图分析法、环境分析法、故障树法和市场调查法等。风险概率描述投资风险发生可能性的大小，一般用随机事件的概率分布评价指标（标准偏差）来描述。房地产投资风险的防范策略包括：投资分散策略、保险策略、联合策略。房地产投资可行性研究是指在投资决策前，对与房地产项目有关的市场、资源、工程技术、经济、社会等方面的问题进行全面的分析、论证和评价，从而判断项目技术上是否可行、经济上是否合理，并对多个方案进行优选的科学方法。它是项目投资决策中一项重要的工作。房地产投资可行性研究有其必要性。房地产投资项目可行性研究活动是一项系统工程，要按照一定步骤进行，主要包括：筹划、调研、优化及选择开发方案、详细研究、编写报告书。根据可行性研究编制的精确度不同将可行性研究分为四个阶段：投资机会研究、初步可行性研究、详细可行性研究和项目评估与决策。

关键概念

房地产投资　房地产投资决策　房地产投资风险　房地产投资可行性研究

基础知识练习

一、单项选择题

1.（　　）是指由于开发房地产而造成损失的可能性。这种损失包括投入资本的损失和预期收入未达到的损失。

A.房地产市场风险　　　　　　　　B.房地产投资风险

C.房地产经营风险　　　　　　　　D.房地产通货膨胀风险

2.（　　）是指影响房地产投资的社会、经济、政治等政策因素变化所带来的风险。

A.通货膨胀风险　　B.变现风险　　　C.利率风险　　　D.政策性风险

3.（　　）的实质是由于投资者负债经营而产生的不能履行债务义务或不能及时获得贷款的风险。

A.市场风险　　　　B.财务风险　　　C.经营风险　　　D.通货膨胀风险

4.（　　）是指在房地产投资决策中，提出问题、分析问题和解决问题的过程。其一般程序包括分析问题、设计方案、评价方案、实施方案、方案调整和反馈的过程。

A.房地产投资开发过程　　　　　　B.房地产投资决策过程

C.房地产开发决策过程　　　　　　D.房地产投资过程

5.（　　）是房地产项目可行性研究开始后第一步要做的工作，也是基础工作。

A.筹划　　　　　　　　　　　　　B.优化及选择开发方案

C.调查研究　　　　　　　　　　　D.详细研究

二、多项选择题

1.影响房地产投资的社会因素主要有（　　）。

A.社会秩序　　　B.城市化水平　　　C.人口水平　　　D.人均收入水平

2.房地产投资选择方案的方法通常有（　　）。

A.市场调研法　　　　B.试验法　　　　C.数学分析法　　　　D.经验判断法

3.在专家调查法中（　　　）是十分常用且有效的方法。

A.分解法　　　　　　B.流程图分析法　　　C.德尔菲法　　　　　D.头脑风暴法

4.风险识别的方法很多，在房地产开发中常用的有（　　　）。

A.故障树法和市场调查法　　　　　　B.环境分析法

C.分解法　　　　　　　　　　　　　D.专家调查法

5.房地产综合开发项目可行性研究报告书必须附有一些主要的原始资料，包括（　　　）。

A.开发规划平面图　　　　　　　　　B.项目计划书

C.经济效益计算书　　　　　　　　　D.开发成本计算表

三、简答题

1.简述房地产投资的特点。

2.简述房地产投资的影响因素。

3.简述房地产投资决策程序。

4.简述房地产投资风险的概念与特点。

5.简述房地产投资风险的类型。

实践操作训练

[实训情境设计]

　　房地产投资风险是房地产投资行为中必然要面临的因素，只有掌握风险的类型，理解风险存在的必然性，才能够积极地寻求有效措施规避或降低风险发生时造成的损失。

[实训任务要求]

　　1.将全班同学分成若干小组，每个小组人数不超过5人，每组选派组长一名。实训采用组长负责制。

　　2.以学校所在的城市为依托，学生以小组为单位设计房地产投资项目，并分析该项目的优势、所面临的风险、应对风险的策略等。

　　3.以小组为单位完成上述策划，并在课堂上以板书讲课的方式向老师和同学讲解。

[实训提示]

　　参考教材内容"6.3.3　房地产投资风险的类型"。

[实训效果评价]

房地产投资项目风险分析实训评分表

评价项目	分值	得分	备注
房地产投资项目策划合理	20		
项目分析透彻、风险分析到位	30		
介绍条理清晰，分析透彻	20		
态度端正、准备充分、表达流利	30		
实训效果总体评价	100		

第 7 章

房地产金融

知识目标

1. 了解房地产金融的含义和分类；
2. 熟悉房地产金融的特征；
3. 掌握房地产行业融资途径及房地产开发贷款申请条件；
4. 了解中国房地产开发贷款的调查及评估内容。

技能目标

1. 能够运用房地产金融知识解释房地产开发出现的现象；
2. 能够简单地进行房地产金融模式的利弊分析。

引例 　　　　　央行：坚持"房住不炒"实施好房地产金融审慎管理制度

2020年2月8日晚间，央行发布《2020年第四季度中国货币政策执行报告》。

房地产行业方面，报告显示，2020年，全国房价总体稳定。受新冠肺炎疫情影响，2020年初商品房销售和房地产开发投资有所下降，3月之后持续恢复。2020年末，全国70个大中城市新建商品住宅和二手住宅价格同比上涨3.7%和2.1%，涨幅较上年分别回落3.1和1.5个百分点。2020年，全国商品房销售面积同比增长2.6%，销售额同比增长8.7%；房地产开发投资同比增长7%，增速较上年回落2.9个百分点，其中，住宅开发投资同比增长7.6%，增速较上年回落6.3个百分点，占房地产开发投资的比重为73.8%。

年末，全国主要金融机构（含外资）房地产贷款余额49.6万亿元，同比增长11.6%，增速较上年末回落3.2个百分点，房地产贷款余额占各项贷款余额的28.7%。其中，个人住房贷款余额34.5万亿元，同比增长14.5%，增速较上年末回落2.2个百分点；住房开发贷款余额9.1万亿元，同比增长8.2%，增速较上年末回落6.4个百分点。

此外，央行表示，综合运用中期借贷便利、公开市场操作、再贷款、再贴现等多种货币政策工具，满足金融机构合理的短期、中期、长期流动性需求，操作上精准有效，既保持流动性合理充裕，也不搞大水漫灌。完善中央银行调节银行货币创造的流动性、资本和利率约束的长效机制，把好货币供应总闸门，将经济保持在潜在产出附近。引导市场利率围绕公开市场操作利率和中期借贷便利利率波动。健全可持续的银行资本补充机制，支持银行发行转股型永续债等永续债产品，加大对中小银行发行永续债补充资本的支持力度，提升银行服务实体经济和防范化解金融风险的能力。完善宏观经济治理，促进货币政策与财政、就业、产业、投资、消费、环保、区域等政策目标优化、分工合理、高效协同。

牢牢坚持房子是用来住的、不是用来炒的定位，坚持不将房地产作为短期刺激经济的手段，坚持稳地价、稳房价、稳预期，保持房地产金融政策的连续性、一致性、稳定性，实施好房地产金融审慎管理制度，完善金融支持住房租赁政策体系。

资料来源：佚名. 央行：坚持"房住不炒"实施好房地产金融审慎管理制度［EB/OL］.［2021-02-09］. https：//baijiahao.baidu.com/s? id=1691188953725739955&wfr=spider&for=pc.

7.1　房地产金融概述

7.1.1　房地产金融的内涵与特征

房地产金融业是随着我国经济体制改革的深化，特别是市场经济的发展而逐渐发展起来的。它作为整个金融业务的组成部分，已经在房屋与土地的开发、经营等方面发挥出越来越大的作用，有力地支持了房地产业和城市建设的发展。

7.1.1.1　房地产金融的内涵

金融一般是指与货币流通和货币资金融通相关的经济活动。金融业务的主要内容是通过信贷形式，对货币资金进行调剂和分配。在现代经济中，金融基本上可以界定为以银行等金融机构为中心的所有各种形式的信贷活动，以及在信贷基础上组织起来的货币流通与中介服务，如货币的发行、流通和回笼，存款的吸收与利息支付，贷款的发放和回收，金银与外汇的买卖，国内外汇兑往来，股票、债券的发行与流通，以及信托、保险等相关经济活动。根据国民经济中对资金的需求，通过这些活动，可以实现社会再生产过程中资金的调剂与再分配。房地产金融是金融业务的一种形式，它一般是指围绕房屋与土地开发、经营、管理等活动而发生的筹集、融通和结算资金的金融行为，其中最主要的是以房屋与土地作为信用保证而获得的资金融通行为。

拓展阅读7-1

央行发布区
域金融运行
报告专家：
房地产融资
依然从紧

7.1.1.2　房地产金融的特征

房地产金融与其他金融业务相比，一般具有以下几个特征：

（1）房产金融与地产金融有时能分开，更多时候则不能分开

房产金融与地产金融不能分离的原因在于地产与房产的不可分割性和内在统一性。从实物或物理形态上看，"地"和"房"都属于不动产范畴，虽然从狭义上看它们各自具有不同的物质形态，但它们在空间上都是不能移动的。另外，任何房产都表现为房地产。没有真正的"空中楼阁"，房屋总是固着在土地上，土地是房屋的载体，二者通过建筑劳动结合在一起。房地产领域的土地虽然可以离开房屋建筑而独立存在，但"地上有房"是城市建筑地块的普遍现象。从价值形态上看，房屋作为商品，其价值除了利润和建造房屋而消耗和支出的建筑及设备安装工程费用（含人工费、材料费、施工机械使用费、施工管理费等）、设备及工具和器具购置费用以及勘察设计费、施工机构迁移费等其他费用项目外，还包括并非转化和凝固到房屋商品但却要借助房屋价值表现出来的土地的价值（包括土地使用权出让金、城镇土地使用税、土地增值税等）。因此，房产的价值就具有了复合性，既包括建造房屋的人工、材料、固定资产消耗，也包括土地使用代价。这样，建筑地段因素对房屋的制约作用就显得十分重要，往往导致"房以地为贵"。既然二者在物理形态上难以分离，在价值形态上又常结合为一体，故在资金融通时也常结合在一起。如果单纯进行生态公园建设贷款，或进行高尔夫球场建设贷款，则二者基本上是分开的。

（2）债权可靠，较为安全

该特点体现在房地产具有以下几个特点：

①位置固定，不能移动。

一般商品都具有可移动性，它在生产出来后可以通过运输工具运往全国乃至世界各地，而房地产作为商品却不可能做到这一点。不论土地是否用来建造房屋，不论建造房屋的外形如何，不论性能与用途如何，它都固定在一定的地方，不能随便移动其位置。对于其他商品，人们可以根据需要把它们从一个地方搬运到另一个地方，以满足该处的需要；而上海的土地紧张却不能因新疆的土地宽松而缓解，城市的住房紧张不能因农村的住房宽裕而改善。

②功能稳定，可利用时间长。

一块土地，只要不经山崩地陷这样大的自然灾害的破坏，使用期限都很长，基本上可以说是无限制的。如同前面所说的，房屋的使用寿命一般为几十年至上百年，而其他商品的使用期限相对都比较短，有的为几年，一般为几天、几周或数月，还有许多商品属于一次性使用的，一次用完就丧失了使用价值或失去了存在形态（如火柴、食品等）。

③不断增值。

由于土地资源具有有限性和不可再生性，而对土地的需求却随着生产力的发展和人口的增加而不断上升，因此土地的价格往往处于不断上升的趋势。特别是在城市规划区内，由于可使用的土地面积十分有限，土地价格上升的趋势格外明显。这样，当土地用于抵押以融通资金时，银行往往因债权安全可靠而乐于贷款。由于土地面积的有限性以及建筑密度、容积率等方面的制约，房屋的生产必然也受到限制，其增长速度往往不如需求增长快，因此房屋的增值性往往也很好。

7.1.1.3 资金的运用具有中长期性

以房地产为抵押品进行的贷款，其资金多用于土地和房屋的购置、开发、改良、建设等，而土地的开发、改良以及房屋的建设往往需要很长的时间。比如一块土地要进行开发，不管其规划内容是建造房屋还是其他构筑物，从规划之初到达到目标，必须经过可行性研究、编制设计任务书、选择建设地点、进行技术设计、选择施工队伍、编制年度计划、组织施工生产、竣工验收、交付使用等许多过程和环节。资金的投入从可行性研究开始，到项目投入使用，其周期往往很长，这就决定了其资金占用时间也比较长，一般需1~5年，在此过程中资金往往只能不断投入，却无法收回。不仅如此，由于土地和房屋是不动产，它们作为抵押品不会遗失，也不会毁损，而且一般情况下土地和房屋具有保值甚至增值性，所以许多金融机构在向房地产开发项目贷款时多敢于放宽贷款偿还期限。国外有很多土地开发和房屋建设贷款项目的期限长达30~40年甚至40~50年。

7.1.2 房地产金融业务

房地产金融业务的种类比较多，而且随着实践的发展还可能有许多新业务被创造出来。另外，不同国家和地区的房地产金融业务在品种和运作方式上也有所不同。就中国来看，房地产金融业务发展至今，其业务范围大概集中在房地产信贷、房地产证券、房地产保险三个领域，房地产信托、房地产典当发展得较慢。下面对国内已出现的主要房地产金融业务加以介绍。

7.1.2.1 住房专项储蓄

中国是从20世纪80年代开始办理个人住宅储蓄存款业务的，开办的目的是满足住房制度改革对资金的需求。个人住宅储蓄存款的主要服务对象是那些准备购房或建房，但经济能力一时难以达到，且有固定收入的城镇居民。一般做法是将预购或建造房屋款项30%~50%的资金以整存整取或零存整取的形式存入办理此项业务的银行，存满1年以上，就可以申请住宅构建借款。储户在取得借款时还要有经济担保，并将房产抵押给银行，然后在借款期内逐月偿还本息。个人住宅储蓄存款一般采用先存后贷、存贷结合、低进低出、长期优惠的原则。

20世纪80年代中期，为配合国家住房制度改革，围绕房改领域开展业务，中国分别在烟台和蚌埠成立住房储蓄银行，专门办理与房改配套的住房基金筹集、信贷、结算等政策性金融业务。这两家银行在改制前，业绩均相当突出，但进入20世纪90年代，中国建立公积金制度后，住房储蓄银行的职能基本被住房公积金管理中心取代。2000年，蚌埠住房储蓄银行被当地城市信用社合并。2003年，烟台住房储蓄银行改制更名为恒丰银行，成为我国第11家股份制商业银行。曾经开办过住房专项储蓄存款业务的中国工商银行后来也取消了这一业务。

2002年10月，中国人民银行批准中国建设银行与德国施威比豪尔住房储蓄银行共同投资筹建中德住房储蓄银行。2004年2月6日，国家工商行政管理局对其颁发了营业执照，该行本着"先存后贷，利率固定，专款专用，封闭运作"的原则开展业务。它致力于将德国施威比豪尔住房储蓄银行的成功经验、先进技术和服务理念与中国建设银行良好的社会信誉、丰富的人力和网络资源、对本土市场的认知等优势有机地结合在一起，竭诚服务于社会。

7.1.2.2　住房基金

住房基金是根据国家有关住房制度改革的政策规定，为推进房改和住房建设而建立的基金。它既具有积累基金的性质，也具有消费基金的性质。住房基金分为城镇住房基金、单位住房基金和个人住房基金三种形式。这三种住房基金的使用要求为：城镇住房基金是政府推进住房制度改革及住房保障制度建设的资金基础，所以其使用必须得到当地财政部门和地方房屋主管部门的同意；企事业单位的住房基金是由各企事业单位的住房资金汇聚而成的，其使用权分别隶属于各个房改单位，单位使用这部分基金的额度一般要控制在该单位基金存款余额之内；职工个人住房基金包括两部分，一部分是职工个人缴存的住房公积金和职工所在单位为职工缴存的住房公积金，它属于职工个人所有，另一部分则是自愿的住宅储蓄。个人住房基金必须按照统一的政策规定实施管理，对自愿储蓄部分则采取存款自愿、取款自由的管理办法。

建立住房基金，应在理顺目前国家、单位用于住房的各种资金渠道的基础上，立足于原有住房资金的转化，逐步使住房资金的来源和使用合理化、固定化、规范化。

住房基金由建立基金单位按行政隶属关系由同级财政部门核定后划转。政府住房基金，由同级财政部门管理。单位住房基金，按预算外资金管理，在住房资金管理中心委托的金融机构专户存储，所有权不变，专项使用。住房基金在存储期间，均按中国人民银行规定的存款利率计息。

单位用住房基金购、建住房，仍应按照基本建设自筹资金审批程序申报审批。单位使用住房基金要以收定支，不得将流动资金、银行贷款、应上缴的税利、经费拨款等作为住房基金使用。单位划转作为住房基金的各项资金，应在划转前本着不重复计征的原则按原资金渠道缴纳能源、交通重点建设基金和预算调节基金。单位应按期向上级主管部门报送住房基金收支情况报表，经上级主管部门汇总后，报送市住房资金管理中心和同级财政部门。

7.1.2.3　房地产开发与经营贷款

房地产开发与经营贷款是指房地产金融机构为支持房地产开发与经营活动而对房地

产开发与经营企业发放的各类生产与经营性贷款。房地产开发与经营贷款有的要求提供抵押财产，有的只要求担保即可。我们把要求抵押的贷款项目与住房消费贷款项目一起放入房地产抵押贷款中讲述，此处仅略谈一下要求担保的房地产开发与经营贷款或房地产信用贷款。

房地产开发与经营贷款一般包括三种类型：

（1）房地产开发企业流动资金贷款，即房地产金融机构针对土地开发公司、房屋开发公司、房地产综合开发公司在开发建设过程中生产性周转资金不足而发放的流动资金贷款；

（2）房地产开发项目贷款，即房地产金融机构针对具体房地产开发项目所发放的生产性流动资金贷款，具体的开发项目是指某一开发小区或某一单项工程；

（3）房地产经营贷款，即房地产金融机构对从事房屋租赁、房地产交易、房屋维修、房屋装饰以及其他服务的房地产经营企业所发放的贷款。

房地产开发与经营贷款除了要遵循一般性贷款必须遵循的偿还性原则和安全性原则外，还必须遵循计划性原则、择优扶持原则和物资保证原则。计划性原则是指房地产开发经营贷款必须纳入国家信贷计划，按国家批准的信贷计划和规定用途发放，同时贷款数量要与房地产开发经营规模相适应。择优扶持原则是指在发放贷款时，房地产金融机构必须有所选择，将信贷资金投放到经营管理水平高、效益好的企业和项目上。物资保证原则指的是房地产开发经营贷款要实实在在与开发经营活动相结合，有真实物资作保证。要求遵循这些原则的目的在于防止造成信用资金膨胀。

7.1.2.4　房地产抵押贷款

房地产抵押贷款，是指抵押人以其合法拥有的房屋所有权或国有土地使用权向抵押权人提供担保，借以取得抵押权人提供的贷款或向抵押权人保证履行债务的法律行为。这里所说的抵押人是以房屋或土地使用权作为本人或第三者履行债务担保的企业法人或其他经济组织（个别情况下也包括个人），抵押权人是指接受房屋或土地使用权抵押作为履行债务担保的法人或其他经济组织，通常是指银行、贷款公司等金融机构。房地产抵押贷款从发生关系时所涉及的当事人的角度，可以分为两种形式。其一，一般性质的房地产抵押贷款。在这种形式下，房屋所有权或土地使用权显然抵给了银行或其他金融机构，但仍由抵押人占有和使用。抵押人按贷款合同到期偿还了本息后，双方到房地产管理部门办理注销抵押的手续。其二，带有按揭性质的抵押贷款。房屋或土地使用权的出让人与受让人连同金融机构三方商定，当受让人购买房地产时，可先付相当于房地产价格一定比例的首期款，并与出让人签订房地产买卖合同，由受让人持合同等资料到金融机构申请抵押贷款，受让人在接到金融机构有关贷款批准的通知后，要到金融机构签订借款合同及担保合同，并视情况办理公证、抵押登记、保险等相关手续，并将贷款以受让人的名义直接转到出让人的账户上。此后，借款人按借款合同约定的还款计划、还款方式偿还贷款本息。贷款结清包括提前结清和正常结清两种。贷款结清后，借款人从贷款行领取"结清证明"，取回房地产权属抵押登记证明文件及保险单正本，并持贷款行出具的"贷款结清证明"到原抵押登记部门办理抵押登记注销手续。

【知识链接7-1】 •---•

央行：保持房地产金融政策的连续性、一致性、稳定性

2月8日，央行发布2020年第四季度中国货币政策执行报告。

报告中提出，下一阶段，中国人民银行将坚持以习近平新时代中国特色社会主义思想为指导，全面贯彻党的十九届五中全会和中央经济工作会议精神，坚决贯彻落实党中央、国务院决策部署，坚持稳中求进工作总基调，立足新发展阶段，贯彻新发展理念，构建新发展格局，坚持稳字当头、抓住重点、守住底线、敢于担当，巩固拓展疫情防控和经济社会发展成果，保持政策连续性、稳定性、可持续性，完善宏观经济治理，建设现代中央银行制度，搞好跨周期政策设计，促进经济总量平衡、结构优化、内外均衡，继续做好"六稳""六保"工作，推动构建新发展格局，迈好第一步，见到新气象。

稳健的货币政策要灵活精准、合理适度，坚持稳字当头，不急转弯，把握好政策时效，处理好恢复经济和防范风险的关系，保持好正常货币政策空间的可持续性。以"保持货币币值的稳定，并以此促进经济增长"为目标，完善货币供应调控机制，综合运用多种货币政策工具，保持流动性合理充裕，保持货币供应量和社会融资规模增速同名义经济增速基本匹配，保持宏观杠杆率基本稳定，同时根据形势变化灵活调整政策力度、节奏和重点。发挥好结构性货币政策工具的精准滴灌作用，构建金融有效支持实体经济的体制机制。健全市场化利率形成和传导机制，完善央行政策利率体系，深化贷款市场报价利率改革，巩固贷款实际利率下降成果，促进企业综合融资成本稳中有降。发挥市场供求在汇率形成中的决定性作用，增强人民币汇率弹性，加强宏观审慎管理，稳定市场预期，引导企业和金融机构树立"风险中性"理念，保持人民币汇率在合理均衡水平上的基本稳定。加强监测分析和预期管理，保持物价水平基本稳定。健全金融风险预防、预警、处置、问责制度体系，妥善处置好个体机构风险和重点领域风险，进一步压实各方责任，多渠道补充银行资本金，牢牢守住不发生系统性金融风险的底线。以创新驱动、高质量供给引领和创造新需求，加快形成以国内大循环为主体、国内国际双循环相互促进的新发展格局。

一是稳健的货币政策要灵活精准、合理适度。综合运用中期借贷便利、公开市场操作、再贷款、再贴现等多种货币政策工具，满足金融机构合理的短期、中期、长期流动性需求，操作上精准有效，既保持流动性合理充裕，也不搞大水漫灌。完善中央银行调节银行货币创造的流动性、资本和利率约束的长效机制，把好货币供应总闸门，将经济保持在潜在产出附近。引导市场利率围绕公开市场操作利率和中期借贷便利利率波动。健全可持续的银行资本补充机制，支持银行发行转股型永续债等永续债产品，加大对中小银行发行永续债补充资本的支持力度，提升银行服务实体经济和防范化解金融风险的能力。完善宏观经济治理，促进货币政策与财政、就业、产业、投资、消费、环保、区域等政策目标优化、分工合理、高效协同。

二是发挥好再贷款、再贴现和直达实体经济的货币政策工具的精准滴灌作用。一方面，稳妥调整和接续特殊时期出台的应急政策，延续实施普惠小微企业延期还本付息和普惠小微企业信用贷款支持计划两项直达实体经济的货币政策工具。另一方面，创新和完善结构性货币政策工具体系，精准设计激励相容机制，引导金融机构加大对符合新发展理念相关领域的支持力度，继续运用普惠性再贷款、再贴现政策，加大对科技创新、小微企业、绿色发展的金融支持。落实碳达峰、碳中和重大决策部署，做好政策设计和规划，建立政策激励约束体系，引导金融资源向绿色发展领域倾斜。

三是构建金融有效支持实体经济的体制机制。完善金融支持创新体系，围绕创新链和产业链打造资金链，形成金融、科技和产业良性循环和三角互动，促进新技术产业化规模化应用。推动供应链金融规范发展和创新，联合有关部门逐步落地具体配套政策，精准服务供应链产业链完整稳定。健全农村金融服务体系，做好巩固拓展脱贫攻坚成果同乡村振兴有效衔接的金融服务，保持对脱贫地区的金融帮扶政策总体稳定。加大对种业发展、粮食安全等农业重点领域的信贷投放。依法合规拓宽农村抵质押物范围，创新农村金融产品和服务。持续深入开展商业银行中小微企业金融服务能力提升工程，完善外部激励约束，优化银行内部政策安排，运用科技赋能，促进形成敢贷、愿贷、能贷、会贷的长效机制。引导金融机构加大对制造业等重点领域的信贷支持。牢牢坚持房子是用来住的、不是用来炒的定位，坚持不将房地产作为短期刺激经济的手段，坚持稳地价、稳房价、稳预期，保持房地产金融政策的连续性、一致性、稳定性，实施好房地产金融审慎管理制度，完善金融支持住房租赁政策体系。

四是深化利率、汇率市场化改革，畅通货币政策传导渠道。健全市场化利率形成和传导机制，完善以公开市场操作利率为短期政策利率、以中期借贷便利利率为中期政策利率的央行政策利率体系，推动货币市场基准利率改革，引导市场利率围绕央行政策利率中枢波动。继续深化贷款市场报价利率（LPR）改革，巩固贷款实际利率下降成果，带动存款利率逐步走向市场化。发挥好市场利率定价自律机制作用，规范存款利率定价行为，加强存款管理，禁止地方法人银行开办异地存款，强化对各类贷款主体明示年化利率的要求，维护市场公平竞争，切实保护消费者权益。稳步深化人民币汇率市场化改革，完善以市场供求为基础、参考一篮子货币进行调节、有管理的浮动汇率制度，保持人民币汇率弹性，发挥汇率调节宏观经济和国际收支自动稳定器作用。稳定市场预期，引导企业和金融机构树立"风险中性"理念，保持人民币汇率在合理均衡水平上的基本稳定。稳步推进人民币资本项目可兑换，完善人民币跨境使用的政策框架和基础设施，提高人民币在跨境贸易和投资使用中的便利化程度。

五是加强金融市场基础制度建设，切实发挥好金融市场在稳增长、调结构、促改革和防风险方面的作用。支持民营企业发行债券融资，增强金融服务实体经济能力。落实《公司信用类债券信息披露管理办法》，促进公司信用类债券信息披露标准统一。坚持市场化、法治化原则，完善债券违约风险防范和处置机制。加强金融基础设施统筹监管，加快推进债券市场基础设施互联互通，确保金融市场整体安全稳定和高效运行。稳步推进债券市场双向开放，引入更多中长期投资者。

六是进一步推进金融机构改革，不断完善公司治理，优化金融供给。坚持以强化公司治理为核心，深化大型商业银行改革，建立中国特色现代金融企业制度。引导大型银行服务重心下沉，提高效率，更好服务小微企业、民营企业。从完善货币、监管、税收等制度入手，促进中小银行和农村信用社聚焦主责主业，回归当地、回归本源，建立有效的治理制衡机制。改革优化开发性、政策性金融，实行业务分类核算，提升支持国家战略的能力。

七是健全金融风险预防、预警、处置、问责制度体系。维护金融安全，健全金融风险预防预警处置体系、问责制度，抓紧补齐监管制度短板，坚决守住不发生系统性金融风险的底线。确保金融创新在审慎监管前提下发展，普惠金融服务质量和竞争力稳中有升。对银行体系开展全覆盖的压力测试，支持银行特别是中小银行多渠道补充资本和完善治理，增强金融机构的稳健性和可持续经营能力。加大不良贷款损失准备计提力度及核销处置力度，完善存款保险制度建设和机构设置，稳妥推进各项风险化解任务，抓好存量风险化解收尾工作，进一步明确和压实各方责任，形成风险处置合力。坚决遏制各类风险反弹回潮，坚决不让局部风险发展成系统性风险、区域风险演化为全国性风险。

资料来源：中国人民银行. 央行：保持房地产金融政策的连续性、一致性、稳定性［EB/OL］［2021-02-15］https://sx.leju.com/news/2021-02-15/20286764882616014660756.shtml.

7.1.2.5　房地产股票

股份有限公司是指全部注册资本由等额股份构成并通过向社会公开发行或向特定对象发行股票（或股权证）来筹集资本，股东仅以其投资额为限对公司债务负有限责任的法人企业。如果房地产公司为股份有限公司，则其发行的股票为房地产股票。

房地产股票作为经有关部门批准，可证明投资者在房地产公司投资入股并可据以取得报酬的一种凭证，在不同的企业，针对不同的经营情况，有着不同的分类形式。如按股票上是否记有股东姓名，可以将其分为记名股票和不记名股票；按票面上是否记载股票面值，可以将其分为面值股票和无面值股票；按股东权益，可以将其分为普通股股票和优先股股票；按股票持有主体，又可将其分为国家股、法人股、个人股等。但是，无论何种性质的房地产股票，它除了具有一般股票所共有的特征外，还存在一个与其他股票不同的特点，即它具有高成长性和高增值性。随着时间的推移，将会有越来越多的房地产企业被改组成股份有限公司，也会直接诞生许多房地产股份有限公司。这样，房地产股票的发行与管理将成为越来越重要的金融业务。近年来，一些投资银行进入资本市场充当金融中介角色，它们在股票发行中发挥着证券承销、证券经纪交易、证券私募发行等作用。一些房地产公司还谋求到美国和中国香港上市，并取得了成功。

7.1.2.6　房地产债券

房地产债券是企业债券的一种，它是各类房地产经营企业在城市房地产经营过程中，为筹集长期资金（一般用于房地产的开发和经营活动），而以债券的形式向社会发行的一种债权债务关系凭证。房地产债券的发行者一般为房地产股份有限公司，也可以是其他性质的公司，发行的债券一般为长期债券。

上市对于大多数房地产企业而言，是可望而不可即的事，发行融资期限较长的公司债券，将成为企业融资的更好途径。这种债券可以由房地产企业发行，在资本市场上直接融资，也可以由房地产投资信托机构在资本市场上发行，将分散的资金集中到房地产建设中来。我国目前的债券市场上为房地产开发筹资而发行的债券主要有两种：一种是房地产投资债券；另一种是受益债券，主要投资于房地产和工商企业等项目。近年来，已经有一些知名房地产企业如金茂集团、万科集团、保利集团、瑞安集团等在海内外成功发行了企业债券。房地产债券在我国的发展尚处于不成熟阶段，种类不太复杂，但从理论上讲，房地产债券种类还是比较多的，名称也各异。

（1）按本金偿还期限分类，房地产债券包括短期房地产债券（本金偿还期限在1年以下）、中期房地产债券（本金偿还期限在1年以上、10年以下）和长期房地产债券（本金偿还期限在10年以上）。

（2）按利息支付方式分类，房地产债券包括一般付息房地产债券（债券利息按券面额计算，利息到期一次支付）、附息票房地产债券（即房地产债券上附有各期领取利息凭证，在利息到期时，将息票剪下来，凭此领取本期的利息）、贴现房地产债券（即以面额为基础，将债券利息用贴现的方式先行扣除，采用低于面额的价格发行，到期按面额偿还的房地产债券）。

此外，按发行的目的、有无担保等还可以将房地产债券划分成其他类型。

利用债券来筹集房地产开发和经营资金，是加快房地产业发展的有效途径。不过房地产公司发行债券应严格遵守有关规定，并保证还本付息，因为债券所体现的实际上仍是借贷关系。这样，房地产债券的发行与管理也是一项较重要的房地产金融业务。

7.1.2.7　房地产信托

房地产信托业务在整个房地产金融业务中所占的比重不大，但在金融信托业务中的比重却值得一提。房地产信托业务大致包括实物信托和资金信托两类，但随着信托业务的发展和社会的演进，单纯的实物信托已不多见，更多的是融物与融资结合的信托形式。

当然，这里所谈的房地产信托是指不包括代理业务在内的狭义的房地产信托，即委托人把其房地产或房地产资金的财产权转让给受托人，委托受托人按指定的目的和范围，代为管理和处理。按财产的不同分类，可将房地产信托划分为实物信托、资金信托以及资金债权信托。房地产实物信托是指委托人委托房地产金融机构代为管理、处分房地产或与房地产相关的事项；房地产资金信托是指以资金作为信托财产，它与银行存款相似，但又有所不同，如委托者可以指定资金的动用方法和投放目的；房地产资金债权信托是指委托人把债权转移给信托机构，委托信托机构保全债权，实现权利，或代理回收债权。根据房地产信托的目的，可将其划分为担保信托、管理信托、处分信托及民事信托与商事信托等。担保信托是指委托人因开发和经营房地产的需要而向信托机构申请提供信用担保的信托行为，管理信托是指信托机构受委托人委托代为管理房地产或相关资金的行为，处分信托是指信托机构受委托人委托代为转让房屋或土地使用权的行为。民事信托与商事信托是一对概念，民事信托是指从法律角度看属于民事范围的信托，如有关房地产管理、抵押和遗嘱执行的行为；商事信托是指以营利为目的而设立的信托关系。从金融业务种类看，已开办的信托业务有信托存款、委托存款、信托基金、信托投资、委托投资、信托贷款、委托贷款、建材补偿贸易贷款等。

房地产投资信托基金是一种以发行收益凭证的方式汇集特定多数投资者的资金，由专门投资机构进行房地产投资经营管理，并将投资综合收益按比例分配给投资者的信托基金。目前这种金融产品在中国也进入初步发展时期。

【知识链接7-2】 ···•

房地产投资信托

房地产投资信托（REITs）源于美国，从1960年算起，距今已有60多年的历史。REIT是英文"Real Estate Investment Trust"的缩写（复数为REITs），我国内地译为"房地产投资信托"或"房地产投资信托基金"。亚洲一些国家从2000年开始效仿美国允许设立REITs，但名称有所差异：日本和中国台湾地区称之为"不动产投资信托"；中国香港称之为"房地产投资信托基金"。这种差异源自各国对地产行业的用词习惯，也因为REITs实质上是一种投资于房地产的基金形式。

美国的REITs是一种采取公司或者信托的组织形式，集合多个投资者的资金，收购并持有收益类房地产（例如公寓、购物中心、写字楼、旅馆和仓储中心等）或者为房地产进行融资，并享受税收优惠的投资机构。大部分REITs采取公司形式，其股票一般都在证券交易所或市场（纽约证券交易所、美国证券交易所和纳斯达克证券交易市场）进行自由交易。

根据REITs资金投资的对象不同，REITs可以分为抵押型REITs、权益型REITs和混合型REITs。REITs实际上是房地产证券化产品。其中抵押型REITs属于房地产债权的证券化产品；权益型REITs属于房地产权益的证券化产品。

资料来源：网络整理。

···•

7.1.2.8 房地产保险

由于房屋在生产、分配、交换、消费过程中经常面临着各种风险的威胁，这些风险事故一旦变成现实，就会给房屋造成毁损或产生某种责任，给人们带来利益损失，影响到相关的生产经营活动，这样，为避免或挽回这些不利或损失，房屋所有人、使用人及其他有关当事人就会与保险公司签订协议，通过事先交纳保险费的方式求得在意外损失发生后保险公司给予相应的经济补偿。

根据承保的保险标的和风险种类的不同，可将房地产保险划分为房屋财产保险、房屋利益保险、房屋责任保险、房地产信用保险、房屋综合保险和建筑工程保险等。从其他角度考虑，也有其他的划分形式。房屋财产保险以房屋及其附属设备为保险标的，根据有关法规它又可以划分为企业财产保险和家庭财产保险两类。房屋利益保险以房屋利益损失为保险对象，是一种附加险，它依附于房屋财产保险。房屋责任保险以被保险人依法应承担的经济赔偿责任为承保对象，它又可以划分为公众责任保险和雇主责任保险两类。房地产信用保险以被保险人（涉及房地产权益的一方当事人）的信用为保险标的，承保债权人因债务人不偿付债务而遭受的损失。房屋综合保险是将房屋财产保险与房屋责任保险合为一体的险种。建筑工程保险是针对房地产未完工项目而设立的险种。

房地产保险的设立为人们的生产经营活动和日常生活提供了安全保障，维持了房地产经营者的利润，也增强了被保险人的信用程度，对房地产业的发展起到了积极作用。在我国，房地产保险的发展还处于初级阶段，但2008年发生的汶川大地震无疑会推动这一进程，而且外国的一些保险公司已经看好这一市场，正试图进入。

7.1.2.9　房地产信贷业务

房地产信贷业务是围绕货币资金在房地产领域的经营活动而展开的，它通过筹集、融通房地产资金和发放房地产贷款等方式来满足房地产业发展在资金方面的需要。围绕这一过程所发生的相关货币收付行为称为货币结算。货币结算又分为现金结算和转账结算，现金结算是用现金直接进行的货币收付行为，转账结算是指不使用现金而是通过银行将款项从付款单位账户划转到收款单位账户的货币收付行为。转账结算是房地产信贷业务结算的主要形式。

房地产信贷业务结算要求收付款双方和银行在办理结算业务时共同遵守三项基本原则：

（1）恪守信用，履约付款；

（2）谁的钱进谁的账，由谁支配；

（3）银行不垫款。

遵守这三项原则是正确处理各方面经济关系、充分发挥结算作用的前提。

房地产信贷业务结算有利于发挥银行的监督作用，确保房地产政策和法规的实施；有利于巩固经济合同制和经济核算制，加快资金周转和物资流通；有利于减少现金使用量，防止资金体外循环；有利于集中闲散资金，发挥资金的使用效能，促进整个房地产金融业的稳定发展。

7.2　房地产信贷

7.2.1　房地产信贷资金的筹集

国外房地产业的发展经验表明，房地产业的发展离不开房地产金融业的支持和服务，而要发展房地产金融业，首先就要解决信贷资金的筹集问题。房地产信贷资金的筹集，是房地产信贷业务顺利进行的先决条件。

7.2.1.1　房地产信贷资金筹集的特征

房地产信贷资金是指由房地产金融机构筹措管理的，专供房地产业综合开发使用，并以偿还为条件的资金。

房地产信贷资金的筹集是一个广义概念，相对于全社会来讲，只要是通过金融手段与杠杆筹集到的再生产领域的闲置资金、社会闲散资金，都可以作为房地产信贷资金的来源加以使用。这是我们一般讲的筹措资金的共性。但房地产有其自身的特殊性，生产、流通、消费过程所需的资金都具有期限长、资金占用大的特点，客观上需要房地产金融机构提供长期稳定的资金来源，保证其经营发展的需要。因此，房地产信贷资金的筹集又有不同于一般信贷资金的特征，主要表现在以下几个方面：

（1）资金来源相对稳定

众所周知，房地产具有价值大、生产消费周期长的特点，房地产资金的投入一般有一个从集聚到使用的过程，相对于其他性质的资金而言，它具有相对的稳定性，如住房储蓄存款，只有存款人存足了一定款项并达到规定的期限后，才能获得住房储蓄贷款。

而无论是在此之前的资金积累，还是在此之后偿还贷款的资金都具有相对的稳定性，为房地产信贷业务提供了可靠的资金来源。

同时，政府为了加快解决城镇居民的住房问题，推出了一系列房改措施，这些措施保证了政策性资金来源，具有相对稳定性，并构成房地产金融机构信贷资金主要来源之一。如城镇、企事业单位、个人三级住房基金，出售公有住房资金、公积金、住房债券的资金等，这些资金的数额大、期限长、利率低，随着房改的深入，必将有稳定的增长。

（2）房地产业是目前的主要筹资对象

从目前看，与房改有关的政策性的资金来源、渠道基本理顺，政策比较清晰，资金相对稳定，是房地产信贷资金的重要来源，而这些来源都与房地产有关，如城市、企业、个人三级住房基金、住房公积金、住房租赁保证金、出售公有住房资金等。另外，房地产生产经营性的企业，如开发企业、经营企业以及管理和服务企业的各类资金，也是房地产信贷资金的重要来源，在整个房地产信贷资金中占有相当大的比重。因此，从目前看，房地产信贷资金的来源，主要在房地产领域，其筹集对象也主要是与房改、房地产有关的地区、部门、单位或个人。

（3）筹集渠道具有广泛性

这主要体现在：第一，房地产业是个较为复杂的产业，生产环节多、经营门类广，且相关产业多，涉及生产、流通、消费各个阶段，各阶段上都占有大量资金，都是筹集房地产信贷资金的重要渠道。第二，房地产信贷资金来源不仅限于房地产业或与房地产有关的产业，还包括其他行业和经济领域的资金，即房地产金融机构的融资对象不仅仅是房地产业及相关产业，也包括经济领域里的其他行业。

房地产信贷资金筹集渠道具有广泛性的重要原因在于，房地产信贷资金占用时间长、投资大、数额大，单纯依靠房地产业的资金显然难以满足其发展的需要，必须用其他方面的资金进行补充；同时，其他行业闲置不用的资金，也愿意寻找低风险、高收益的投资途径，而房地产业正好满足了这部分资金的需求。房地产金融机构要充分发挥其筹资渠道广泛性的特点和优势，积极参与和支持房地产业的发展，通过对房地产生产者、经营者、消费者的双向资金融通，面向全社会广泛地筹集资金，壮大自己的资金实力。

（4）筹集手段（方式）呈现多样性

房地产业资金来源分布广泛、资金性质多样化，必须充分运用银行信用功能，采取相应措施，利用政策、经济、行政及法律等多种方式与手段筹集资金。

筹集房地产信贷资金可以通过争取当地政府的委托，依据相关的政策、法规，建立政策性住房资金来源，如：城市住房基金，行政、事业、企业单位住房基金，行政、事业、企业单位收取的住房租赁保证金，职工住房公积金等；也可以通过不断扩大筹资范围，增加业务品种，进行业务创新来增加资金来源，如通过发行房地产债券筹资，开办住宅储蓄贷款以贷吸存，开办定活两便住宅储蓄存款来吸引客户等。

房地产信贷资金筹资手段的多样性，可以适应房地产业的发展，保证房地产业的资金需求，同时可以迅速增强银行的资金实力，为信贷业务长期发展打下基础。

7.2.1.2　房地产信贷资金的筹集原则

目前，我国的房地产信贷资金筹集应遵循以下几个原则：

（1）与房地产业的战略目标和政策相结合

国际房地产金融业的成功经验和国外房地产业迅速崛起的实践都证明了这样一条规律，即发展房地产金融业，筹集房地产信贷资金，必须与当地政府发展房地产业的战略目标和政策相结合。目前，我国房地产业的发展主要是在国家法律监督下，由各级政府制定有关的政策，银行依据有关政策和规定来实际操作运行。此外，我国房地产业及房地产金融业的发展，从全国来看也是不平衡的。为此，国家鼓励发展快的城市和地区加快发展，以带动其他地区的发展，同时也根据各地的先进经验制定自身的发展规划。这种统一政策、分散决策的方针，在市场经济条件下还将长期存在，这就要求房地产金融机构在从事房地产信贷过程中，必须密切与当地政府部门的关系，随时注意政策的变化，一方面为当地的房地产业多办一些实事，另一方面也使自身的经营处于主动地位。

（2）与城镇住房制度改革相结合

城镇住房制度改革是我国发展房地产业，建立房地产市场，促进社会主义市场经济发展的不可逾越的阶段。住房制度改革的目标就是要把住房纳入商品生产领域，通过取消福利性住房的政策，实施住房分配货币化，加快城镇居民的住房建设，通过发展住房商品化、货币化，逐步实现建立完善房地产市场的目标。因此，房地产信贷资金的筹集工作必须与城镇住房制度改革相结合。

住房制度改革是发展房地产市场的浅层次，住房制度改革引起了金融界的巨大震动，产生了房改金融，而房地产金融是为房地产业的发展而产生的另一种高层次的金融行为，二者既有联系，又有所区别。房改金融只是房地产金融的初级形式，随着住房制度改革目标的实现，房改金融正在逐步过渡为房地产金融。从现阶段看，两种业务是并存不悖的。因为房改金融主要是为住房商品化、货币化融通资金，属于政策性金融业务，而房地产金融则属于融政策性与商业性于一体的银行信贷业务。同一般房地产金融业务相比，房改金融具有以下特点：

①政策性。这主要体现在资金来源与运用的规定性和信贷政策的优惠性，资金定向归集，专款专用，取之于房，用之于房。向个人提供购房贷款时利率低、期限长、数额大。

②资金自求平衡。各地房改金融业务相对独立，有很强的地方性，上级银行不能通过行政手段调拨下级银行的资金。

③大众性消费信贷。房改后，住房作为一种消费品，其费用由个人承担，由此发生的房地产信贷业务，将是面向广大城镇居民个人的消费性信贷业务。

④阶段性。房改金融随住房制度的改革而产生，随着房改目标的实现而完成其使命。因此，必须正确处理好二者的关系：一方面注意避免轻视政策性业务、重视经营性业务的倾向；另一方面二者的结合可使房地产金融业更趋于顺利发展。

（3）与城镇发展规划相结合

城镇发展的总体规划，是城市房地产业发展的依据和基础。

我国是一个有五千年文明历史的国家，城市规划既要考虑经济的发展，又要保护大量的文物古迹；既要规划旧城改造，又要兼顾新区开发；既要研究当前实际，又要统筹长远利益；既要减少土地占用，又要合理开发建设。因此，城镇的规划问题是一个需要各部门综合考虑、慎重研究的重大问题。

筹集房地产信贷资金，与城镇规划结合的关键是坚持实事求是、量力而行的方针，在规划的基础上，统筹安排资金计划和资金投向，合理确定负债规模。

（4）与银行传统业务相结合

随着社会主义市场经济的不断发展，我国的金融体制也在发生改变。现有的国有商业银行正在向真正意义上的商业银行过渡，减少计划的成分，强化各商业银行的竞争意识，使各商业银行充满活力。除增强竞争意识外，更主要的是利用原有的联系网络，充分地吸纳房地产信贷资金，减少管理层次，以原有的传统优势去进一步扩大客户。此外，筹集房地产信贷资金，还应该与当地的经济发展速度相结合。在现阶段，我国在经济发展进程中，东部与西部相比，沿海与内陆相比，大中城市与老少边穷地区相比，生产力水平是有很大差别的，筹集房地产信贷资金，结合经济发展水平和生产力布局，可以使房地产信贷计划更接近实际，符合当地的经济发展状况。

7.2.1.3 房地产信贷资金筹集的现实意义

房地产信贷资金是房地产金融机构业务发展的基础，没有信贷资金，金融机构就无法参与房地产业的发展。在社会主义市场经济条件下，房地产信贷资金的筹集是国家通过金融手段对房地产投资进行宏观调控的重要环节，因此，房地产信贷资金的筹集具有十分重要的现实意义。

（1）可以促进房地产业资金的良性循环，进而促进房地产业的发展

现阶段我国房地产业所需的资金，大部分来自银行。银行的房地产信贷规模或结构直接影响房地产业发展的规模或水平，无论房地产业的简单再生产还是扩大再生产，都离不开银行的支持。银行对房地产业的资金注入，是通过对房地产投资者、生产者、经营者和消费者的资金融通来实现的。一方面，通过对房地产投资者、生产者进行资金融通，促使房地产更快变为实物形态；另一方面，为房地产经营者和消费者进行资金融通，促进了房地产价值的最终实现。正是通过上述资金融通过程，房地产业获得了巨大的资金来源，促进房地产投资实现了良性循环。如果没有银行信贷资金的支持，房地产业将成为"无源之水，无本之木"。

（2）可以促进房地产业结构调整，进而促进国家产业政策的实施

筹集房地产信贷资金发放房地产贷款，在很大程度上是国家产业政策的体现，是国家调控房地产投资的重要手段之一。银行信贷对房地产的调节，主要是通过调节房地产业资金供求关系实现的。

①根据宏观调控的需要，利用资金杠杆对房地产业结构进行调整，采取注入资金或紧缩资金的方式，鼓励或限制其发展。

②运用信贷、利率等杠杆进行调节，对国家鼓励发展的房地产项目，如政府的"安居工程"，实行资金利率低进低出政策。而对国家限制发展的项目，如楼堂馆所、高档公寓、别墅等，实行紧缩信贷，采取高利率政策。

③通过调节资金供应关系，解决物资和资金的矛盾。房地产信贷资金的筹集实质上

是房地产物质资料的筹集，通过房地产信贷资金的合理分配，能够集中再生产过程中的一部分物资进行重新分配，以保证在符合国家产业政策的前提下，调整房地产业结构，促进房地产业良性发展。

（3）有利于理顺房地产资金关系，加强房地产资金管理

长期以来，中国住房资金分散无序，只有投入没有产出，住房欠账多，无稳定可靠的资金来源。通过推行房改、建立住房基金，将长期分散无序的住房资金固定化、规范化，并依托专业性的房地产金融机构进行管理，从而理顺了房地产资金关系，银行有了长期稳定的政策性资金来源，为房地产业开辟了新的融资渠道。由于有诸如《城市房地产管理法》，房改资金筹集、管理、使用办法等政策保证，银行便可充分发挥自身的优势，协助企事业单位和个人建立住房基金，并利用房地产（房改）资金滚动增值建立住房资金；同时，通过理顺房地产资金关系，银行发挥了金融的监督调节职能，将筹集到的政策性资金实行专户存储、专款专用，以对资金使用进行监控，对违反政策等不合理的资金支用予以拒付，减少了房改资金的分散与流失。

（4）有利于促进银行规模效益的提升和专业化发展

房地产资金容量大，既是主要资金来源市场，又是重要信贷投放市场，是银行扩大资金实力、提高经济效益的一个重要领域。银行筹集房地产信贷资金的过程，也是房地产企业资金集聚的过程，房地产资金的逐步积累与分次投入，为银行带来了较为稳定的资金来源，尤其在银行信贷资金管理实行专款专用的监督下，房地产项目的资金得到了相应保证，有利于扩大银行的信用规模；另外，银行负债规模的扩大，必然导致其资产规模的扩大，银行投资房地产的信贷实力逐步增强，房地产金融机构办理中长期投资信用的特征更加明显，必然促进其专业化经营。

（5）有助于促进银行金融手段的创新，增强市场竞争力

金融创新是一个金融业务方面创新的总概括，不仅包括金融机构与金融市场方面的创新，亦包括在金融工具、服务、融资方式、管理技术以及支付制度方面的创新等。目前金融创新已成为一种潮流，给金融业的发展带来了极其深刻的影响。房地产金融机构只有进行金融创新（如发行房地产债券、将房地产抵押债权证券化等），才能开辟新的筹资渠道，才能逐步增强房地产金融机构的市场竞争力，促进房地产金融机构的稳定发展。同时，只有进行金融创新，筹集到一定规模的房地产信贷资金，才能发挥国有商业银行在承办房地产金融方面的优势，缓解房地产资金市场的供求矛盾，平抑房地产价格，发挥银行在国民经济中的主导地位和作用。

（6）能够促进城乡居民消费结构的合理化

实施住房制度改革以前，在高福利、低租金住房政策的诱导下，城市居民收入中既没有足够的份额用于房租支出，也没有多少储蓄份额以备买房，因此，个人收入消费时限被相对缩短，有支付能力的消费领域过于狭窄，消费结构扭曲。根据《中国统计年鉴》的数据分析，房租支出占生活费的比例，1957年为2.32%，1981年为1.39%，1991年进一步下降为0.73%，2001年上升为10.32%。而西方发达国家，如美、法、英、德、日等国家的人均收入在达到1 000美元时，住房消费支出的比例都达10%以上，而且随着收入的提高进一步提高。目前，中国房地产信贷资金的来源有很大一部分来自城乡的

住房储蓄或公积金存款，筹集房地产信贷资金，把居民的消费资金转化为积累资金，对于促进城乡居民的消费资金转化为积累资金，改进城乡居民的消费结构、抑制通货膨胀，为房改及住房建设提供长期稳定的资金来源，促进房地产业和国民经济稳定、协调发展具有积极的重要作用。

7.2.2 房地产信贷资金的筹集渠道

多方筹集房地产信贷资金是发展房地产信贷的前提。一般说来，房地产贷款业务的规模和发展速度都要由房地产信贷资金来源状况所决定，因此银行和其他金融机构广泛开辟房地产筹资渠道，动员和集中较多的信贷资金是发展房地产信贷的基础。社会上各种闲散资金，都有可能成为房地产信贷的资金来源。这些资金包括居民的储蓄、购房者的准备金、企事业单位用于住房的公益金和其他资金等。但是这些资金能否转化为现实的房地产资金力量，这取决于一国或地区合理的金融制度，以及金融机构吸收资金的多种手段和切合实际的方式。世界各国各地区筹集房地产信贷资金的渠道是多种多样的，概括地说大致有下列几种：

（1）金融机构吸收的各种储蓄存款

这是指银行等金融机构为了支持房地产业而开展的住房专项存款和个人购建房储蓄业务。它是房地产信贷资金的基本来源。其主要的资金渠道有单位住房基金、部分单位预算外资金、福利基金以及个人急需购房、建房的储蓄存款。

根据国内外已有经验，以下几种住房储蓄存款的特殊形式对筹集房地产信贷资金有着重要作用。

①存贷结合的住房储蓄。它是当前我国住房制度改革的一项配套措施，是银行开展的一项重要的住房储蓄业务。与普通储蓄比较，其优点在于住房储蓄是一项指定用途的储蓄业务，银行可以把筹集的储蓄资金集中运用于住房贷款，做到专款专用。因此，资金的来源和运用都比较稳定。在国外那些完全由市场来调节住房供需的国家和地区，住房储蓄量可以大体反映购房需求和住房信贷需求的状况。

②住房合作储蓄。住房合作互助机构（如住房合作社）充当住房储蓄存款和贷款的中介机构，一面吸收储蓄，一面向所属成员提供低利率、偿还期较长的优惠住房贷款，从而对筹集住房信贷资金形成强大的吸引力。

③住房合作互助机构所属成员交纳的股金。股金存入银行，在一定意义上便具有储蓄的功能，筹集了房地产信贷资金。

（2）国家财政划拨的房地产信贷基金

这是指国家为了从宏观上调节房地产发展，增加住房信贷资金的流动性而划拨的信贷资金，是扩大住房信贷资金的重要来源。

（3）金融机构的自有资金

银行自有资金来自银行本身历年留存积累的利润。银行贷款利息收入和其他业务收入、抵偿存款利息支出和其他各项开支后的盈余，便形成了银行利润。这部分利润是信贷基金的来源之一，也可用于房地产信贷。

（4）发行房地产债券筹集的资金

房地产债券是房地产业经营者发行的借款信用凭证，是证明债券持有人有权向发行人取得固定收入和到期收回本金的一种证书。因此，发行房地产债券是筹集房地产信贷资金的重要方式。

住房债券有两种：一种是由国家提供保证的国家银行发行的住房债券。这种债券一般没有与债券价值相应的担保品。因为国家银行在金融系统中具有独占地位，直接代表国家信用，本身就有国家保证性质。由国家指定银行发行债券筹集资金，然后贷给有关机构作为房地产信贷资金。另一种是抵押债券，它是目前国外普遍采用的信贷资金筹资方式。金融机构以受押的住房作为抵押发行债券，信托机构以控制抵押物为条件充当受托人。债券到期，若债券发行者不能清偿债务的本息，经仲裁机构认定后，由受托人将抵押品转交债权人或者通过拍卖以后抵偿债务。房地产债券对于发行者来说是一种筹资的信用手段，但要付出一定的报酬；对于投资者来说，债券则是一种投资对象，即通过购买房地产债券来获得一定的收益。不论对于发行者或是投资者，房地产债券均属于虚拟资本。

（5）通过金融机构之间的融资活动筹集的资金

这在住房市场充分发展的国家是比较普遍采用的一种筹资融资方式，主要采取借款和贴现两种方式。

这里所说的借款是指抵押贷款。金融机构以房地产抵押票据为抵押品，向其他金融机构借款，借款的金额与抵押票据面额相一致。通过这种贷款方式，就可以实现房地产信贷经营者加速房地产信贷资金的周转，强化它的流动性要求，从而及时取得房地产信贷资金。

这里所说的贴现，是指房地产信贷经营者将未到期的房地产抵押票据出售给其他金融机构，从而获得现款。贴现的金融机构要扣除贴现利息，即自贴现日至期票到期日之间的利息。因此，虽然票据出售者得到的实际现款数额只是票据面额与贴现利息之差，但却加速了资金的融通。

上述两种融资方式的区别在于：前者是出押借款人所得贷款额可与票据面额等值，但取得贷款后要按期支付利息；而后者的贴现方式融资则需要先从贷款中扣除利息。两种融资方式的利息支付方式和支付时间不同，但实质相同。

以上5种资金来源是就一般情况来说的。目前，我国房地产信贷事业随着房地产市场的不断扩大和进一步完善而逐步得以发展，房地产信贷资金的管理正在逐步向集中化、规范化方向发展，信贷资金来源渠道也正在走向有序的轨道。目前国内许多地区和单位广泛筹集房地产信贷资金的渠道主要有居民住房储蓄，房地产开发经营企业、购建房单位、各级住房基金的多渠道存款，银行自有资金和财政划拨的信贷资金。房地产金融债券发行较少，通过贴现和房地产抵押来融资的也不多见，但随着房地产业市场化程度的加深和住房商品化的发展，最终必将广泛地发展起来。

7.2.3　房地产信贷资金运用的分类

房地产信贷资金的运用主要是指信贷资金在房地产开发经营活动中的合理配置。根据我国目前房地产金融业务发展的基本状况，房地产信贷资金的运用主要有以下三种类型。

（1）房地产开发贷款

房地产开发贷款是指房地产金融机构为了支持房地产开发经营活动，而对房地产开发经营企业发放的各类生产经营贷款，一般包括以下两种：

①房地产开发企业流动资金贷款。房地产开发企业流动资金贷款是指房地产金融机构对土地开发公司、房屋开发公司、房地产综合开发公司在开发土地和商品房过程中，因生产周转资金不足时，所发放的生产流动资金贷款。这些贷款资金同企业的自有流动资金、预收定金、定额负债等资金一起，在开发过程中逐步形成开发产品的价值，并随着产品的出售或有偿转让以销售收入的形式收回，再投资新的产品开发，从而实现增值，形成还贷资金。

②房地产开发项目贷款。房地产开发项目贷款指房地产金融机构对具体的房地产开发项目发放的生产性流动资金贷款。具体的开发项目是指某一开发小区或某一单项工程，这类贷款企业不能自行结转到其他开发项目上去使用，完成一个周期的运动；该类贷款只能在产品竣工销售后才能全部收回。

（2）房地产经营贷款

房地产经营贷款是指房地产金融机构对从事房屋出租、房地产交易、房屋维修和装饰以及其他服务性活动的独立经营、自负盈亏的房地产经营企业发放的经营性贷款。它包括以下三种：

①流动资金贷款。流动资金贷款是指金融机构对房地产经营企业发放的经营性流动资金贷款。金融机构根据国家信贷计划和核定的定额流动资金占有量，以及企业自有资金等情况发放流动资金贷款。

②大修理资金贷款。大修理资金贷款是指金融机构向房地产经营企业发放的经租房产大修理时所需占有资金的贷款。

③专项贷款。专项贷款是指金融机构向房地产经营企业发放的经租房产更新改造所需占有资金的贷款。

（3）房地产消费贷款

房地产消费贷款，是指金融机构提供给消费者用于购买、建造和改造、维修住房的贷款，是住房消费过程中发生的借贷行为。在房地产消费信贷业务中，各项贷款按用途、对象、性质等分类，可划分为以下几种贷款：

①购建住房贷款和改造维修贷款。

这是按贷款用途进行的分类。购建住房贷款，是指金融机构提供给消费者用于购买或建造住房的贷款。改造维修贷款，是指金融机构提供给消费者用于住房改造、维修的贷款。

②个人住房消费贷款和集体住房消费贷款。

这是按贷款方式进行的分类。个人住房消费贷款，是指金融机构直接面向住房消费者个人发放的住房消费贷款。住房消费者个人在住房购买、建造或维修、改造时，如果资金不足，可以直接向金融机构申请住房消费贷款，并按规定直接向金融机构一次或分次付清贷款本息。集体住房消费贷款，是指由住房消费者所在单位或住房合作社集中代办的住房消费贷款，即金融机构向住房消费集体提供的贷款。集体住房消费贷款采取单位（合作社）统借统还的方式，实际上是个人住房消费贷款的一种转化形式。

③住房抵押贷款、住房担保贷款和住房抵押担保贷款。

这是按担保方式进行的分类。住房抵押贷款，是指金融机构以住房消费者所购买或建造的住房为抵押品而提供的住房消费贷款。如果借款人不依约履行债务，金融机构有权处理其作为抵押品的住房，用于归还贷款本息，这样便可以减少金融机构在借款人不能偿还到期贷款时所遭受损失的风险。尽管作为抵押品的住房并不能确保贷款的完整无缺，但按规定金融机构比其他债权人享有优先的受偿权，该类贷款同时要求作为抵押品的住房一定要具有可售性。住房担保贷款，是指金融机构对具有能够为其提供偿还贷款本息保证担保人的借款人提供的住房消费贷款。如果借款人不履行借款合同，金融机构有权要求其担保人代其偿还贷款本息。住房抵押担保贷款，是指金融机构在借款人不仅需将购买或建造的住房作为抵押品，还需具有贷款担保人的条件下，方可向借款人提供的住房消费贷款。当借款人不履行借款合同时，金融机构首先处理抵押物，如果处理抵押物有困难或其价值不足以抵偿贷款本息时，可要求担保人代为偿还所欠款项。

④固定利率住房贷款、浮动利率住房贷款和连动式利率住房贷款。

拓展阅读7-2

房贷额度
紧张 为何
居民中长期
贷款还创了
新高？

这是按利率、计息方法不同进行的分类。固定利率住房贷款是指在贷款期内贷款的利率固定不变。因此，该类贷款的每期还款中，本金与利息的比例是不同的，一般在开始的一些年份中，利息多于本金，而在最后几年，本金多于利息。浮动利率住房贷款是指在贷款期内，贷款的利率随市场利率变化而变化。该类贷款在合同中规定，当市场利率变动时，金融机构可以变动贷款利率或增加付款的金额或次数。这样，利率变动的风险就被分散、转移到借款人身上。连动式利率住房贷款，是指事先确定一个期限的固定利率，超过这个期限后利率就重新计算的住房贷款。

7.3 房地产抵押贷款

一般而言，房地产金融机构向房地产业提供资金的方式主要有两种：实施房地产抵押贷款和购买房地产企业发行的证券，其中房地产抵押贷款是最基本和最常见的形式，西方国家金融机构提供贷款大都采用这种形式。据统计，西方商业银行短期贷款中的40%、长期贷款中的60%为房地产抵押贷款。

7.3.1 房地产抵押贷款概述

抵押贷款是世界各国银行传统的业务之一。这种贷款方式大大减少了贷款人的风险，为收回贷款提供了有效保障，因而运用十分广泛，其中，房地产抵押贷款是其重要的组成部分。在我国，开办房地产抵押贷款是房地产金融业务的一项重要内容，它能够提高贷款的安全性，弱化信贷风险，合理引导居民的购买力，提高信贷资金周转率，加快住房商品化进程。

7.3.1.1　房地产抵押贷款的内涵

（1）抵押

我国的抵押信用，起源于春秋战国时期，当时是以人作抵押，后来发展成以土地作抵押，南北朝时期以财产作抵押。到了明清时期，由于票号、钱庄的兴起，抵押有了新的发展。新中国成立前，农民因天灾人祸，经常以土地作抵押向地主、富农举债，到期归还本息赎回土地。城镇居民之间的借贷以房产作抵押，到期归还本息赎回房契的做法也很常见。民间抵押，由抵押双方当事人和中间人（见证人）三方订立抵押文书，见证人一般由宗族族长或在社会上有一定地位的人担任。抵押文书订立后，三方画押盖章。文书内容主要有土地或房屋状况（土地是旱地还是水田，房屋是砖房、土坯房还是木板房等）、数量（亩数或间数）、坐落东南西北界址、抵押金额、期限、利息等。抵押文书三方各执一份，抵押人必须将抵押的地契或房契交抵押权人保管。抵押人到期无力偿还债务，则土地或房屋由抵押权人执地契或房契以及抵押文书向税务部门完税后就转归抵押权人所有。在古希腊的阿提卡地区，土地抵押非常盛行，在田野上到处竖立着抵押柱，记载着该土地的抵押情况。这足见抵押的这种融资方式，在古今中外都是很普遍的。

（2）抵押贷款

抵押贷款是由借款人以其财产向银行或其他金融机构作抵押获取贷款的一种融资形式，借款人称为抵押人，贷款银行或其他金融机构称为抵押权人。抵押人到期归还贷款本息后，抵押终止，抵押权人即将抵押财产或财产凭证返还给抵押人。反之，抵押人到期未能偿还贷款本息，则抵押权人有权处分抵押物，扣还贷款本息。中国的抵押贷款业务是在19世纪70—90年代发展起来的。当时上海的钱庄有100多家，为减少贷款风险，它们竞相开办抵押贷款业务，仅当时福康钱庄发放的丝革抵押贷款就曾达白银6万两。到新中国成立前，商业银行和钱庄仍然办理抵押贷款业务。工商业者欲取得贷款，多以商品接单（仓储公司出具的提货单）作为抵押物，如以棉花、棉纱、布匹、丝绸、皮革等的接单作抵押。四川的出口商向银行申请抵押贷款，则常以传统出口特产猪鬃、肠衣、桐油等的接单作抵押，也有的客户以银行出具的期票（未到期的票据）、上市公司的股票作抵押。就连商业银行向当时的中央银行拆借超过规定天数时，也需提供抵押物，一般为房地产契约和黄金、美元等硬通货。新中国成立后，在计划经济条件下，不承认商品经济，因此银行不发放也不可能发放抵押贷款。改革开放后，我国摒弃了计划经济模式，发展社会主义市场经济，银行开办和发展了抵押贷款业务。抵押贷款的特点是"认物不认人"，与信用贷款是完全不同的。信用贷款是根据客户的信誉程度确定贷与不贷以及贷款数额，抵押贷款则是根据客户能否提供抵押物，提供多少价值的抵押物确定能否给予贷款、贷款数额的标准，并且还要按抵押物总值确定一个抵押率来决定贷款的额度，这样就大大地降低了银行的贷款风险。

（3）房地产抵押贷款

房地产抵押贷款，是指银行对借款人（抵押人）以土地有效期间的使用权、房屋的所有权连同相应的土地使用权作为抵押物而发放的贷款，也可以说由借款人所拥有的房地产抵押给银行获得的贷款。房地产抵押期间，抵押人享有使用权和管理权，但丧失了对抵押房地产的处分权；贷款银行（抵押权人）仅能按抵押贷款合同的约定，按期收回贷款本息，没有对房地产使用和管理的权利，只有抵押人违约需处分抵押房地产时，才能依照一定的法律程序使用处分权。

一般来讲，房地产抵押贷款的需求者主要有以下三种：

①土地开发商。按照《中华人民共和国城镇国有土地使用权出让和转让条例》的规定：土地使用权出让是指国家以土地所有者的身份将土地使用权在一定年限出让给土地使用者，并由土地使用者向国家支付土地使用权出让金的行为。土地使用权出让的最高年限，按照不同的使用用途，为40～70年。以土地使用权作为抵押是土地开发商用其作为还款保证获得银行贷款的融资行为，土地开发商如不能按期归还贷款本息，该土地使用权就转让给贷款银行，为了收回贷款本息，贷款银行再将该土地使用权转让出去。

②住房发展商（开发公司）。住房开发是一项投资大、周期长的产业，需要大量的资金投入，除开发企业的自有资金外，大部分都依赖银行的贷款支持，银行对住房开发企业在半年以下的贷款，用发放商品房开发流动资金贷款解决；对在半年以上的贷款，则需由住房开发企业以建成或在建的住房作抵押，由银行发放房地产抵押贷款，到期偿还贷款本息。

③购（建）住房的职工和城镇居民。职工和城镇居民购买或建造住房这个大商品，其价值往往是他们家庭年收入的数倍，要一次筹足这笔资金，对于绝大多数家庭来说，是十分困难的。这就需要银行的帮助，职工和城镇居民只需有相当于住房价值30%～50%的自筹资金，并以购买或建造住房的所有权作抵押，由银行向他们发放房地产抵押贷款，以后再按月还本付息，直到全部还清贷款本息，收回住房所有权。

抵押贷款是信用贷款的一种形式，是条件苛刻的贷款形式，它是市场经济发展的产物。在市场经济条件下，由于市场竞争机制的作用，商品生产者和经营者随时都面临无力清偿债务，甚至遭遇破产的风险。为了确保贷款的安全，如期回收贷款，借贷机构要借款人提供一定的财产作为偿还贷款的保证。房地产抵押贷款都必须设定抵押权，房地产抵押权是房地产信用的前提。房地产抵押权的实质是指放款人与借款人根据正式的契约，以房地产的权益为基础而设定的担保物权。借款人对其房地产仍保留权利，但一旦无法偿还债务时，将其权利交由贷款人处置，以偿还债务，这一过程称为取消赎回权。

抵押贷款要求借款人提供一定价值的抵押品。当借款人拖欠失信而不作归还时，贷款人可以将抵押的部分价值占为己有。此时贷款的预期报酬，将等于抵押物价值减去本金和利息之后的差额。其公式如下：

$$贷款预期报酬 = 抵押物价值 - 本金 - 利息 \tag{7-1}$$

式中，利息是指由被拖欠概率和偿还概率加权平均值计算的利息。

$$借款预期报酬 = 贷款预期效益 - 抵押物预期损失 \tag{7-2}$$

从以上所述的房地产抵押贷款内涵中可以看出，它有以下几个方面的内在关系：

①它能充分发挥房地产不断升值的机制，刺激贷方的放贷积极性。

从式（7-1）中可以看出，当利率一定时，抵押物价值的增大会增加贷款人的预期报酬，由此减少借款人的预期报酬。一般来讲，从长远看，土地和房产是会不断升值的，用房地产作为抵押物，对贷款人有利，这是房地产抵押贷款能在世界各国普遍发展的重要原因之一。

②借贷人在借款风险的大小、贷款利率的高低以及抵押物价值的大小之间形成了不同取舍的制约关系。

由于房地产抵押贷款以房地产作抵押物而发放贷款，贷款人把可能造成损失的本金和利息的危险全部或部分转移给了借款人，因此可以说是一种风险分摊手段。于是借贷人如何看待抵押物的价值，要取决于此项贷款的风险程度和实际承担的风险。当风险较大时，借款人宁愿选择高利率贷款，但却会选择抵押价值较小的标的物进行抵押；相反，当风险较小时，借款人则希望选择利率较低的贷款，但会选择标的物价值较大的抵押物进行抵押。

③个人的偏好进入了房地产抵押贷款市场。

抵押贷款不仅取决于利息率的高低，而且还取决于借款人的个人偏好，这两方面同时决定了还贷的预期收益和可能发生的损失。因此，借款人的个人偏好会以一种实质性要素进入借贷市场，它是房地产抵押贷款做出科学决策的重要依据。

（4）抵押市场的存在与否，取决于多种情况

首先，取决于借款是否具有抵押物。即使贷款供给者坚持要求抵押时，对那些不拥有可抵押资产的借款人来说，抵押贷款市场是不存在的。

其次，利率的高低也是决定抵押贷款市场发展的重要因素。但当借款人没有可供抵押的标的资产时，即使他愿意支付更高的利息，也不会得到贷款。因为贷款人知道，过高的利率会削弱还贷的刺激，还会促使借款人把贷款用于冒险投机等活动，反而降低了按期还贷的可能。同时，对于抵押人来说，当利率提高到不适当的程度，如提高到投资收益率以上时，抵押贷款市场的需求方也就不存在了。

最后，抵押标的物的自然状况对抵押贷款市场的建立与发展也有重要影响。可以作为信贷抵押物的标的物必须满足以下三个条件：

①抵押标的物的可占有性和不断升值性；

②抵押标的物持有的风险性小，不易因借款人遇到种种不当行为，如被偷盗、意外事故而丧失其价值；

③通过法律和保险环境的改善能保护抵押标的物。

根据以上条件，房地产作为抵押标的物具备最充分的条件。当前，金融业和经济发达国家已经把抵押贷款的抵押标的物扩展到了更广阔的范围，诸如储蓄存款在内的多种金融资产也作为抵押资产，从而使借贷双方都有了广泛的选择余地。

7.3.1.2 房地产抵押贷款的基本特征

房地产抵押贷款的特征是对其内涵的进一步阐明。所谓基本特征是指房地产抵押贷款的本质属性，是它与其他贷款的区别所在。

（1）以抵押为前提建立信贷关系

就融资手段而论，抵押贷款是以抵押物的抵押为前提而建立起来的信贷关系，其他信贷关系不以抵押物的抵押作为前提。房地产抵押贷款则以房或地为抵押而取得贷款，是以房地产资产为担保的贷款，取得担保的根本目的在于降低贷款人的风险。信用的一般特征是资产所有权和使用权的分离，无论是贷款借出去还是商业信用中先收款后交

货，或是先交货后收款，都表现为资产的贷款、货款或商品的所有权和使用权相分离，但必须依据契约规定"有借有还，到期归还（到期交货）"，中间没有一个物质担保手段。抵押贷款则以抵押物为手段而建立信贷关系。银行信用贷款依据借款人的信誉发放贷款，商业信用贷款依据商业企业和顾客之间的商业信誉发放贷款。抵押贷款则依据贷款项目的风险程度及抵押物估价价值的多少来发放贷款。把借款和抵押融合在一起，对借款人来说，拿到贷款和抵押是一件事情的两个方面，对于发放贷款者来说，他的资金单方面转移有了物质担保，增加了安全感，这是其他贷款形式所没有的。

（2）以房地产抵押为条件，以融通资金为目的

就融资和抵押的目的而论，借贷双方都不是为了取得某种商品，而是为了以抵押物为条件而融通资金。对房地产抵押贷款的借方来说，则是通过融资而取得住房，这种抵押信用和商业信用是完全不同的。商业信用通过赊销商品或延期付款来实现商品交易，销售商品和取得商品。房地产抵押贷款对借贷双方都不是为了交易房地产，贷方取得房地产物权的目的并不是占有房地产，而是为了在不能实现按期归还时作为抵押品；借方抵押房地产并不是要出售房地产，相反，一般情况是要取得房地产，抵押的目的是融资。总之，抵押贷款的目的是融资关系而不是商品买卖关系。一旦借方不能按期归还贷款，而贷方需要处理抵押物时，出售抵押物的行为并非抵押贷款者的本意，而主要是为了信贷资金的正常周转和循环，即融资的需要。

（3）通过放贷为借款人服务，同时也为贷款人服务

就金融手段的服务对象和服务形式而言，抵押贷款是贷款人在发放贷款时，要求借款人以抵押资产为担保而给予的贷款，通过发放贷款一方面可以为借款人提供服务，同时也是金融企业为其资金的增值而进行的自我服务。这种抵押信用与信托信用有着明显的区别。信托是指委托人基于对受托人的信任，将其财产权委托给受托人，由受托人按委托人的意愿以自己的名义，为受益人的利益或者特定目的进行管理或者处分的行为，信托的服务方式是间接的。房地产信托是指金融或信托机构接受房地产产权单位或个人的委托，将房地产进行信托经营，包括托管、托租、托修或托建。信托物的所有权属于信托者，不属于受托方，信托机构是受人之托，为人服务。而抵押贷款的抵押契约一旦生效，其标的物的所有权即归贷款人，服务对象是借贷双方，服务方式是直接承押融资，而不是受人委托，为人服务。

（4）房地产抵押贷款是现实的责任担保

就担保性质和抵押责任而论，抵押贷款是现实的责任担保，不像其他信用担保是未来非现实的责任担保，因而可能是一种"虚拟担保"。抵押贷款的抵押行为是取得贷款时发生的现实行为，在取得抵押贷款的同时，抵押人必须提供实实在在的抵押财产，否则，不能获得贷款。房地产抵押贷款是以房地产抵押为条件的现实责任担保。其他信用担保在建立信用关系时也较为普遍，但这种担保方式中担保人所承担的实际责任发生在贷款偿还时，而不是发生在担保贷款时，这是一种未来责任。其前景有两种可能，如果借款人到期能够如数偿还贷款本息，则担保行为并不发生，因而是虚拟性担保；如果借款人到期不能偿还贷款本息，担保行为才实际发生。抵押贷款不论其能否按期偿还，抵押是现实的，抵押物是否由抵押权人处理要根据贷款本息是否按期归还而定。总之，抵

押责任是现实的，不是未来的虚拟担保。

（5）抵押物的所有权有可能归抵押权人

就抵押物的权属关系而论，抵押贷款的抵押物的所有权归属于抵押权人，但这种所有权的实现以贷款逾期不还本息为条件。如果房地产的所有者履行债务，房地产所有权就能归还给抵押人。由此，房地产抵押和房地产典当有相似之处，即经过一定的期限，当条件变化时，都存在房地产所有权转移的可能性。然而，房地产抵押中的抵押权是属于主债权的担保物权，而在房地产典卖中，承典人所享有的典权是一种独立存在的物权。同时，房地产抵押物的权属虽归受押贷款人所有，但必须在贷款到期而不能清偿时行使；而房地产典卖时，承典人所享有的典权期限虽满，该房地产的所有权并不立即由出典人转移给承典人，它的转移要以出典人在时效期内不赎回为条件。

房地产抵押标的物的所有权虽归抵押权人，但使用权归抵押人。但如果需清偿抵债而拍卖给第三人，房地产抵押物原所有人就无权再拥有被抵押房地产的使用权，因为他已失去了所有权，当然如果与新的所有者建立租赁关系，又另当别论。

房地产作为抵押物后，其使用权仍归抵押人占有，这是房地产抵押与一般抵押的重要区别，这是由房地产属于不动产这一性质所决定的。因此，房地产抵押若要成立，双方就必须签订房地产抵押合同，只有在合同的保证之下，抵押双方的权利和义务才能得到充分的保护。为了使双方权益都得到实现，在双方签订房屋抵押合同之后，必须到房地产管理部门进行抵押房地产登记，使其发生法律效力，否则仅凭一纸合同不能认为抵押已经生效。通过登记生效后，房地产的抵押才真正成立，其权属关系才能得到法律保护。房地产抵押权自登记时成立，至注销登记时终止。

7.3.2　房地产抵押贷款的功能与作用

国际经验证明，房地产抵押贷款在各种房地产贷款形式中占有主导地位，这是由房地产抵押贷款的功能和特殊作用所决定的。目前，随着房地产业的日益成熟和金融市场的不断开放和创新，它所具有的功能和作用将日益凸现。

（1）增进居民福利和效用，提高居民购房能力

房地产抵押贷款的发展，是以住房买卖和房地产市场的发育为基础的。住房消费的重要特点之一是，住房价格昂贵与消费者难以在短期内支付，导致住房资金的严重短缺，这就影响了房地产市场的发育。房地产抵押贷款的出现，可以使房地产投资开发实体在银行的配合下，推行分期付款来销售住房。这样，那些达到一定收入水平的家庭，只要能交出住房款全价的 10%～20% 作为首期付款，银行便能以该住房作为抵押条件，提供该住房房价的 80%～90% 为贷款。购房者将取得的贷款一次性交付给房地产开发公司，然后在以后较长的时期里向银行分次还本付息，名义上是抵押贷款，实际上也是分期付款，这就增强了居民的购房能力，扩大了房地产消费市场，将高价值的难以消费的房地产产品尽快进入流通领域，使居民的住房需求提前实现，促进了住房的商品化和自有化。

（2）加强房地产开发企业的经济实力，推动房地产业快速发展

房地产开发企业筹资的重要手段是以自己营造的房地产作为抵押物而向银行取得贷

款。一般在它确定建设项目以一定的自有资金支付部分购地费后，其余地价的大部分便来自银行的抵押贷款。基础设施工程完成后的房屋建筑工程所需资金，也向银行贷款，条件是把将要建成的住房或楼宇与土地一起抵押给提供贷款的金融机构。上述两笔贷款一次性谈妥，分次取得和使用，银行在此充分发挥了筹资融资的作用。房地产开发企业由于有银行的抵押贷款支持，以自有的小额资金引来了巨额的投入资金，提高了自身的经济实力，从而使房地产业能得以顺利发展。房地产抵押贷款不仅为房地产开发企业筹集和提供了资金，而且也增强了自身的风险约束，限制了自己的短期行为。这种贷款形式需要以经营的房地产作为抵押担保，增强了开发企业偿还贷款的自觉性。因为债务的履行，需要建立在开发企业财务良好运行的基础上，从而促使它必须从根本利益上去考虑房地产投资项目的可行性，并且要不断增强自身的经济实力。造成房地产抵押贷款不能按期归还的原因虽然很多，但是除了客观上的经济形势和投资环境以外，还取决于房地产开发企业的经营管理状况。为此，房地产开发企业必将审慎经营，在不断发展壮大企业实力的前提下，积极利用抵押贷款发展房地产业。

（3）发挥储蓄功能，调节居民消费行为，推动经济的合理运行

居民一旦取得住房抵押贷款，随即实现住房消费，但同时需按期储蓄，实际上是先购买了住房而后必须参加储蓄，而不是先储蓄后购买住房。可见，住房抵押贷款是长期性住房储蓄的替代形式，因此，住房抵押贷款具有很强的储蓄功能。一些经济发达国家，例如美国，在第二次世界大战后由于住房抵押贷款的广泛发展，个人储蓄率比较低，这足以说明住房抵押贷款在一定意义上替代了居民个人储蓄。相反，中国居民储蓄率较高，这也与住房抵押贷款起步较晚、发展较慢不无关系。房地产抵押贷款还可以调节居民的消费行为，为建立比较合理的消费结构创造有利条件。

（4）降低信贷风险，提高信贷效益，促进房地产金融业的进一步发展

房地产抵押贷款能通过合同明确规定各项借贷条件以及借贷双方的权利、责任和义务，保证了贷款的偿还以及对抵押品的处理有法可依，有据可查。这样也确保了借贷双方的经济利益，从而降低了信贷风险，为金融机构提高信贷效益创造了有利条件。住房贷款，如果是一般的单一信用贷款方式，尤其是对居民个人开办住房贷款，由于居民拥有资产的价值一般较低，绝大多数都小于居住住房的价值，如不按期归还，信贷机构必将承担巨大的风险。这种信贷风险，会严重影响信贷资金应有的经济效益。然而，住房抵押贷款的推行，可使住房抵押财产的所有权掌握在放款人手中，这种住房受押权便大大减少了金融机构的后顾之忧，不论是居民个人还是房地产开发企业，一旦不能按期归还或无力偿还贷款，房地产金融机构可以依法处置抵押品以抵偿债务。《民法典》规定，对于债务人不履行到期债务或者发生当事人约定的实现抵押权的情形，抵押权人可以与抵押人协议以抵押财产折价或者以拍卖、变卖该抵押财产所得的价款优先受偿。这样可以使房地产抵押贷款的风险降到最低限度。正因为这个缘故，一些经济发达国家的房地产抵押贷款往往在各种形式的住房贷款中处于主导地位。房地产金融机构提供住房抵押贷款，既可使房地产开发商的经营多样化，帮助居民个人解决购房资金短缺而又急需住房的矛盾，同时又使自身获得了巨大的经济效益，并且可以不断扩大金融业务和服务范围，促进房地产金融业的进一步发展。

（5）增强了对借款人的风险约束

对于房地产开发企业来说，它们有着强烈的投资需求；对于需要住房的居民来说，他们有迫切的购房欲望。为了达到各自的目的，它们都有很强的借款要求。然而，房地产开发企业对投资风险的大小、经济效益的高低，往往估计不足。对于居民个人来说，能否做出储蓄保证，有的也心中无数。而实行房地产抵押贷款，就能促使房地产开发企业合理经营，做出科学决策，避免盲目借款而难以按期归还，从而增强了房地产开发企业按需贷款、按期还款的自觉性。否则，其自身就要承担风险。对于居民个人来说，应该量力而行，合理消费，有计划地储蓄，因为只有这样才能真正取得住房。总之，房地产抵押贷款，不论对于房地产开发企业还是居民个人来说，都具有很强的鞭策和激励作用，促使借款者从实际出发，讲求经济效益，按需贷款，按期偿还。

【案例分析7-1】 --

房产抵押贷款还不上银行会怎么办？

2020年9月，张先生全款购置一套房子后，因做生意将这套房子作为抵押从银行贷款100万元，银行未将房产证收回。张先生还款60万元后，2021年初，因资金周转不开又从民间借贷高息房屋抵押贷款70万元，房产证被放款户拿走。现在从民间借贷的70万元资金到期，但张先生无力偿还，对方遂起诉，拍卖房子。思考：房子已抵押在银行，还可以拍卖吗？这样做的后果是什么？

分析：（1）房屋属于不动产，根据现行法律的规定，房屋抵押必须去房管部门办理抵押登记手续才能生效。（2）张先生的房产证虽然被民间借贷债主拿去，但是他们之间仅是借贷关系，不存在房屋担保关系，而且，张先生的房屋已经在银行办理房屋抵押款，这样银行在处置其房屋方面有有限处置权。（3）如果张先生仅有一套住房，为保护被执行人适当的居住权，一般法院即使执行，也不会直接拍卖房屋，只会采取查封、限制房屋再次买卖的形式来保护债权人。（4）虽然不会拍卖房屋，但是如果不及时归还债务，等法院判决出来，仍不能偿还的，会加倍支付迟延履行期间的债务利息，且会有司法拘留等处罚。

资料来源：根据相关资源整理。

（6）影响以建筑业和建材业为导向的众多产业的发展

经济发达国家的经验已经证明，房地产抵押贷款是融通房地产资金的重要手段，而房地产业中的建筑业是经济发展过程中的支柱和主导经济部门之一。一些经济发达国家，建筑业的盛衰往往是经济发展状况的晴雨表和指示器。在美国，建筑业、钢铁工业和汽车工业一直被称为经济发展的三大支柱产业。第二次世界大战后，日本经济恢复并高速发展，建筑业也显示了特有的活力，因此，日本曾经称誉建筑业为永恒增长的产业。建筑业发展的资金要由房地产金融机构提供，而房地产抵押贷款在整个建筑业中又起着催化作用。许多经济发达国家住房金融体制都是建立在家庭储蓄基础上的，在由家庭储蓄转为住房建设资金的方式上，绝大部分住房的兴建和出售都是通过抵押信贷来完成的。于是，房地产抵押贷款的发展状况，直接制约着房地产业和建筑业的发展。而建筑业的兴衰又影响到其前端工业部门，包括建筑材料工业、建筑机械工业、运输业、建材科研等部门的发展。建筑业同样影响其后各部门的发展，包括社区基础设施建设、绿化、道路、室内装修业以及为住宅市场服务的各种劳务和市场外的劳务。总之，房地产抵押贷款的发展对一个国家整个经济的繁荣发展将发挥举足轻重的作用。

（7）具有拉平经济周期的作用

一般而言，在经济衰退时期，价格和利率呈下降趋势。房地产价格和信贷成本降低，在一定程度上会刺激住房购买和抵押贷款需求，从而可以部分抵消全社会固定资产投资下降对经济造成的负面影响，减缓经济衰退速度。在经济复苏阶段，工资增长较快，住房信贷需求增加，房地产价格开始上升，银行更乐于发放抵押贷款。抵押贷款的增加直接刺激住房建筑业的复苏，从而加快经济复苏的步伐。

房地产抵押贷款业务为政府制订反周期计划提供了一个强有力的工具。政府通过改变利率或制定税收优惠政策来加强住房信贷的这种自发作用，这样会进一步缩小经济波动幅度。例如，在经济衰退时，可采取税前扣减所得的政策以鼓励银行发放更多的房地产抵押贷款。

思政拓展与思考

央行媒体：金融机构对房地产企业的融资行为已恢复至正常状态

2021年底，金融机构房地产贷款投放明显提速。记者从金融管理部门和多家银行了解，11月房地产贷款投放在10月大幅回升的基础上，继续保持环比、同比双升态势，初步预计同比多增约2 000亿元。另据wind统计，11月房地产企业境内债券发行金额471亿元，环比增长84%。随着恒大事件短期冲击的逐步明朗化，行业预期将进一步改善，金融机构对房地产企业的融资行为已恢复至正常状态。

光大银行金融市场部宏观研究员周茂华接受记者采访时表示，从最新数据看，金融管理部门及时对部分金融机构过度收缩行为进行适当矫正，起到了明显效果，个人住房贷款明显回暖，市场预期也逐步趋稳，对房地产悲观情绪有所舒缓。

易居研究院智库中心研究总监严跃进告诉记者，近期，金融机构房地产贷款投放开始增多，但房企感受方面存在时滞，从12月份开始，房企感受将会逐渐明显。

近期，针对个别大型房企风险暴露引起的房地产市场波动，金融管理部门频频发声：9月24日央行货币政策委员会三季度例会提出，维护房地产市场健康发展，维护住房消费者合法权益；9月29日央行、银保监会联合召开房地产金融工作座谈会，指导主要银行准确把握和执行好房地产金融审慎管理制度，保持房地产信贷平稳有序投放，维护房地产市场平稳健康发展。

目前，一系列楼市调控政策效果正在逐步显现。业内专家普遍认为，尽管前段时间房地产市场出现了个别问题，但风险总体可控，合理的资金需求正在得到满足，房地产市场健康发展的整体态势不会改变。

人民银行副行长潘功胜近日在2021年金融街论坛年会上也表示，近期我国的房地产市场及相关的金融市场出现一点波动，是市场主体在个别企业违约事件出现之后的应激反应。在金融管理部门的预期引导下，金融机构和金融市场风险偏好过度收缩的行为逐步得以矫正，融资行为和金融市场价格正逐步恢复正常。下一步，金融部门将积极配合住房和城乡建设部以及地方政府坚定地维护房地产市场的健康发展，维护住房消费者的合法权益。

"楼市销售回暖，金融机构满足房企合理融资需求，房地产融资压力舒缓，市场供需两端信心有望逐步回暖。"周茂华表示。

日前，人民银行有关负责人就恒大问题答记者问时也表示，短期个别房企出现风险，不会影响中长期市场的正常融资功能。近期，境内房地产销售、购地、融资等行为已逐步回归常态，一些中资房企开始回购境外债券，部分投资人也开始买入中资房企美元债券。

值得注意的是，银行业金融机构在贷款首付比例、利率等方面也在加大对刚需群体的信贷支持。银保监会新闻发言人近日介绍称，10月末，个人住房贷款中90%以上用于支持首套房，投向住房租赁市场的贷款同比增长61.5%。

目前来看，个人住房贷款发放金额保持平稳，与同期商品住宅销售金额基本匹配。在央行举办的2021年第三季度金融统计数据新闻发布会上，人民银行金融市场司司长邹澜也强调，此前少数城市房价上涨过快，个人住房贷款投放受到一些约束，房价上涨速度得到抑制。而房价回稳后，这些城市房贷供需关系也将回归正常。

展望未来房地产市场发展情况，业内专家表示，当前政策层面正在从防范风险、保障刚需等角度综合施策，房企融资渠道将更加通畅，预计随着市场情绪逐步恢复正常，市场整体发展态势也将更为稳健。

资料来源：凤凰网房产. 央行媒体：金融机构对房地产企业的融资行为已恢复至正常状态［EB/OL］.［2022-01-26］. https://baijiahao.baidu.com/s？id=1718311865600169655&wfr=spider&for=pc.

在当前国际形势复杂多变的背景下，要更好理解国家"房住不炒"政策理念，突出社会主义核心价值观。为保护房地产健康稳定发展，国家对房地产金融风险防范采取了一系列的财政政策和货币政策等调控政策，请各位同学通过不同途径梳理2015—2021年我国房地产宏观调控政策，增强爱国主义情怀。

本章小结

房地产金融是金融业务的一种形式，它一般是指围绕房屋与土地开发、经营、管理等活动而发生的筹集、融通和结算资金的金融行为，其中最主要的是以房屋与土地作为信用保证而获得资金的融通行为。房地产金融的特征：房产金融与地产金融有时能分开，更多时候则不能分开；债权可靠，较为安全；资金的运用具有中长期性。就中国来看，房地产金融业务发展至今，其业务范围大概集中在房地产信贷、房地产证券、房地产保险三个领域，房地产信托、房地产典当发展得较慢。房地产开发与经营贷款一般包括房地产经营贷款、房地产开发项目贷款、房地产开发企业流动资金贷款。房地产信贷业务是围绕货币资金在房地产领域的经营活动而展开的，它通过筹集、融通房地产资金和发放房地产贷款等方式来满足房地产业发展在资金方面的需要。

关键概念

房地产金融　房地产信贷　房地产抵押贷款

基础知识练习

一、单项选择题

1.股票按票面上是否记载股票面值，可以将其分为（　　　）。

A.面值股票和无面值股票　　　　　　B.记名股票和不记名股票

C.普通股股票和优先股股票　　　　　D.国家股、法人股、个人股股票

2.（　　　）是房地产信贷业务结算的主要形式。

A.货币结算　　　　　　　　　　　　B.现金结算

C.信用卡结算　　　　　　　　　　　D.转账结算

3.住房债券有两种：一种是由国家提供保证的国家银行发行的住房债券，另一种是
（　　　）。

A.政府债券　　　　　　　　　　　　B.抵押债券

C.金融债券　　　　　　　　　　　　D.公司（企业）债券

4.（　　　）是指银行对借款人（抵押人）以土地有效期间的使用权、房屋的所有权
连同相应的土地使用权作为抵押物而发放的贷款，也可以说由借款人所拥有的房地产抵
押给银行获得的贷款。

A.房地产开发贷款　　　　　　　　　B.房地产经营贷款

C.房地产抵押贷款　　　　　　　　　D.房地产消费贷款

5.目前，我国房地产信托的主要类型包括：信托贷款、股权投资信托、（　　　）。

A.基金信托　　　　　　　　　　　　B.财产信托优先受益权转让

C.房产信托　　　　　　　　　　　　D.住房信托

二、多项选择题

1.就中国来看，房地产金融业务发展至今，其业务范围大概集中在（　　　）。

A.房地产信贷　　　　　　　　　　　B.房地产保险

C.房地产证券　　　　　　　　　　　D.房地产投资

2.房地产开发与经营贷款一般包括（　　　）。

A.房地产经营贷款　　　　　　　　　B.房地产投资贷款

C.房地产开发项目贷款　　　　　　　D.房地产开发企业流动资金贷款

3.住房基金分为（　　　）。

A.城镇住房基金　　　　　　　　　　B.单位住房基金

C.个人住房基金　　　　　　　　　　D.住房公积金

4.根据我国目前房地产金融业务发展的基本状况，资金的运用主要有（　　　）。

A.房地产开发贷款　　　　　　　　　B.房地产经营贷款

C.房地产抵押贷款　　　　　　　　　D.房地产消费贷款

5.房地产抵押贷款的需求者主要有（　　　）。

A．土地开发商　　　　　　　　B．住房发展商（开发公司）

C．购（建）住房的职工和城镇居民　　D．地方政府

三、简答题

1．简述房地产金融的特征。

2．简述房地产信贷资金筹集的特征。

3．简述房地产信贷资金筹集的原则。

4．简述房地产信贷资金筹集的现实意义。

5．简述世界各国各地区筹集房地产信贷资金的渠道。

实践操作训练

[实训情境设计]

　　房地产金融业务是房地产市场的有效支撑，当前房地产市场中的金融业务种类很多，每种金融业务都有自己的特点。熟悉房地产金融业务是进行房地产经济行为的必备条件。

[实训任务要求]

　　1．将全班同学分成若干小组，每个小组人数不超过5人，每组选派组长一名。实训采用组长负责制。

　　2．以小组为单位调研当前市场上的房地产金融业务，对各种金融业务的性质进行分析，并就其中一种进行应用推广介绍。

　　3．以小组为单位，将上述信息制作成PPT。

　　4．每个小组利用10分钟以内的时间对实训成果进行汇报，并接受其他同学和老师的提问。

[实训提示]

　　参考教材内容"7.1.2　房地产金融业务"。

[实训效果评价]

房地产金融业务推广实训评分表

评价项目	分值	得分	备注
对所选择的房地产金融业务理解准确、表述清楚	30		
应用推广的解说具有说服力	40		
态度端正、准备充分、表达流利	30		
实训效果总体评价	100		

第8章

房地产周期循环与房地产泡沫

知识目标

1. 了解房地产周期循环的定义、划分阶段及特征；
2. 熟悉房地产泡沫的定义、表现形式及运行机制；
3. 掌握房地产泡沫的危害与预防。

技能目标

1. 能够分析房地产经济周期与国民经济周期之间的关系；
2. 能够分析实践中的房地产业的周期性波动。

引例　在当时，日本、美国为何要主动刺破房产泡沫，而不是全力保住房价

一直以来，笔者有一个观点，房子作为衣食住行的一环，关系到人的生计，重要性不言而喻，房子虽然是商品，但也一定是一件特殊的商品，不能完全市场化，更不能拿来炒作，变成一种金融工具为少数人牟利。如果任由房产泡沫扩大化，受伤的一定是普通老百姓，大多数人都在为还房贷奔波，没有个人发展和家庭和谐幸福。

就房子本身而言，不过是一个居住品，手上握有再多的房子，一天也只能住一套房子，但一旦被资本相中，就无形扩大了需求，让房产泡沫愈演愈烈。即便像美、日这样的发达国家，也曾出现房产被爆炒的现象。

值得一提的是，美、日在房产泡沫不断放大的过程中，坚决采取各种手段刺破房产泡沫，而不是全力保持房价平稳，甚至增长。它们为什么要这么做，难道不知道会危及金融系统，甚至伤害经济发展吗？

1. 泡沫形成如出一辙。

从1960年开始，日本的经济飞速发展，贸易顺差非常大，全世界都是日本制造，当时世界前10大企业中，就有8家来自日本。但日本并不甘心，1985年9月，联合德、英、法、美一起签订了著名的《广场协议》，美国货币贬值，其他四国货币升值。

随着日元的升值，日本人感觉自己越来越有钱了，此后就是一路买，不仅买股票，也买房子，买土地，但协议又有另一个坏处，那就是出口受阻。为了刺激经济发展，日本从协议签订后开始大放水，1985—1990年，M2开始增速，从8%提升至12%，银行和消费信贷机构手上有大量的资金，它们需要把钱放出去盈利。

资金也是趋利的，事实证明，这些钱大都往股市、楼市跑，而制造业贷款占总贷款的比例从20世纪70年代的38.95%下降至1990年的15.9%，在资金的推动下，日本房产泡沫急剧扩大，仅在1986—1989年间，房价就上涨了一倍以上，不少楼盘需要"摇号"碰运气。当时有数据估测，全日本的房产价值是美国的5倍，仅东京的房产价值就可买下整个美国。

而美国历史上出现过两次房产泡沫危机，最近一次是发生在2006年中期以后。同样，美联储不断下调储蓄利率，在宽松的货币政策下，加上金融机构不断放松房贷条件，从2001—2005年间，一些普通老百姓也加杠杆进入楼市，房价收入比从1975—2006年期间的8.27倍（家庭8.27年收入买一套房子）上升到2006年以后的9倍以上，房产泡沫不断聚集。

2. 日、美主动刺破房产泡沫。

日美两国均是在宽松的货币政策下形成了房产泡沫，在当时的很多购房者看来，国家鼓励并默许资金进入房地产，房产与金融、经济发展捆绑在一起，不可能贸然刺破这个泡沫，否则对大家都有害，即使在泡沫破裂前夜，仍旧有很多民众在抢购房产。但这种想法，显然低估了当时政府的决心。

为抑制房地产过热发展态势，当时的日本最高财政管理机关大藏省，下达了限制金融机构过度融资的管理指导，一是控制总量，二是监管房地产等关联行业的融

资情况。随着一系列金融控制措施出台，贷款资金成本陡增，在失去资金支撑的日本楼市，迎来了1991年楼市泡沫的一刻，前后3个月时间，用"踩踏式出逃"来表述一点不为过，东京的房价下跌了65%。

同样，美国并没有因为房地产繁荣而放松金融管控，从2004年6月起到2006年，共计加息17次，房地产泡沫随着资金成本不断升高而开始破裂，大量购房者断供，银行收房收到手软，从而引发了次贷危机，所谓次级贷款，就是银行等金融机构向收入低、信用差的人发放的房地产抵押贷款，房地美和房利美就是全美最大的两家发放房地产抵押贷款的公司。危机最终向银行、保险等行业蔓延，房价跌幅一度达到40%进而导致全球性的金融风暴爆发。

3.日、美为什么不全力保住房价？

毫无疑问，日、美两国都为刺破房产泡沫付出了代价，比如说失业率上升，特别是房企和银行倒闭，房地产和银行的从业人员一夜之间从收入丰厚到没了工作。但它们还是坚决要抑制泡沫。说到底，它们还是从长远计，依靠房地产的经济繁荣只能支撑一时，不可能长期持续下去，刺破越晚，对国家的发展影响越大，甚至无法回头。

有人说，日本因房产泡沫破裂而"失去了20年"，这话有偏颇。在经济上，日本确实失去了高速增长，甚至出现负增长，但改变了依赖房地产发展经济的方向，重新更加重视实体经济发展，投入和研发呈现一个积累过程，目前，日本的支柱产业中，比如汽车、动漫、数字媒体经济产业等，都跟房地产没有一点关系。而美国虽然经历了次贷危机，但仍然是世界头号经济强国，其主导产业也与房地产不沾边。

从日、美先后刺破房产泡沫后的发展可以看出，两国并未因此而沉沦，事实上，资金在经历惨痛的教训后，也不敢贸然再进入这个行业，而是转投到实体，让实体经济不断转型升级，拥有了核心竞争力，其顶尖科技和制造技术保持在世界前列。

事实上，买房投资是消费，买其他产品也是消费，但两种不同的消费带来结果则是完全不一样的，前者吸收了大量资金后，容易形成"堰塞湖"，后者则促进了"消费-制造-研发升级"等一系列良性发展。

此外，房价快速上涨，真正受益的仅是少部分人，大多数人则要承受高房价带来的苦果，不敢消费，不敢生子，一旦买了房，就要被房贷束缚，个人发展和职业梦想变成了"诗和远方"。

因而，当在刺破房产泡沫和延缓高房价两个选项时，两国都选择了放弃房地产发展经济思路，因为谁都知道，要想保持核心竞争力，唯有把资金吸引到科技和制造业上来，把实体经济做牢做实，即便因此可能带来短期的阵痛，但为国家长远发展，这都是必需和值得的。

资料来源：房天下. 在当时，日本、美国为何要主动刺破房产泡沫，而不是全力保住房价［EB/OL］.（2021-01-29）. https://baijiahao.baidu.com/s? id=1690190427020737033&wfr=spider&for=pc.

8.1 房地产周期循环

8.1.1 房地产周期循环的定义

周期分析是认识事物变化规律的重要方法，被广泛应用于宏观经济的诸多领域。房地产市场的运行呈现出周期特征，和其他宏观经济运行一样，时而高涨，时而收缩，呈现出一定的规律性。英国皇家特许测量师协会（RICS）在1994年提出了"房地产周期循环"的概念："房地产周期循环是指所有类型房地产的总收益率重复但不规则地波动。"从该定义可以看出，英国皇家特许测量师协会主要从房地产总收益率的角度来定义房地产周期循环，而实践中重复但不规则地波动在其他许多房地产活动指标（例如租金、价格、吸纳率、空置率、建设量）中也很明显，只是它们的变动落后或领先于房地产总收益率周期。因此，房地产周期循环可以一般地定义为房地产活动或其投入与产出围绕着其长期趋势周期性但并非定期波动。也就是说，从短期来看，房地产周期循环呈现波动性，但在一个足够长的发展时期内，这种波动又会体现出周期性循环的特征。一个完整的循环从起点到终点（或紧接着下一次循环起点）之间的时点跨度就是周期，也就是相邻的两次周期循环间隔的时间长度。

与循环相应的概念是波动，波动可分为周期波动和随机波动。周期波动是围绕市场趋势的循环变化，随机波动是指反复出现但没有固定的周期跨度的变化。从运动轨迹来看，我国房地产周期与国外相比有独特的波长。美国房地产从1870年开始按18~20年的频率进行一次周期循环波动，与库兹涅茨长周期（18~20年）基本一致；日本房地产基本是7年一次周期；我国香港房地产从1945年后是7~8年一次周期；我国台湾房地产从1970年开始是5~6年一次周期。以上后三个国家和地区基本是遵循朱格拉周期（6~7年）。而我国内地的房地产周期波动时间是4~5年一次，是介于基钦周期（2~3年）和朱格拉周期（6~7年）之间的一种新周期，具有独特的波长。

8.1.2 房地产周期循环阶段划分

房地产周期循环是由于供给和需求协调不一致产生的。经济活动具有周期性，对空间的需求也呈周期性变动。而供给的变化，由于建造时滞等原因，往往落后于需求的变化，因此空置率和价格、租金就会产生波动。

房地产周期循环可以分为四个阶段：复苏（Recovery）、扩张（Expansion）、收缩（Contraction）、萧条（Recession）。

（1）复苏阶段

通常，最低点是在上一阶段的过剩建设停止时出现的。在循环的最低点，空置率达到最高值，然后进入复苏阶段。由于前一阶段的新增建设或者需求的负增长率，市场供给过剩。最低点过后需求开始增长，慢慢吸收现存的过剩供给，但这时的供给增长是不存在的，或者相当低。随着过剩供给的吸收，空置率下降，使得市场的租金率开始稳定。随着复苏阶段的继续，对市场前景的看好使租赁者开始小步提升租金率（通常和通货膨胀率相等或低于通货膨胀率）。最后，地区市场达到其长期的平均空置率水平，这时租金增长率和通货膨胀率相等。

（2）扩张阶段

第二阶段是扩张阶段，需求继续增长。当空置率下降到长期空置率之下时，表示供给开始紧张，租金开始快速上涨直到达到使收益足以刺激新的建设。在供给紧张、租金上涨的阶段，开发商投入建设，但是由于建设时滞，需求的增长还是比供给的增长快。历史上的房地产景气循环也表明扩张阶段往往是很长的过程。只要需求的增长率比供给的增长率高，空置率就一直下降。当需求和供给的增长率相同（达到平衡点）时，循环达到顶峰。在平衡点之前，需求的增长比供给的增长快，在平衡点之后，供给的增长比需求的增长快。

（3）收缩阶段

在平衡点之后，循环进入收缩阶段。这时很多房地产市场参与者并不了解循环的顶峰（空置率最低点）已经过去，仍然热衷于进行建设。在收缩阶段，供给的增长率比需求的增长率高，于是空置率又开始上升，逐渐接近长期平衡空置率。由于这时的供给过剩还不是太严重，租金仍在上升。当新的供给越来越多的时候，租金的增长缓慢下来。最后，市场参与者发现市场已经下滑，于是停止新的建设。但是由于建设时滞，供给仍在上升，于是空置率上升到长期平均空置率之上，进入第四阶段。

（4）萧条阶段

刚进入此阶段时，空置率低于长期自然空置率，供给的增长率很高，而需求增长率较低或者是负增长。新的建设逐渐减少，当新建设的增量供给停止的时候，市场达到最低点。市场下滑过程的时间长短，取决于市场供给超出市场需求数量的多少。在该阶段，如果物业租金缺乏竞争力又不及时下调租金的话，就可能很快失去市场份额，租金收入甚至会降到只能支付物业运营费用的水平。物业的市场流动性在这个阶段很低甚至不存在，房地产交易很少或有价无市。

8.1.3　房地产周期循环基本特征

根据美国经济学者 Stephen E.Rouiac 在其经典论文《房地产景气循环及其在全球经济中对投资者和资产组合管理者的意义》中的论述，房地产周期循环的基本特征如下：

（1）在一个增长型的经济体系中，循环的上升在经济阶段占主导地位，要比下滑和谷底持续的时间长。

（2）在增长型的经济体系中，供给和需求的长期趋势是呈正斜率上升的，新一轮循环的峰顶总是比上一次高，在衰退经济中恰恰相反。

（3）供给的波动往往比需求的波动更剧烈。在房地产景气阶段，开发商、贷款银行的过度乐观往往使供给的上升速度高于需求的上升速度；在不景气阶段，开发商、贷款银行的过度悲观又往往使供给过度下滑而低于需求的下滑速度。

（4）需求循环往往领先于供给循环一段时间。规划设计、融资和建造的时间（即时滞效应）往往使开发跟不上需求的变化。

（5）最好的循环指标是空置率。在循环的顶峰，空置率达到最低点，然后慢慢上升；在循环的谷底，空置率达到顶峰，随后又慢慢下降。

8.1.4 房地产周期循环与宏观经济周期的关系

从整体来说，一个国家房地产周期和宏观经济周期是一种正相关关系，波长大体一致。如在我国，两者的周期都是4~5年，但复苏、扩张、收缩、萧条四个阶段在时间上不一致。一般来说，房地产的复苏、萧条期滞后，而扩张、收缩期超前。研究这种差别，不仅有理论意义，更重要的是在实践中，投资者和国家宏观调控可根据两者波动的时差进行决策，既可根据房地产的波动来分析和预测宏观经济的走势，亦可根据宏观经济的走势预测房地产的发展趋势。

（1）从复苏期看，尽管房地产是基础性和先导性产业，但由于其产品价值大，耗用资金多，生产周期长，并且是非工厂化单件设计、单件生产，故当经济开始复苏时，房地产开发商需要经过较长时间的筹备、计划才能投入生产，因此，房地产业的复苏要稍微滞后于宏观经济，但很短暂。

（2）从扩张期看，房地产业的扩张期要比宏观经济高潮期来得迅速。因为房地产业经过复苏期的准备后，其先导性产业作用充分显现出来。首先，市场经济高速发展，居民收入水平提高，全社会对各种商业用房、工业用房、写字楼、各类住宅等的需求扩张，拉动房地产业迅速发展。其次，可以获得较充足的资金。在高速发展并有市场的情况下，房地产开发商不仅可以加速自有资金的周转，同时还可以取得更多的贷款，使房地产业得到更快的发展。再次，产生价格刺激效应。房地产产品开发周期较长，一般需要1~2年，有的时间更长，当需求扩张时会引起房价上涨，楼市的供给价格弹性较小，从而加剧了房价的进一步上升，势必刺激楼市投资，进一步加速房地产发展。

（3）从收缩期看，房地产要早于和快于宏观经济。房地产之所以提前衰退，一方面是房地产作为基础和先导性产业，其"超高涨"或"超前发展"可以满足宏观经济继续高涨的需要，而提前进入收缩期；另一方面是房地产业的发展应以社会经济各部门的发展为基础。如果房地产业长期一枝独秀，必然导致与其他部门的脱节，最终也会使房地产业难以维持较长时间的高速发展而逐步进入收缩期。从房地产业自身发展的局限性看，它要先于宏观经济进入收缩期，而宏观经济的衰退则进一步加速了房地产业的衰退步伐。

（4）从萧条期看，房地产应当滞后于宏观经济。因为当宏观经济出现萧条时，各行各业的发展都处于停滞不前的状态，失业率、通货膨胀率较高。但由于房地产本身具有保值增值的功能，所以在其他行业都萧条的时候，人们会放弃其他投资，转向房地产开发投资或直接购买房地产，从而维持房地产市场一定的供给和需求，推迟了房地产市场的萧条。

[知识链接8-1] --●

房地产业周期与国民经济周期的关系

房地产业发展周期是宏观经济周期的组成部分之一。房地产业发展周期相对于宏观经济周期的超前和滞后是交替出现的。与宏观经济周期相比，房地产经济周期的波动有以下几方面的特点：

1.周期波动次序存在差别

从周期波动次序考察，房地产业发展周期与宏观经济周期的复苏、扩张、收缩和萧条四个阶段在时间上并不一致。房地产业发展周期的复苏、萧条期滞后，而扩张、收缩期超前。

从复苏阶段看，尽管住宅建设与房地产业是基础性和先导性行业，但由于产品价值大，耗用资金多，生产周期长，并且是非工厂化单件生产，所以当经济开始复苏时，房地产业仍需要经过较长时间的筹备、计划才能投入实质性运行。因此，房地产业的复苏要稍微滞后于宏观经济，但滞后时间很短暂。

进入高涨时期，房地产经济周期相对要来得提前一些。之所以如此，主要原因是房地产业经过复苏阶段的准备和发展，其先导性、基础产业的作用开始充分显现出来。具体地说，首先是市场作用。由于经济的快速发展、居民收入水平的提高，全社会对各种商业用房、工业用房、住宅等用房的需求扩张，拉动了房地产业迅速发展。其次是资金充足成为有力的支撑。在经济快速发展且市场状况良好的情况下，房地产业投资者不仅能够加速自有资金的运转，同时也较易取得更多的贷款。由于整个经济具有良好的发展势头，银行也愿意将更多的资金投入到房地产业使得其发展显著加快。最后是价格的限制。房地产开发经营周期一般都比较长，短期内供给量在一定程度上受到时间的限制，同时，商品房的供给价格弹性较小，从而加剧了价格的进一步上扬，势必刺激房地产投资，进一步加速房地产业的发展。

从收缩期来看，房地产业发展要早于和快于宏观经济变化。一方面是由于房地产业作为基础性和先导性产业，其"超前发展"可以满足宏观经济持续高涨的需要，而依据其自身发展的规律性提前进入收缩期；另一方面，房地产业的发展应以社会经济各部门的发展为基础。如果房地产业长期一枝独秀，必然导致与其他部门的脱节，最终也会使其难以维持较长时间的高速发展而逐步降下来，进入收缩期。

从萧条阶段来看，房地产业发展的萧条阶段要滞后于宏观经济周期。因为当宏观经济出现萧条时，各行业的发展都处于停滞不前的状态，失业率、通货膨胀率较高。然而由于房地产本身具有保值增值的特点，所以在其他行业萧条的时候，人们会放弃其他投资，将注意力转向房地产开发投资或直接购买房地产，从而维持了房地产市场一定的供给和需求，推迟了房地产业的萧条。

2.波幅与波长不同

一般来讲，房地产业属于易受到其他因素影响的敏感产业，其周期波动的幅度要大于宏观经济周期，其波峰要高于宏观经济波动值，而波谷要低于宏观经济周期值。从波长来看，房地产业发展周期的波长与宏观经济周期也不完全相同。例如，英国宏观经济周期平均波长为20年，而房地产经济周期的平均波长为9年。从我国短短20多年房地产业的发展来看，房地产经济周期的波长与宏观经济周期的波长基本一致，均为4～6年。

资料来源：根据相关资源整理。

8.1.5 影响房地产周期循环的因素

影响房地产周期循环的因素很多而且互相影响，可以从不同的角度对这些因素进行分类。依据因素的自身特性，将影响房地产周期循环的因素分为内部因素和外部因素。所谓内部因素是指房地产市场自身的因素。外部因素是指整体社会和经济环境中的因素。内部因素和外部因素之间的划分不是绝对的。由于房地产市场和国民经济的高度融合，完全分离二者是不可能的，所谓"隔离"也仅仅是为研究方便而言。许多因素既受国民经济的影响，又和房地产市场内部特性密切相关。例如，投资者在决策的时候既要考虑当时市场的容量、空置率和预期收益，又要考虑其他投资领域（如债券、股票、工业等）的收益和风险水平。

8.1.5.1 影响房地产周期循环的内生因素

影响房地产周期循环的内生因素主要包括时滞、生产者和消费者的心理因素、技术和设计理念的革新等。

时滞是由不同的原因造成的，最主要的是建造时滞和资信不通畅所引起的时滞。由于房地产商品的特殊性，例如不可移动、工艺复杂和互异性，其比一般工业产品的建造周期明显要长。在市场处在供不应求的时期，生产者觉察到市场机会，投资进行开发，但当房屋建成真正投入市场时，由于已经过了很长的一段时间，很可能这时的市场情况已经饱和了；而在供过于求的时候，生产者决定停止投资开发，但正在建造的房屋离竣工还需要一定的时间。资信不通畅所引起的时滞也是如此，房地产市场并不能像股票市场那样随时反映价格和交易情况，而是需要一段较长的调查和统计时间，同时由于信息非常复杂且标准不一，有效程度也较差，这使得供求双方很难及时确切地了解市场行情。这两个原因以及其他原因如中介、估价制度的不完善等都使供给和需求之间产生时滞，从而造成市场的波动。

生产者和消费者的心理因素包括非理性的预期、追涨不追跌以及投机心理等。当市场景气的时候，为了追求高额利润，人们往往一拥而上，投资明显超过需求，从而使市场下滑，利润率下降；而在市场不景气的时候，看不到需求的增长趋势而迟迟不愿入市，使得市场一直低迷。按照趋势（Trend）而不是循环（Cycle）来进行市场预测，认为现在的情况将一直持续下去，从而盲目投资或者脱手，这些都是市场产生剧烈波动的原因。

技术和设计理念的革新会给房地产市场或其子市场带来不小的冲击。例如电梯的发明使超高层建筑成为可能，电脑的出现使在家办公成为一种时尚，并导致兼有写字楼和公寓的建筑热销等。

8.1.5.2 影响房地产周期循环的外生因素

影响房地产周期循环的外生因素主要有国民经济、政策法律措施、社会和文化等。其中，国民经济是影响房地产周期循环的最重要的因素之一。为了便于说明问题，这里将国民经济因素细分为国民经济周期、人口增长与就业情况、各产业间的投资绩效、通货膨胀和利率等。

整个国家的宏观经济同样存在着明显的周期现象，称为国民经济周期（Business

Cycle)，通常用国内生产总值（GDP）或国民生产总值（GNP）来表示和度量。国民经济扩张时，对空间的需求也激增，使房地产市场出现供不应求的情况，从而价格和租金上扬。于是追求高利润的投资者纷纷入市，加大供给，也反过来刺激了国民经济的扩张。而供给的盲目扩大最终导致过剩，价格和租金下挫，投资积极性降低，资金撤出使供给下降，如此周而复始。居住物业主要是满足人们的居住需求，人口增长会刺激居住物业的需求，因此，人口增长率理论上体现这种需求的增长和变化情况，国外的许多研究也表明二者存在着较强的相关性。而对于商业物业的需求，如写字楼市场，则和需要在写字楼中办公的行业的就业率以及预期就业率的增长率有密切关系。

资金在国民经济的各个产业部门之间流动，这种流动取决于各个部门的投资回报率。因此，房地产市场相对于其他产业的投资绩效会影响资金向房地产市场的流动。而这种相对的回报率也具有往复循环的特征，因此亦是影响房地产周期循环的因素之一。

由于房地产有很好的保值和升值性能，因此作为一种投资工具和消费品，往往被当作能够有效抵抗通货膨胀的壁垒。当通货膨胀率上升时，往往对房地产的投资需求有很大的上升幅度，因此，二者有正相关的关系。

利率水平会影响投资的成本，从而影响投资房地产的收益，同时它反映了对未来经济状况的预期。而利率自身也存在着循环，这种循环将会对房地产市场的供给和投资需求产生影响。

政策措施往往具有反周期（Counter-Cycle）的性质，例如日本政府在土地价格剧烈上涨时所采取的"地价税"政策，抑制了土地价格的狂乱上涨，使房地产恢复到良性循环。法律，特别是税法的改革会影响房地产市场的投资回报，例如美国在 20 世纪 80 年代税法中准许对不动产进行加速折旧，从而带来避税效应，使投资房地产的利润水平上升，增加了房地产市场的投资吸引力。

社会和文化因素包括家庭和人口构成、地区喜好、生活工作习惯等，例如战后日本经济复兴，城市人口剧增，使得城市住宅的需求上升很快，形成了住宅市场的大繁荣。又如美国市中心多为商业房地产，而市郊和卫星城市则集中了很多住宅物业。

房地产经济周期波动是由房地产经济体系的内生因素和外生因素相互作用形成的。内生因素形成房地产经济周期波动的内在传导机制和基础结构，外生因素形成房地产经济周期波动的外在影响机制。

拓展阅读 8-1

房地产愈发成为中国经济周期波动的源头和放大器

8.2　房地产泡沫

8.2.1　房地产泡沫的基础理论

到目前为止，经济学界还没有就经济泡沫与泡沫经济的概念达成一致，不同的学者分别从泡沫的形成、破灭、特征、表现等各个不同角度界定了泡沫的概念。1987 年版的《新帕尔格雷夫经济学大辞典》引用美国著名经济学家、美国经济学会前会长查尔斯·P.金德尔伯格（Charles P.Kindleberger）的话来定义泡沫："泡沫状态这个名词，随便一点说，就是一种或一系列资产在一个连续过程中陡然涨价，开始的价格上升会使人们产生还要涨价的预期，于是又吸引了新的买主，这些人一般只是想通过买卖谋取利润，而对这些资产本身的使用和产生盈利的能力是不感兴趣的。随着涨价常常是预期的逆转，接着就是价格暴跌，最后以金融危机告终。通常，繁荣的时间要比泡沫状态长些，价格、生产和利润的上升也比较温和一些。以后也许接着就是以暴跌（或恐慌）形式出现的危机，或者以繁荣的逐渐消退告终而不发生危机。"

诺贝尔经济学奖得主斯蒂格利茨教授给泡沫经济下的定义更为简洁："如果今天价格上涨的原因是投资者相信明天他们会以更高的价格卖出去，而基本要素又不能调整价格，那么就存在着泡沫。"

从本质上讲，泡沫是一种经济失衡现象，是一种价格运动，综合起来，我们可以把泡沫简单界定为：在市场经济中由投机导致的一种或一系列资产价格脱离市场基础价值持续上涨，并且这种上涨使人们产生对这种（些）资产的远期价格继续上升的预期和持续的购买行为。泡沫又可称为价格泡沫、资产泡沫（Asset Bubble）、投机泡沫（Speculative Bubble）或资产价格泡沫。具体来讲，泡沫有两重含义：

（1）泡沫是指资产价格脱离市场基础持续急剧上涨的过程或状态（泡沫化）；

（2）泡沫是指资产价格高于由市场基础价值决定的合理的部分。

尽管泡沫的定义各有不同，但有一点很直观：如果今天的高价仅仅是因为投资者相信明天的售价会更高，而实际上市场基础价值并不能支撑这种价格，那么泡沫就可能会存在。

这里有一个问题需要界定，就是什么是市场基础价值。一般认为，资产的市场基础价值是由资产的未来收益现值之和决定的。事实上，决定资产市场基础价值的因素可以从如下三个方面探讨：持有期间可获得的收益，如土地的租金、股票的股息；持有期末资产的价值，包括土地的最后售价，股票的转手价格；将未来收益转换成现值的折现率，它的大小也决定资产现值的大小，如果投资者预期在未来能够以比先前预期更高的价格出售资产，那么资产的现价会提高。

8.2.2 泡沫经济

8.2.2.1 泡沫经济的定义

泡沫经济是指一个经济体系中的一种或一系列资产出现了比较严重的价格泡沫，且泡沫资产已经占到宏观经济总量相当大的比重，而且泡沫资产还和经济的各个部门发生了直接性或间接性的联系，并且一旦泡沫破碎，将给经济的运行带来困难，引发金融危机或者经济危机。对于泡沫经济，国内外的学者也根据各自不同的出发点，给出了自己的定义，以下是两种具有代表性的意见：

（1）泡沫经济是投机者出于高功利预期并形成社会群体热潮产生的其价格与利益超常规上涨的经济现象与文化现象，它的本质是"假"。此定义显然过于宽泛，且带有较浓的价值判断色彩。

（2）泡沫经济指的是以资产（股票、房地产）价格超常规上涨为基本特征的虚假繁荣，其直接动因是不切实际的高盈利预期和普遍的投机狂热。该定义似乎更适合于"泡沫"，它指出了泡沫经济的一个特征——"虚假繁荣"，即繁荣所掩盖的是实体经济的相对萎缩。

8.2.2.2 泡沫经济的影响

通过与上面定义的对比，可以看出：

（1）泡沫经济主要是针对虚拟资本过度增长而言的，所谓虚拟资本是指以有价证券的形式存在，并能给持有者带来一定经济收入的资本，如股票、企业或国家发行的债券等，一切有价证券都是资本所有权的证书，它不是真正的资本，它只是间接地反映实际资本的运动情况，有价证券可以在证券市场上进行买卖，形成市场价格，股票价格同股息成正比，同利息率成反比，还受到宏观经济形势和政府政策等多重影响。所以，虚拟资本有相当大的经济泡沫，虚拟资本的过度增长和相关交易持续膨胀，与实际资本脱离越来越远，形成泡沫经济，泡沫破裂导致社会震荡。

（2）泡沫经济寓于金融投机之中，正常情况下，资金的运动状况应当反映实体资本和实业部门的运动状况。金融存在，金融投机就必然存在。但如果金融交易过度膨胀且同实体资本和实业部门的成长脱离得越来越远，便会造成社会经济的虚假繁荣，形成泡沫经济。

（3）泡沫与泡沫经济既有区别又有联系，泡沫是一种或多种资产价格的持续上升，但是这种上升对于一个经济的总体并没有造成显著的影响，是市场经济中普遍存在的一种经济现象。经济成长过程中出现的一些非实体经济因素，如股票、债券、地价和金融衍生品交易等，只要控制在适度的范围内，对活跃市场经济是有利的。只有当泡沫过多，过度膨胀，严重脱离实体资本和实业发展需要的时候，才会演变成虚假繁荣的泡沫经济。量变会引发质变，当泡沫积累到一定程度时就会产生泡沫经济。

（4）泡沫产生的根源决定了它对经济影响的两面性。正面效应往往被人们忽视，但其重要性并不会因此而被抹杀。信用货币对经济的润滑作用、对经济运行效率的提高以及信用体系的构筑，说到底都是借助了虚拟的经济成分才得以实现的。泡沫的负面效应是显而易见的，往往造成繁荣的假象，所以容易受到追捧，具有自我强化的机制；又由于在形式上，虚拟经济的发展可以完全脱离实体经济，所以虚拟经济具有超出实体经济承受范围的倾向。当泡沫恶性发展时，或者说，如果对经济泡沫的负面效应不加控制的话，结果就会表现为泡沫经济。因此，泡沫问题在宏观经济层面特别是对经济结构的发展有重要意义。

8.2.3 房地产泡沫

8.2.3.1 房地产泡沫的内涵

金德尔伯格认为，"这种以泡沫状态或繁荣开始，并以各种情况的金融危机（但也不一定总有危机）而告终的投机行为，其投机现象随不同的时间而异，包括的范围很广，如商品、国内债券、国内股票、外国债券、外国股票、城市与郊区房地产、农耕地、别墅、市郊购物中心、房地产投资托拉斯、波音747型飞机、超级邮轮、所有可收藏的东西（诸如油画、珠宝、邮票、钱币、古董等）"。在这个比较广阔的范围内，房地产是会出现泡沫状态的最常见的一种。

简单来讲，房地产泡沫（Property Bubbles）是指房地产市场价值偏高、其基础价值的非稳定持续上涨的过程与状态。可理解为，房地产价格在一个连续过程中的持续上涨，这种价格的上涨使人们产生价格会进一步上涨的预期，并不断吸引新的买者。随着价格的不断上涨与投机资本的持续增加，房地产的价格严重背离其价值，由此导致房地产泡沫。泡沫过度膨胀的后果是预期的逆转、高空置率和价格的暴跌，即泡沫破裂，它的本质是不可持续性。有的学者从房地产行业的特点与我国的实际状况出发进行定义，指出房地产泡沫是由房地产投机所引起的房地产价格脱离市场基础持续上涨，因为建筑物是劳动产品，其价格相对较稳定、较易判别，所以房地产泡沫实质上是指地价泡沫。

最早可考证的房地产泡沫是发生于1923—1926年的美国佛罗里达房地产泡沫，这次房地产危机狂潮曾引发了华尔街股市大崩溃，并导致了以美国为首的20世纪30年代的全球经济大危机，最终导致第二次世界大战的爆发。从20世纪70年代开始积累到90年代初期，最终破裂的日本地价泡沫是历史上影响时间最长的房地产泡沫，从1991年地价泡沫破灭到现在，日本经济始终没有走出萧条的阴影，甚至被比喻为二战后日本的又一次"战败"。

8.2.3.2　房地产泡沫的主要特征

（1）房地产泡沫是房地产价格波动的一种形态；

（2）房地产泡沫是指房地产价格呈现出的陡升陡降的波动状况，振幅较大；

（3）房地产价格波动不具有连续性，没有稳定的周期和频率；

（4）房地产泡沫的产生主要是由于投机行为，是货币供应量在房地产经济系统中短期内急剧增加造成的。

8.2.4　房地产泡沫的表现形式

房地产泡沫是一种特殊的经济现象，有自己独特的表现形式。

（1）房地产价格暴涨暴跌

房地产价格的暴涨暴跌是房地产泡沫最明显的表现。房地产的价格由房价和地价组成，它们都易表现出脱离实际的大起大落。首先，由于土地的稀缺性及市场对土地需求的无限性，土地市场经常发生投机炒作，出现地价虚涨，这种虚涨的部分就属于经济泡沫。如果土地价格成倍甚至几十倍地飞涨，就有可能形成泡沫经济。其次，房价也会在泡沫经济盛行时出现类似情况。

（2）房屋空置率高

在房地产市场供求关系中，商品房供给超过市场需求，超过部分的供给增长属于虚长，构成经济泡沫。按照通用的国际经验数据，商品房空置率在10%以内时，这种经济泡沫是正常的，一般在发生房地产泡沫时，空置率大大超过10%的界限。房地产市场出现严重的供给过剩，销售状况不佳，大量房屋空置，开发商遭受巨大损失甚至破产倒闭。

（3）房地产投资过度

一般情况下，房地产投资增长率应与房地产消费增长率相适应，力求平衡供求关系。在发展中国家的经济起飞阶段，百业待兴，房地产投资增长率略高于消费增长率，形成供大于求的市场局面，对促进房地产业的发展和刺激经济增长是有利的。只有当房地产投资过度膨胀，商品房严重滞销，造成还贷困难，连带引起金融危机时，才造成泡沫经济破灭。

（4）大量银行贷款进入房地产业

在东南亚金融危机中，大部分国家的房地产泡沫是危机产生的一个重要因素，房地产泡沫一个重要的特征就是大量银行贷款进入房地产行业。

（5）房地产行业的扩张过快

衡量房地产行业的扩张程度可以选取房地产价格增长率与 GDP 增长率的比值作为指标，这个指标显示了房地产业与实体经济的偏离程度，也可以作为房地产泡沫的指示指标。以日本为例，1987—1990 年，日本存在严重的房地产泡沫，此时，这项指标的平均值为 3.3，而中国香港此项指标在 1986—1996 年平均值达 2.4，接近日本泡沫经济时的水平，1997 年 8 月是香港楼市的高峰期，该指标达 3.6 ~ 5.0，可见那时香港的房地产市场存在比较严重的泡沫。

（6）房地产企业突增

在海南房地产最为狂热的时候，当地 7 000 多家公司中，至少有 5 000 家企业参与过房地产交易，而在这 5 000 家企业中只有几百家因为某些原因实现了胜利大逃亡，大多数企业在宏观调控一开始便受到了致命的打击，有些一两年后便寿终正寝，或者名存实亡，或者搬走，基础稍好一点的企业，包括众多的股份公司在内，支撑的时间稍长一些，但在亚洲金融风暴中也难以再支撑下去。

（7）居民对房价承受能力差

衡量居民对房价的承受能力的指标是房价收入比。比较理想的情形是房价与家庭年平均收入的比值维持在一个合理的范围内，国际上通常认为这个范围是 3~6，各国可以根据实际情况进行相应调整，而在房地产泡沫膨胀时，由于房地产价格会大幅攀升，导致这一比例严重偏高，使居民对房价失去承受能力，房屋价格超出居民购买力的结果就是二手房的需求增加和房屋租赁的盛行。

8.2.5　房地产泡沫的运行机制

（1）投机价格机制

一般情况下，在房地产经济波动中，价格机制的作用为：在价格上升时，需求量减少，供给量增加；价格下降时，供给量减少，需求量增加。房地产泡沫有自己特有的经济运行机制，房地产经济运行机制与一般的经济运行机制正好相反，价格上升时，人们认为今后价格还要上升，需求量反而增加，房地产持有人惜售，供给量反而减少，这样就进一步刺激了价格上升。这一机制如图 8-1 所示。

如图 8-2 所示，泡沫破灭时的价格机制也与一般的价格机制正好相反，价格下跌时，人们认为价格还要下跌，持有人纷纷抛售，反而增加了供应量，同时由于无人肯接手买入而需求量减少，这样就加剧了价格的下跌。

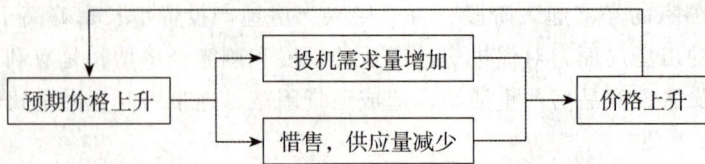

图 8-1　房地产泡沫生成阶段的价格机制

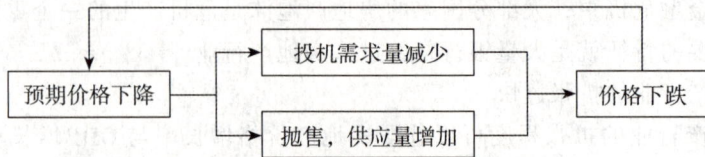

图 8-2　房地产泡沫破灭阶段的价格机制

（2）自我膨胀机制

由于银行信贷的参与，房地产泡沫具有了一种自我膨胀的机制。在房地产价格上升之后，房地产资产拥有人的资产价值上升，随后他将房地产抵押给银行，获得贷款之后继续购买房地产，如此往复循环。在一个投机的市场当中，许多人都是这么做的，于是形成泡沫的自我膨胀机制。不但一般的投机人参与房地产的炒作，而且有时候银行也积极参与炒作，更加助长了泡沫的泛滥。如果银行将房地产抵押贷款证券化，就会获得更多的资金放贷给投机者，流入房地产的资金就像滚雪球一样越滚越大。银行等金融机构和广大的房地产投资人在这种膨胀机制中一步一步陷入泥潭。

房地产泡沫独特的运行机制，扰乱了市场的一般运行机制，使一些市场机制如价格机制、乘数机制失灵。此外，由于某些传导机制的作用，房地产泡沫的危害加大。例如，由于产业关联机制的作用，在房地产泡沫繁荣时期，相关产业也被带动起来，但是一旦泡沫破灭，相关产业也不可避免地受到牵连。

房地产泡沫的外在冲击机制指的是在某种外界因素的冲击下，房地产泡沫产生或者破灭。许多因素都可能成为泡沫的冲击因素，诸如利率的升降、税收的增减、石油价格的升降等等。有些冲击因素是政府调控造成的，如利率、税收等。有些冲击因素可能是投机者制造的，如市场谣言、狂热的情结、恐慌的气氛。正是在内在传导机制和外在冲击机制的共同作用下，房地产泡沫开始产生、膨胀乃至达到极点，直到最后破灭。

【案例分析8-1】 - ●

一个完整房地产周期是18年左右

弗雷德·哈里森是全球最著名的房地产周期研究专家，他曾准确预见了1992年英国房地产的崩溃及2007年美国房地产的崩盘。

根据哈里森的研究，工业革命以后才有完全意义的房地产周期，工业革命以来200多年的历史表明，一个完整的房地产周期是18年左右，而且目前依然在起作用。这18年里，哈里森认为，房价会先上涨7年，然后可能会发生一个短期的下跌，然后经历5年的快速上涨，再之后是2年的疯狂（哈里森称之为"胜利者的诅咒"），最后是历时4年左右的崩溃。

世界上最近几个著名的房地产泡沫：美国1989年房地产泡沫破裂，导致储贷危机，到 2007 年次贷危机爆发，房地产泡沫再次破裂，历时 18 年；日本房地产 1974 年开始为期 3 年的调整，到 1992 年一个更大的泡沫破裂，历时 18 年；中国香港房地产 1985 年开始复苏，中间经历惨痛的崩盘，人均资产损失 273 万港币，到 2003 年中国香港房地产再次复苏，历时 18 年。

分析：为什么房地产周期能够跨越历史、种族、文化及国别，在工业革命后的几百年中世界上所有市场经济国家都是如此相同呢？因为进行经济活动的都是人类，而人性是共通的，即人类的恐惧、贪婪推动了房地产业循环往复、周而复始地发展变化。

8.3　房地产泡沫的危害与预防

8.3.1　房地产泡沫破灭的危害

（1）经济和社会结构失衡

房地产泡沫的存在意味着投资于房地产有更高的回报率。在泡沫经济期间，大量的资金向房地产行业集聚，投机活动猖獗。泡沫经济时期，日本大企业的高额利润许多来源于土地投机和股票投机带来的营业外收益，结果放松了对本企业的经营和管理，造成企业素质的普遍下降。日本企业在高速增长时期，通过以银行借款为中心的间接融资方式来扩大其设备投资，1987 年以后，在股价和地价上涨的引诱下，都大幅度转移到了权益融资和投机土地的筹资方式上。大量的资金向房地产业流动，意味着生产性企业缺乏足够的资金，或者说难以用正常的成本获得生产所必需的资金。

一方面，地价上涨导致投资预算增加，在高地价市区进行投资无利可图。如日本东京进行道路建设时，征用土地的费用高达总造价的 43.3%，个别地段高达 99%。这进一步造成了公共投入的相对缩减，形成经济发展的瓶颈。另一方面，城市地价持续高涨，土地作为人们心目中最安全、收益率最高的资产被大量保有，使得本来就稀少的土地大量闲置或者低度使用，土地投机的倾向日益凸显。同时，由于房地产价格的上涨，房地产持有者与非房地产持有者、大都市圈与地方圈的资产差距越来越大，导致社会分配新的不公，严重挫伤劳动者的积极性，带来了深刻的社会问题。

（2）金融危机

房地产业与银行的关系密切主要是由房地产业投入大、价值高的特点决定的。资料表明，目前房地产开发企业项目投入资金中 20% ~ 30% 是银行贷款；建筑公司往往要对项目垫付占总投入 30% ~ 40% 的资金，这部分资金也多是向银行贷款的。此外，一半以上的购房者申请了个人住房抵押贷款。这几项累加，房地产项目中来自银行的资金高达 61%。因此，一旦房地产泡沫破裂，银行就成为最大的买单者。应该注意到：银行与一般性企业不同，安全性对其来说特别重要。一般生产性企业的倒闭只是事关自身和股东，对其他主体的影响较小。而银行的倒闭不仅仅是这家银行自身的事情，而且往往会引起连锁反应，使其他银行也面临倒闭风险。

（3）生产和消费危机

房地产泡沫的破灭往往伴随着经济萧条，股价下跌，企业财务营运逐渐陷入困境。股价下跌使企业发行的大量可转换公司债权在长期内不能转为股权，从而给企业带来巨额的偿债负担；此外，地价和股价下跌也使企业承受了巨大的资产评估损失和被迫出售土地及股票的销售损失。企业收益的减少又使得投资不足，既降低了研究开发投资水平，又减少了企业在设备上的投资。生产的不景气又导致雇用环境的恶化和居民实际收入的下降。企业倒闭意味着会出现大量的失业员工，即使没有倒闭的企业，由于收益的下降也要不断裁减人员。此外，地价的下跌还使得居民个人所保有的土地资产贬值。由于经济不景气和个人收入水平的下降，居民对未来怀有不同程度的担心，因此会减少当期的消费，扩大收入中的储蓄部分，以防不测。个人消费的萎缩又使生产消费品的产业部门陷入困境。

（4）引发政治和社会危机

随着房地产泡沫破裂和经济危机的爆发，大量的工厂倒闭，失业人数剧增。在金融危机的影响下，犯罪案件激增。以马来西亚为例，1997年房地产泡沫破灭以后，当年的犯罪率比1996年增加了38%，1998年第一季度犯罪率比1997年增加了53%，由于人们对日益恶化的经济危机感到不满，社会危机逐渐加剧。工人、学生反政府的示威游行引起暴乱，社会动荡不安。

8.3.2　房地产泡沫的预防

（1）加强对房地产市场的宏观监控和管理

宏观经济形势和政策的改变，往往会引起其他因素的连锁反应，包括国家税收、劳动就业、居民收入、金融环境、企业利润等。政府对宏观经济形势进行全方位的监控，制定合适的政策，是防止房地产泡沫的首要措施。房地产兼有资产和消费品两重性，正因为如此，房地产市场中的投资十分活跃，容易产生房地产泡沫，必须加强对房地产市场的管理。首先，要加强对房地产建设的投资管理，根据收入水平来确定投资规模，使房地产的产与销基本适应，不至于过多积压；其次，要加强房地产二级市场的管理，防止过分炒高房价，使房地产泡沫剧增；最后，调整房地产开发结构，大力发展安居型房地产，同时应加强市场统计和预测工作，从而使房地产行业成为不含泡沫的主导产业。

（2）建立全国统一的房地产市场运行预警制度

加强和完善宏观监控体系应当对全国房地产市场信息进行及时归集、整理和分析，就市场运行情况做出评价和预测，定期发布市场分析报告，合理引导市场，为政府宏观决策做好参谋。近年来，我国房地产业持续以较快的速度增长，吸引了大量的企业进行房地产投资。因此，国家要加快建立和完善房地产业的宏观监控体系，通过土地供应、税收和改善预售管理等手段进行必要的干预和调控，有效防止房地产泡沫的产生。

（3）强化土地资源管理

政府应当通过土地资源供应量的调整，控制商品房价格的不合理上涨。要根据房地产市场的要求，保持土地的合理供应量和各类用地的供应比例，切实实行土地出让公开招标制度，控制一些城市过高的地价。要坚决制止高档住宅的盲目开发和大规模建设，防止出现新的积压以及由结构性过剩引发的泡沫。要严格惩处各类违规行为，严厉查处房地产开发企业非法圈地、占地行为，避免为获取临时和短期的土地收益而擅自占用和交易土地，对凡是超过规定期限没有进行开发的土地，政府应立即收回。全面清理土地市场，坚决打击开发商的圈地和炒地行为，从源头上防止土地批租领域的不正之风和腐败行为。

（4）加强金融监管力度，合理引导资金流向

首先，要进一步健全金融监管体系，增加监管手段，增强监管能力，提高监管水平；其次，要加强信用总规模的控制，不使社会总信用过度脱离实体经济的要求而恶性膨胀，从源头上防止现代泡沫经济发生；再次，要加强投资结构的调控，通过利率、产业政策等，引导资金流向生产经营等实体经济部门；最后，要加强外资和外债的管理，尽可能直接引进外资和借长期外债。推动房地产泡沫产生的资金，绝大部分都是从银行流出的，因此，要加强对银行的监管，从源头上控制投机资本。

8.3.3　部分房地产泡沫破裂的国家和地区

8.3.3.1　泰国房地产泡沫破裂事件

在泰国历史上，1997 年 7 月 2 日是一个非常悲惨的日子。为什么泰国会成为震撼世界的金融风暴的第一个牺牲者？外资过度进入，造成资本闲置，这是泰国房地产泡沫形成的主要原因。

1979 年，第二次石油危机导致泰国国际收支困难，泰国政府从 20 世纪 80 年代初开始全面的产业结构调整，把出口导向型工业作为国家发展的重点，鼓励制成品的出口。鉴于泰国工业基础设施落后、建设资金短缺，泰国政府在财政政策、货币政策和外汇管理上采取了一系列改革，开放资本市场，刺激本国储蓄，促进资金流动。

泰国中央银行对外债几乎不加任何管制。对于外资来说，进入或撤出泰国都非常容易，手续简单，成本很低。由于撤除了所有的障碍，自 20 世纪 80 年代后期，大量外资源源不断地流入泰国。在国际资本的炒作下，泰国曼谷等大城市的房地产价格迅速飞涨。泰国房地产业的超高利润吸引了更多的国内和国外资金。1996 年，房地产投资额占外国直接投资额的一半。一栋栋豪华的宾馆和写字楼在曼谷等地拔地而起，许多拥有土地的人几乎是在一夜之间就变成了腰缠万贯的富豪。炒卖房地产似乎成了非常保险的发财捷径。当房地产泡沫破裂时，人们付出了惨痛的代价。泰国币值在金融风暴中下降了 44％，股市下跌了 70％，其中，房地产股票累计跌幅达 85％，银行和金融机构累计跌幅为 80％。

8.3.3.2　日本房地产泡沫破裂事件

自第二次世界大战以来，日本的市街地价居高不下，有所谓地价不灭的"神话"。1985－1989 年间，土地评估额达到 GDP 的 2.5 倍；银行贷款的 128 万亿日元增加额中，50％ 流向房地产业和非金融机构。从 1986 年起，日本资产价格经历了 5 年的持续上涨时期。短短 5 年间日本地价上涨了 2 倍多，在其中上涨最猛烈的 1987 年，商业用地和住宅用地价格的年上升率甚至超过了 76％ 的异常水平。

由于房地产价格的暴涨，按日本官方公布的材料计算，日本城市的地价远高于欧美

诸国。按每平方米价格计算，东京比纽约高 7.9 倍，比伦敦高 4.2 倍，比巴黎高 4.5 倍，比法兰克福高 3.1 倍。从 1989 年 3 月到 1990 年 8 月，日本银行连续五次提高贴现率，过于急剧的货币紧缩加快了资产市场崩溃：股票和房地产市场先后在 1990 年和 1991 年崩盘。1991 年，日本经济进入收缩期，政府不得不再次实施扩张性政策，但是金融机构的巨额不良资产带来的资产贬值以及经济严重衰退已经不可避免。经济泡沫的破灭造成了日本"失去的 10 年"，而资产泡沫正是日本政府为消除 1985—1990 年日元升值带来的通货紧缩压力而制造的。

为抑制泡沫经济的后遗症，1992 年日本政府出台了"地价税"。其主要内容是，凡持有土地者，每年必须交一定比例的地价税。纳税人是在日本国内拥有土地所有权和借用权的法人和个人，税率为 3‰。"地价税"出台后，土地持有者纷纷出售土地，于是土地从"不足"的时代转为"剩余"的时代，导致地价 5 年连续下降。地价下降必然使企业经常利润下降、股票价格下跌，从而使日本国民经济停滞或延长萧条期。

8.3.3.3 中国香港房地产泡沫破裂事件

1997 年的中国香港，作为国际金融中心，经济基础雄厚，拥有近 900 亿美元的外汇储备和庞大的财政盈余。香港经济基础健全，经济增长平稳，1996 年增长率达 4.5%，1997 年前 3 个季度分别取得 5.4%、6.4% 和 5.8% 的强劲增长；特区政府几乎没有任何经常账户赤字，反而拥有预算盈余。然而，香港的经济并不是如此乐观，经济隐忧在 1997 年前就已经存在，并不断积累，在特定条件下，经济危机有可能爆发。而这些隐忧就是多年来过度膨胀的资产价格，特别是房地产的价格，以及香港货币制度存在的问题。

香港的房价在 1997 年前 10 年里上升了逾 10 倍，物业市场一直很热，经久不衰。香港人多地少，土地供应有限，并且香港严格限制土地和不动产的供应，为发展商垄断物业价格提供了条件。房地产市场供不应求，然而银行长期的实质负利率及投机炒卖活动，导致房价飙升。据统计，1984 年 1 月至 1997 年 7 月，大户型及豪宅价格上升了 12.3 倍，仅 1997 年上半年，住宅价格特别是豪宅市场价格上涨了将近 1 倍。据报道，1997 年夏秋时节，香港某些地点的物业价格，无论是住宅还是商用楼宇，都已经赶上甚至超过了东京，高居全球第一。与此同时，由于经济增长强劲，薪金连年上升，货币收入节节增长，股票市场也增长强劲，1997 年上半年恒指由 12 000 多点一路上扬，直升到 16 800 点。在亚洲金融风暴之后，香港的房地产价格大幅下跌，20 万人沦为"负资产阶级"，在香港岛东北边由船坞造镇而成、为中产阶级居住社区的"太古城"是最能体现香港中产阶级财富惨状的区域之一。其房地产价格从 1997 年以前每平方英尺约 1.3 万港元的最高峰，以后逐年下降到 2001 年每平方英尺四五千港元。

思政拓展与思考

我国为什么全力"稳楼市"？专家：房地产是刚性泡沫，不能刺破

清华大学中国经济研究中心主任，经管学院教授、企业战略与政策系主任魏杰认为，首先，中国不会主动刺破房地产泡沫，中国的房地产泡沫是刚性泡沫。刚性泡沫的意思就是既不会吹大，也不会挤破，维持这个状态，适度地上浮或者下调。不能出现大

的问题，如果出现大的问题就是资产泡沫破灭了，结果就是金融风险。事实上，从日本和美国刺破房地产泡沫的结果来看，两国都承受了巨大的代价。尤其是日本，这场房地产泡沫引发的金融危机，使得狂热的日本一下跌入深渊。大量企业倒闭，自杀率、失业率飙升。实际上，直到今天，日本都没有走出当年的阴影。

我国完全有能力"稳楼市"，尤其在调控方面和美日有截然不同的优势。政策方面，我国的金融监管手段和力度都较强。比如 2020 年 8 月 12 日创新推出的贷款市场报价利率（LPR）可以做到，单独调节房地产利率，而不影响其他行业。再比如，去年 9 月份，央行出台的"三道红线"政策，给房企融资戴上了"紧箍咒"，今年以来房企主动降负债，降价促销卖房拉动回款，使得市场在短期内出现了较为明显的降温，就是最好的例子。再比如，"二手房指导价"政策，可以做到因城施策，精准调控房价，牢牢限制住市场的走势。当然，限购、限贷、限售这些常规措施，就更加能真实有效抑制投机炒作了。此外还有长效机制建立、租售并举、共有产权房、租购同权、房地产税等更优的政策都在路上。

我国房地产虽然有泡沫，但仅仅是结构性泡沫，直白点儿说，我国的房地产泡沫并没有到美日当年的严重地步。事实上，楼市有泡沫的城市，过去这几年，其实一直在慢慢"挤水分"，比如深圳、青岛、苏州、保定、沈阳、哈尔滨等，房价已经一年多没涨了，部分城市甚至一直在"阴跌"。这也是"挤泡沫"的重要手段。

此外，央行报告显示，城镇居民家庭 70% 的资产是房子。如果主动刺破泡沫，意味着房价会迎来大幅下跌，这背后是数以亿计的家庭资产大幅贬值。与此同时，房地产关联着上下游近百个行业，牵一发而动全身。而且"房地产是经济的压舱石"，在我国经济转型高质量发展的重要时期，房地产必须保持平稳健康。

资料来源：上海买房找小周 [EB/OL]．[2022-01-26]．https://www.zhihu.com/question/51376826/answer/2298862381.

面对世界经济下行压力大，房地产经济环境严峻形势，我国的中央领导集体展现出了"政策自信"，宏观调控政策实施得恰到好处。即使当国内外舆论纷纷猜测有可能"出手"之时，我国政府没有对房地产泡沫进行大规模的直接干预，仍然平心静气、静观其变。这种"不变"给了房地产市场和企业以"定心丸"。我国一直坚持着"住房不炒"的主基调，对房地产形势的判断和政策的把握也一直没有变。未来的房子终将会慢慢恢复到用于"人类居住"的属性，经过国家的调控，楼市的发展方向也会趋向于健康稳定的发展状态。

有国才有家，国强才民安。何其有幸，生于华夏，生于盛世，见证百年。在建党百年历史条件下，在全面建设社会主义现代化国家新征程中坚定"道路自信、理论自信、制度自信、文化自信"。根据上面的新闻报道，你认为我们党历史自信的最大底气是什么？

（答案提示：百年来，我们党团结带领人民进行的一切奋斗、一切牺牲、一切创造，都是在践行为中国人民谋幸福、为中华民族谋复兴的初心使命，中国共产党人的历史自信，既是对奋斗成就的自信，也是对奋斗精神的自信。）

本章小结

　　房地产周期循环是指所有类型房地产的总收益率重复但不规则地波动。房地产周期循环可以分为四个阶段：复苏、扩张、收缩、萧条。从整体来说，一个国家房地产周期和宏观经济周期是一种正相关关系，波长大体一致。影响房地产周期循环的内生因素主要包括时滞、生产者和消费者的心理因素、技术和设计理念的革新等。影响房地产周期循环的外生因素主要有国民经济、政策法律措施、社会和文化等。随着价格的不断上涨与投机资本的持续增加，房地产的价格严重背离其价值，由此导致房地产泡沫。房地产泡沫的主要特征有：房地产泡沫是房地产价格波动的一种形态；房地产泡沫是指房地产价格呈现出的陡升陡降的波动状况，振幅较大；房地产价格波动不具有连续性，没有稳定的周期和频率；房地产泡沫的产生主要是由于投机行为，是货币供应量在房地产经济系统中短期内急剧增加造成的。房地产泡沫的表现形式：房地产价格暴涨暴跌；房屋空置率高；房地产投资过度；大量银行贷款进入房地产业；房地产行业的扩张过快；房地产企业突增；居民对房价承受能力差。房地产泡沫的运行机制包括投机价格机制、自我膨胀机制。房地产泡沫破裂的危害：经济和社会结构失衡；金融危机；生产和消费危机；引发政治和社会危机。房地产泡沫的预防：加强对房地产市场的宏观监控和管理；建立全国统一的房地产市场运行预警制度；强化土地资源管理；加强金融监管力度，合理引导资金流向。

关键概念

房地产周期循环　宏观经济周期　房地产泡沫

基础知识练习

一、单项选择题

1.房地产周期循环的基本特征为（　　）。

A.在一个增长型的经济体系中，循环的上升在经济阶段占主导地位，它们要比下滑和谷底持续的时间长

B.需求的波动往往比供给的波动更剧烈

C.最好的循环指标是楼面地价

D.供给循环往往领先于需求循环一段时间

2.（　　）是房地产泡沫最明显的表现。

A.房屋空置率高　　　　　　　　B.房地产投资过度

C.大量银行贷款进入房地产业　　D.房地产价格的暴涨暴跌

3.泡沫破灭时的价格机制与一般的价格机制正好（　　）。

A.相反　　　　　　　　　　　　B.无关

C.近似　　　　　　　　　　　　D.相同

4.在房地产经济波动中，（　　）的作用为：价格上升时，需求量减少，供给量增加；价格下降时，供给量减少，需求量增加。

A.自我膨胀机制　　　　　　　　　B.价格机制

C.自我调整机制　　　　　　　　　D.供需机制

5.房地产泡沫的（　　）指的是在某种外界因素的冲击下，房地产泡沫产生或者破灭。

A.外在冲击机制　　　　　　　　　B.自我膨胀机制

C.自我调整机制　　　　　　　　　D.供需机制

二、多项选择题

1.房地产周期循环可以分为（　　）。

A.复苏、扩张、收缩、萧条　　　　B.扩张、收缩、萧条、收缩

C.收缩、复苏、扩张、收缩　　　　D.收缩、萧条、扩张、复苏

2.影响房地产周期循环的内生因素主要包括（　　）。

A.时滞　　　　　　　　　　　　　B.生产者和消费者的心理因素

C.技术和设计理念的革新　　　　　D.社会因素

3.影响房地产周期循环的外生因素主要有（　　）。

A.国民经济　　　B.政策法律措施　　　C.社会和文化　　　D.经济因素

4.房地产泡沫表现形式有（　　）。

A.房地产价格的暴涨暴跌　　　　　B.房屋空置率高

C.房地产投资过度　　　　　　　　D.大量银行贷款进入房地产业

5.房地产泡沫破裂的危害包括（　　）。

A.生产和消费危机　　　　　　　　B.引发政治和社会危机

C.金融危机　　　　　　　　　　　D.经济和社会结构失衡

三、简答题

1.简述房地产周期循环基本特征。

2.简述房地产周期循环与宏观经济周期的关系。

3.简述房地产泡沫的基本理论。

4.简述房地产泡沫的表现形式及运行机制。

5.简述房地产泡沫的危害与预防。

6.画出一个完整的房地产经济周期，并结合图形说明房地产经济周期的概念、各个阶段及其特点。

实践操作训练

[实训情境设计]

房地产周期循环可以分为四个阶段：复苏、扩张、收缩、萧条。分析我国房地产业目前处于房地产经济周期哪个阶段，对于未来经济的发展和企业的生存是非常有必要的。

[实训任务要求]

1.将全班同学分成若干小组，每个小组人数不超过5人，每组选派组长一名。实训采用组长负责制。

2.每个小组根据网络资源及数据的收集分析我国房地产周期循环处于哪个阶段。

3.以小组为单位，将上述信息制作成PPT。

4.每个小组利用10分钟以内的时间对实训成果进行汇报，并接受其他同学和老师的提问。

[实训提示]

参考教材内容"8.1房地产周期循环"。

[实训效果评价]

我国房地产周期循环实训评分表

评价项目	分值	得分	备注
收集数据的代表性	30		
收集资料的全面性	20		
PPT条理清晰、分析透彻	20		
态度端正、准备充分、表达流利	30		
实训效果总体评价	100		

第 9 章

房地产宏观调控

知识目标

1. 熟悉房地产宏观调控的定义、必要性；
2. 掌握房地产宏观调控的目标；
3. 了解房地产宏观调控的手段；
4. 熟悉房地产经济可持续发展的内涵、原则和内容。

技能目标

1. 能够简单分析房地产宏观调控对房地产业的影响；
2. 熟悉房地产宏观调控的主要政策。

引例　　　　中央定调了，"房住不炒"仍是"十四五"楼市调控主基调

"房住不炒"依然是"十四五"期间楼市调控的主基调。

新华社2021年1月3日授权发布《中共中央关于制定国民经济和社会发展第十四个五年规划和二〇三五年远景目标的建议》（以下简称《建议》）。

在房地产市场调控方面，《建议》称，坚持房子是用来住的、不是用来炒的定位，租购并举、因城施策，促进房地产市场平稳健康发展。

自从2016年底的中央经济工作会议首次提出"房子是用来住的，不是用来炒的"后，"房住不炒"开始成为中国房地产调控的一个主基调，此后多次中央层面的重大会议中都曾提及"房住不炒"。

易居研究院智库中心研究总监严跃进表示，2016年底中央经济工作会议首次提出"房住不炒"的概念，此后各类房地产政策的制定，都严格遵循这个思路。此次《建议》继续强调了这一点，进一步说明，"十四五"将继续落实"房住不炒"的导向。作为一项长期必须坚持的政策，需要各地政府、房企和购房者等积极落实。

在业界看来，每次高级别会议提及"房住不炒"，往往具有很强的针对性，时常是一些城市的房地产市场出现了过热迹象或者苗头。

最近的一次是2020年7月30日召开的中央政治局会议，会议提出"要坚持房子是用来住的、不是用来炒的定位，促进房地产市场平稳健康发展"。

2020年7月和8月，国内部分城市房地产市场逐渐走出疫情影响，一度出现销售火爆状况，房价也上涨较快。

针对此类状况，除了前述中央政治局会议重申"房住不炒"，中央高层和相关部委在7月和8月也连续召开三场会议，三度表态"不将房地产作为短期刺激经济的手段"。

这三场会议涉及至少央行、住建部、银保监会、证监会等六大部委，还包括京沪广深在内的十几个热点城市以及多家大型房地产企业。从会议密度来看，在约一个月的时间内，连续召开三次房地产议题会议，频次之密，规格之高，均属罕见。

对房地产企业而言，今年影响最大的政策莫过于涉及企业融资的"三条红线"。

2020年8月20日，央行、住建部在北京召开重点房地产企业座谈会，研究进一步落实房地产长效机制。会上透露，央行、住建部会同相关部门在前期广泛征求意见的基础上，形成了重点房地产企业资金监测和融资管理规则。

严跃进表示，住房消费要真正释放，就要杜绝各类炒房的干扰，即要落实房住不炒的思路。而房住不炒的落实，本质上就是为了给住房消费提供更大的空间。

虽然受到了疫情影响，但从最新的数据来看，国内楼市销售总体上逐渐回温。国家统计局数据显示，2020年1—9月份，全国商品房销售面积117 073万平方米，同比下降1.8%，降幅比1—8月份收窄1.5个百分点。商品房销售额115 647亿元，增长3.7%，增速提高2.1个百分点。

虽然总体上供销渐旺，但楼市的区域分化愈加明显。

中国社科院城市与竞争力研究中心主任倪鹏飞表示，从空间上来说，当前国内房地产市场出现了多层次的分化。首先是一二线城市和三四线城市相比，一二线城市处于一个上升比较快的情况，而三四线下降比较快。在大都市圈和非都市圈，都市圈内部以及都市圈之间也都有不同程度的分化。

"现在明显的是几个强二线城市（楼市比较好），'十四五'期间可能出现强三线城市，也可能成为较好的发展区域。"倪鹏飞说。

此次《建议》要求"因城施策"，也说明了在"房住不炒"的大前提下，要注重房地产市场的区域特性。

严跃进认为，这也使得后续各地会根据实际情况进行政策调整。这里需要注意两点：第一，各类因城施策的内容，都需要以"房住不炒"为大前提，违背此类前提的政策是不可行的；第二，合理的住房消费刺激等也依然是有可能的，尤其是在扩大内需的大方向下。

佚名. 中央定调了，"房住不炒"仍是"十四五"楼市调控主基调［EB/OL］.［2021-01-18］. https://new.qq.com/omn/20210118/20210118A080C500.html.

9.1　房地产宏观调控概述

9.1.1　宏观调控

9.1.1.1　宏观调控的概念

宏观调控是一个借鉴西方经济学产生的概念，在西方叫作国家干预（State Interference）或政府干预（Government Intervention）。从最广泛的定义来看，政府干预包含了政府对契约自由的一切干预，即政府干预在很大程度上等同于重新分配利益和好处而修正法律规定的调节政策。而宏观调控这一概念是由我国学者自"十四大"以后才开始使用的，宏观调控属于宏观经济范畴。政府干预和宏观调控的关系如图9-1所示。

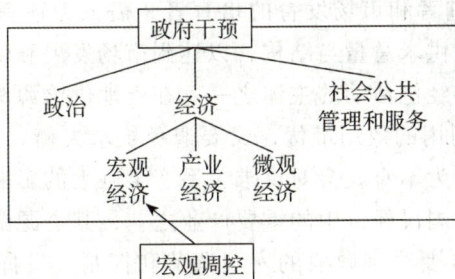

图9-1　政府干预和宏观调控的关系

宏观是英文 macro 的意义，源于希腊文 makro，本意是"大"。在经济前面冠之以"宏观"，旨在强调它是一种高层次的、全局性的经济活动。宏观调控是指在市场经济条件下，政府从宏观经济的角度，主要运用经济手段、法律手段，并辅之以必要的行政手段，为保持国民经济向着预期目标发展，维护经济健康运行所进行的调节和控制。宏观调控是以市场发挥配置资源的基础性作用为前提的，市场配置资源与政府宏观调控，是市场经济体制的一对范畴，二者相辅相成，相互作用。

9.1.1.2　宏观经济调控的内容

宏观经济调控的主体是政府，调控的对象是市场经济运行，调控的手段主要是经济手段和法律手段，以及必要的行政手段。在经济手段上，主要指经济总量平衡，金融、财政政策和计划手段以及各种经济杠杆，包括总投资、总消费、总储蓄、总就业、总供给、总需求，也包括重大经济结构和比例关系以及价格、税收、信贷、工资、利润、利息、汇率等。宏观调控的内容包括经济总量和经济结构两个方面，具体内容如下：

（1）保持国民经济向着预期目标发展，即相对长期性；

（2）维护经济健康运行，搞好即期调控，熨平经济周期，防止大的波动。

调控的目的是保持市场的平衡和国民经济的持续、稳定、快速、健康发展。

9.1.2　房地产宏观调控的必要性

宏观调控通常是指政府从总体上采用经济、法律和行政等手段主动干预房地产市场，它往往带有统一性的特征，但灵活性不足。而微观管理则是针对房地产市场的具体区域、项目和环节；甚至是市场行为主体和具体交易行为的管理和规制，具有较大的适应性和灵活性。

房地产宏观调控，就是指以政府为主体，通过经济的、法律的，并辅之以行政的手段，对整个房地产行业和房地产经济运行所进行的宏观指导、监督、调节和控制，以实现房地产市场总供给和总需求的基本平衡、供给结构和需求结构的整体优化，充分发挥房地产经济在国民经济中应有的作用，保证其健康发展的管理活动。

（1）宏观调控是房地产资源优化配置的需要

房地产市场虽然能在资源配置中有效地发挥作用，但它并非万能，也有其弱点和不足。由于市场运行的内在缺陷，政府干预是必要的，要求政府在房地产市场供求平衡过程中担当重要角色，以"有形之手"助"无形之手"。

当前房地产市场的发育程度，决定了房地产供求矛盾受到许多非市场因素的制约，政府作为体制改革的推进者和市场发育的培育者，需大力造就市场机制得以发挥的环境，并通过多种手段调控供求总量与结构，以达到市场发展和供求平衡的双重目标。

政府是房地产市场中经济活动的主体之一。在土地供给源头的一级市场中，政府作为供给者既要保证土地利用的效用最优，又要避免供求失衡，还要保证国家土地收益。因此，政府在市场中的行为本身就会对供求关系产生巨大的影响。

中国的房地产业作为国民经济中的重要产业之一，其资源配置在充分发挥市场机制调节作用的基础上，同样要受到政府的宏观调节和控制，发挥计划机制配置资源的作用，以保证房地产市场健康发展。土地和房屋是重要的社会资源，特别是作为房地产基础的土地不可再生，是一种稀缺资源，它的合理配置直接关系到国民经济的可持续发展，所以各国对房地产经济的控制和干预相对较强。

（2）房地产业的特殊性更需要加强宏观管理

①房地产是一种不动产，位置固定不能移动，一旦形成建筑物，短期内难以调整或调整费用很高，所以必须合理规划和控制。

②房地产是使用年限特别长，价值巨大的耐用品，投资决策正确与否，与整个社会供给总量和需求总量的平衡和结构平衡关系极大，所以对房地产投资要实施有效控制。

③房地产交易是一种产权交易，要依法通过产权转让来完成，如产权的界定、分割、复合、重组、转移都要靠法律来界定、确认和保护，因而更需要用法律手段规范其运行。

（3）我国房地产业在国民经济中的重要地位和作用，也决定了必须对它实施政府宏观调控

房地产业的发展状况，直接影响相关产业的发展，对建筑业、建材业和建筑装潢业甚至有决定性的作用。房地产业的发展，直接影响社会总供给和总需求的总量平衡和结构平衡，对整个国民经济的协调发展至关重要。因此，对房地产经济的宏观调控，就成为政府对整个国民经济实施宏观调控的重要组成部分。

（4）我国房地产经济发展的现状也要求对它实施政府宏观调控

目前，我国房地产经济发展的问题主要表现在以下几个方面：

①发展不稳定。20 世纪 80 年代前房地产经济长期处于停滞状态，1992 年开始进入迅猛发展期，超常发展，近两年又遇到有效需求不足的障碍，处于低迷状态。

②地区间发展不平衡，东部地区发展快速，西部地区则缓慢。

③竞争无序，市场运行不规范。

④房地产价格秩序混乱，价格体系尚未理顺。

⑤作为市场主体的房地产企业生产经营活动缺乏经验，操作不规范。

这些矛盾表明我国房地产业的发展不够成熟，容易产生较大波动，因此，必须有政府强有力的扶持和引导，通过适当的宏观调控措施，促进其更快走向成熟，对国民经济的发展发挥其应有的作用。

拓展阅读 9-1

上海房管局紧急会议应对楼市摇号过热

9.1.3 房地产宏观调控的目标

我国政府对房地产市场进行宏观调控的目标分为根本性目标、中长期目标和短期目标。这是根据时间长短进行划分的。根本性目标可以说是最终目标；中长期目标，是根据我国目前的具体情况在长期内需要达到的目标；短期目标，是离现实情况最近的一级目标，是迫在眉睫、必须达到的目标。

（1）根本性目标

房地产宏观调控的根本性目标就是最终目标，我国政府制定房地产宏观调控政策的根本目的就是使我国人民安居乐业，实现全体人民居者有其屋的理想。这个目标不会因为不同时期、不同领导人的改变而改变，而且其他任何阶段的目标都是围绕着这个目标，并根据具体情况而展开的。

（2）中长期目标

我国房地产宏观调控的中长期目标是解决产业发展深层次的矛盾，重构房地产市场的价值体系和基本框架，也是一个不断发展的动态过程。就目前的中长期目标来看，中长期目标包括：使房地产供求均衡，保证房地产市场持续稳定健康发展；促使房地产经济与国民经济发展和居民生活水平提高相协调；建立完善的住房保障体制。具体来说，

我国房地产宏观调控的中长期目标要以资源和环境的制约为前提，合理分配社会资源，协调推进住房建设，科学、合理地确定我国城市建设和住房建设的各项指标；要坚持住房市场化的方针，坚持完善市场体系的建设，保持市场总体的供需平衡，抑制房价的过快增长；要坚持住房多渠道的供应体系，着力加大经济适用房和廉租房的规范建设，加快住房保障制度的建立；要大力推进住宅产业的自主创新，提高住宅产业化的水平，提高住宅科技含量，真正用科技的手段，实现住宅消费从单纯追求数量到追求质量的转变。

（3）短期目标

现阶段，房地产市场宏观调控的主要目标是保持市场供求总量的基本平衡，促进市场结构的优化，从而促进房地产市场的持续、快速、健康发展。

①供求总量的基本平衡。尽量减少房地产供求总量的非均衡程度，实现房地产市场供求总量的基本平衡，是目前房地产市场宏观调控的首要目标。要通过年度土地供应、信贷计划等调控手段对房地产市场特别是住宅建设实行总量控制，保持房地产市场供求关系相对平衡，避免房地产市场大起大落和对土地环境资源的过度开发，形成一个有限度的买卖市场。市场经济本身虽然也能通过价格弹性等进行自我调节，但由于市场机制本身的局限性，政府有必要从全局的高度运用各种手段，对房地产市场进行积极、主动、及时的宏观调控，以便有效把握总量的平衡。

②优化房地产结构，实现结构的基本平衡，提高资源配置效率。优化结构的目标是产品适销对路，实现有效供给与有效需求的均衡。根据社会消费水平和市场即期需求，合理确定各种类型、不同档次商品房之间的供应数量，在重点保障广大中低收入者的住房供应的同时，兼顾社会各层次的住房需求，实现社会和谐发展。

③抑制投机活动。把房地产市场上的投机活动抑制在一定程度之内，或者完全遏制投机行为，是政府进行房地产市场宏观调控的最常见的目标。针对房地产市场投机行为的抑制性政策则是房地产市场中最常见的政策。房地产市场上的投机行为包括商品房的炒作买卖和房地产开发投资过热，其共性是没有正常市场消费需求基础。这些投机行为的存在，一方面可以给房地产市场集聚更多的资金，增加市场获利；另一方面可以引发房地产投资过热，市场炒作过度，导致房地产价格偏高，严重时可能形成影响经济正常运行的房地产泡沫。2016年底的中央经济工作会议首次提出，"房子是用来住的，不是用来炒的"，此后，与房地产相关的部门陆续出台了与之相配套的政策，2019年12月在北京举行的中央经济工作会议确定了要坚持"房子是用来住的，不是用来炒的"定位。

④初步建立住房保障制度。政府为了实现房地产所包含的公共利益或价值，按照公共产品由政府提供的原则，通过有关公共政策参与和调节房地产的供应，为部分居民提供一定的房地产消费福利，由此引起部分居民房地产消费水平的相对提高，享有基本的住房消费福利，使市场供求均衡得到优化和保障，体现的是房地产福利保障目标。理论上，政府的房地产福利保障极限是使房地产的公共价值得到充分实现，居民享受与经济发展水平协调一致的住房福利，住房资源得到最优配置，市场达到最优均衡。简单说就是，居民房地产消费水平不滞后或超前于其他商品消费水平。目前我国的住房保障主要是提供给中低收入居民的，促使其享有基本的居住条件。

⑤抑制房价过快增长。一般来说，房价是房地产市场的核心，是房地产市场健康的晴雨表。稳定房价是近几年房地产宏观调控政策的核心。我国目前的房价增长过快，已经超出了大多数普通百姓的经济承受能力，因此，政府针对这个问题，首先要控制房价的增长速度，然后有区别地调整房价。对那些房价上涨过多的城市，比如上海、北京、深圳等，应该适当地挤出房价中的泡沫成分，使这些地区的房价能够适当地降低，与当地的购买力水平相当；对于那些与当地购买力水平相比房价稍低的城市，应该留出这些城市房价上涨的空间。

9.2　房地产宏观调控的手段

房地产宏观调控的主要手段包括经济政策、行政政策和启发引导政策。房地产宏观调控是以经济政策（主要是货币政策、财政政策等）进行调节，以行政政策（主要是规划手段、计划手段等）进行管理和指导，以启发引导政策（主要是信息引导、舆论导向等）进行引导，使房地产业与国民经济协调发展，良性互动，为人民生活水平提高和社会发展提供更好的条件。各种手段各有所长，各具特色，相互联系，相互补充，共同构成了房地产宏观调控的主要政策（手段）体系，如图9-2所示。

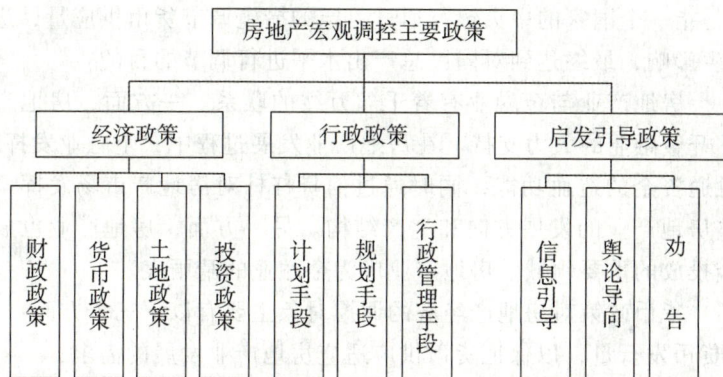

图9-2　房地产宏观调控主要政策（手段）体系

9.2.1　经济政策

经济政策是指通过调整各市场主体的物质利益关系，影响经济行为的一种宏观管理手段。具体来说，经济政策是指政府通过货币、财政、土地等经济机制引导房地产经济健康运转，并使之与国民经济和城市建设发展相协调，实现房地产总量供需的动态平衡。

9.2.1.1　财政政策

财政政策主要包括两个方面：一方面是政府的财政收入政策，这里主要指房地产税收政策；另一方面是政府的财政支出政策。财政政策就是国家利用财政收支的各种工具，通过有规则地调节国民收入分配的方向和规模，以达到预定的社会经济目标的各种政策。对于房地产业来说，财政政策主要指房地产税收政策。

房地产税收政策是指政府凭借国家政权的力量，通过税率的调整、税种的废立以及税率的高低等措施，介入房地产收益的初次分配和再分配过程，进而影响房地产经济的各种活动。

我国目前有关房地产税费的主要内容包括：

（1）房地产开发流通环节的税费：

①前期税费：土地出让金、土地使用税（费）、土地开发费、市政配套设施费、契税等；

②报建阶段税费：建设工程许可费、建设工程备案费、施工许可报建费（包括安检费、质检费、试桩费、造价审核费、墙体基金、水泥基金等）；

③建设阶段税费：增值税、城市维护建设税及教育费附加、印花税、质检费和工程管理费等；

④销售阶段税费：增值税、城市维护建设税及教育费附加、转移登记费、印花税、土地增值税、契税等。

（2）房地产保有阶段的税费主要有城镇土地使用税、房产税或城市房地产税（外资）。

9.2.1.2　货币政策

货币政策是指一个国家的中央银行通过一定的措施调节货币供应量，进而对货币的供给和需求产生影响，最终达到对国民总产出水平进行调节的目的。

拓展阅读9-2　　　房地产业与金融业有着千丝万缕的联系。一方面，房地产业的发展离不开金融业的大力支持。在房地产业发展过程中，金融业发挥着筹集资金、融通资金的造血功能，同时通过信贷杠杆对房地产市场发挥调控作用，调整房地产业的发展方向和生产结构。另一方面，房地产业也成为金融业资金投放的重要领域。房地产业成为金融业的晴雨表。

浅谈房地产和金融行业的关系

货币政策对房地产经济的调控对象主要有以下三个方面：

（1）控制货币发行量，以保证货币供应适应房地产业发展的需求；

（2）控制房地产业的投资规模，防止投资膨胀；

（3）控制房地产信贷总规模，防止信贷膨胀。

货币政策的核心是控制货币供应量。常用的房地产货币政策工具包括利率、公开市场业务、法定存款准备金率、再贴现率等。

银行信贷对房地产市场起着启动和制动作用，主要通过信贷限制及利率调整，控制资金投放房地产业的数量和结构，从而影响房地产业的发展。房地产信贷是保证房地产开发顺利进行的重要经济条件，对房地产金融实施干预是各国政府在宏观上对房地产开发进行调控管理的重要政策手段。主要做法如下：

（1）提供抵押贷款担保；

（2）对不同收入层次的居民提供不同优惠程度的住房贷款；

（3）政府的影响力使银行收紧信贷、调整抵押贷款比例和抵押利率。

我国房地产企业的经营资金一半以上来自银行贷款，这样利率便成了影响房地产企业效益的敏感因素。银行存贷款利率低，企业资金成本低，就会刺激对房地产的投资；

而银根紧缩、利率较高，投资者相对利润少，就会抑制房地产开发。另外，存贷款利率低也会刺激住房的消费，因存款利率低，存款利息低于房租，居民认为购房合算，购房热情高；贷款利率低，居民个人可以获得低息的优惠抵押贷款用于买房，买房欲增强。反之，存贷款利率高，资金存入银行，利息收入高，不便于激发居民购房；此时，居民若贷款买房，其还贷压力也大。在存贷款利率一再下调的形势下，房地产市场供求关系得到了调整。

9.2.1.3　投资政策

投资政策是指对投资主体投资的总量和结构进行调节和控制的一种手段。投资调控是复杂的，需要计划、财政、金融、价格等各种调控手段综合配套运用。当前我国房地产采取的投资政策如下：

（1）把房地产开发投资纳入国家固定资产投资计划和国民经济发展中长期计划。房地产投资规模应在固定资产投资计划内实行综合平衡。

（2）强化房地产投资结构调控。

（3）把外商投资房地产总量与结构纳入全国房地产业总量与结构计划。

（4）建立科学的房地产项目审批制度和投资信息监测及发布系统。

9.2.1.4　土地政策

土地政策是指国家、政府或单位为实现土地资源优化配置而制订的计划或行动准则。由于土地乃是人类生存和发展不可替代的资源，所有国家都将土地政策作为治国安邦的重要政策。目前，对于政府运用土地政策参与国民经济宏观调控问题，主要是通过城市土地国家所有、土地用途管制、农地转用、建设用地统一供应等制度，实现政府对土地市场较强的调控能力。政府可以通过调节土地供应总量、安排不同的土地用途来抑制或鼓励市场需求，有效引导投资、消费的方向和强度，实现经济运行调控的目标。

我国土地的基本国情和土地制度，决定了土地政策对房地产市场具有重大影响。自2003年中央将土地管理作为宏观调控的重要手段以来，土地供应政策对房地产市场的影响力进一步凸显出来。土地政策的每一次调整，都会引起房地产供应总量、结构和价格的调整，进而影响房地产开发主体和消费主体对未来前景预期的调整。

（1）土地供应总量对房地产市场的影响。土地供应总量对房地产市场有两方面的影响，一是房地产产品的供应总量；二是生产和消费预期，但影响力的时效不同。由于房地产开发周期的原因，对房地产产品的供应要1~2年才能显现，但对投资和消费的影响却是当期的。

（2）土地供应结构对房地产市场的影响。土地供应结构对房地产市场的影响来自两方面：一是供应土地对应的房地产产品结构，如别墅、公寓、普通住宅等；二是供应土地的区位分布。供应土地对应的房地产产品结构先对不同类别的房地产供需平衡产生影响，再对房地产价格产生影响。供应土地的区位分布先影响房地产市场的统计价格，后影响房地产供应的产品结构。

（3）土地供应方式对房地产市场的影响。根据法律法规规定，对商品房实行有偿用地制度，即政府通过出让土地给开发商用于房地产开发，对经济适用房采取行政划拨方式供应土地。在土地供应总量确定的前提下，出让与划拨的多少对房地产市场的供应结构产生明显影响：出让土地多意味着商品房供应总量的增加，划拨土地多意味着经济适用房供应总量的增加。

（4）管理政策对房地产市场的影响。土地管理部门对房地产市场的管理主要是对开发商履行出让合同情况的监督、对土地转让的管理和对闲置土地的处置等，这些管理政策影响着房地产供应的节奏和进度。

9.2.2　行政政策

行政政策是国家通过行政机构，采取强制性的行政命令、指示、规定等措施，来调节和管理经济的手段。行政政策主要包括计划手段、规划手段和行政管理手段三个方面。

（1）计划手段

计划一般分为中期计划、长期计划和年度计划。长期计划是指房地产业发展远期战略性计划；中期计划是长期计划的阶段性计划，主要任务是对计划期内发展目标及实现目标的条件进行预测，并提出重要的政策措施；年度计划主要有年度建设用地计划和年度信贷投放计划。房地产各时期发展计划具体如图9-3所示。

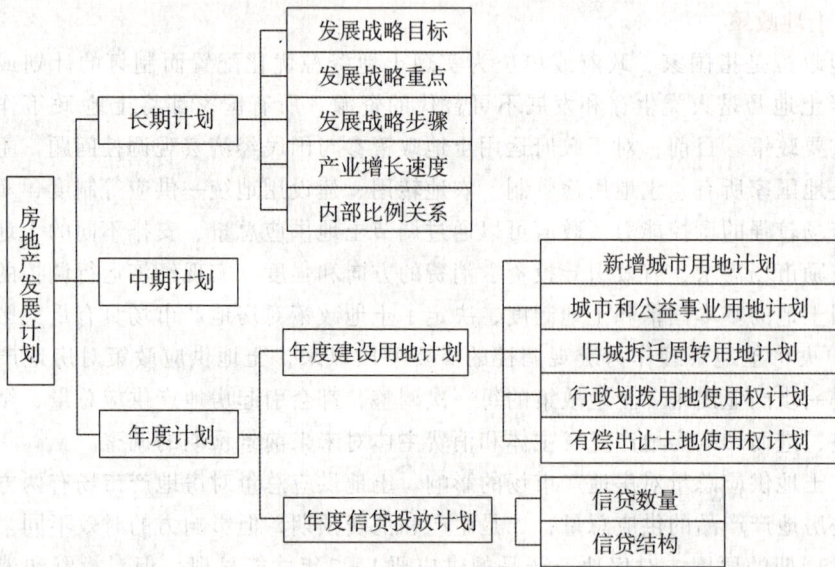

图9-3　房地产发展计划

（2）规划手段

规划手段可以分为四个层次：国土规划、区域规划、土地利用总体规划和城市规划。其中，城市规划对房地产业发展调控的作用最直接、最具体，也最具有影响，是房地产经济活动的基本依据。城市规划对房地产开发调控的主要内容包括用地使用控制、建筑控制、环境容量控制、设施配套控制和形体景观控制。

（3）行政管理手段

行政管理主要包括常规性管理和非常规性管理。常规性管理主要是土地管理部门和房地产行政管理部门对房地产产权产籍的管理。房地产产权产籍管理的具体内容包括土地总登记、房地产经常登记、他项权利登记、设定登记、嘱托登记、预告登记、异议登记和暂时登记。

非常规性管理内容包括企业资质审查、投资程序审批、经纪人资格审查、估价师考试与注册管理等。非常规性管理并不是日常管理，是某一时期对房地产市场要素的直接干预，比如对房地产价格的限制等。

9.2.3　启发引导政策

启发引导政策是指运用信息、社会舆论、说服教育等方式对房地产市场主体行为施加影响，从而达到调控房地产市场的目的，主要包括信息引导、舆论导向和劝告三种。

（1）信息引导

信息引导对于企业、消费者、政府的最终决策结果具有先导性作用，政府运用这一原理对房地产市场主体，如企业、消费者施加影响。例如，定期公告基准地价、房地产交易价格，公开政府关于调控房地产市场的政策，公布一定时期的土地供应总量和结构、贷款利率、税种和税率等，都会对房地产市场产生重大影响。同时，政府通过对信息数据的挖掘、分析，适时地进行宏观调控，从而引导房地产商和消费者的行为，使房地产市场能够持续健康地发展，如定期公布房地产信心指数、房地产景气指数、房地产价格指数，启动房地产监测预警系统等。

（2）舆论导向

舆论导向又称舆论引导，是一种运用舆论操纵人们的意识，引导人们的意向，从而控制人们的行为，使他们按照社会管理者制定的路线、方针、规章从事社会活动的传播行为。政府的舆论导向产生强大的社会舆论压力，从而影响房地产企业的经营活动等。为了使房地产宏观调控政策得以有效实施，营造良好的房地产发展环境，应充分发挥舆论的导向作用。例如，通过加大舆论的宣传力度，进而正确引导市场上的心理预期。房地产相关管理部门应不断完善市场信息披露制度。对于房地产相关土地供应、房价变动情况以及房地产市场供求情况等信息应进行适时披露，从而增强房地产市场的透明度；对房地产市场中的各种税费进行定期的清理和检查，并对其进行定期的公布；对超标准的收费要进行严肃查处；对于诸如改变房地产业相关税收标准，或者设置优惠等措施，政府可以适当召开座谈会或听证会，从而广泛听取民众意见和心声，使调控政策能更有效地发挥作用。

（3）劝告

劝告手段是指政府凭借国家权力对房地产市场的参与者的有关行为进行说服教育，通过劝告施加影响，以达到既定目标。这种手段的使用并不强制要求有关主体该如何做，而是传达政府希望其如何做，所以并不如法律、行政等手段那样具有强制性。但是政府掌握着调控市场的权力，如果不听从劝告势必会给自己带来不利的后果，因此劝告手段也不失为一种有效的方法。故这种手段仍然很有效。例如，日本自20世纪70年代以来运用劝告方法至今，还没有企业不听从劝告的，因此收到了良好的调控效果。

房地产调控，最新定调来了

中共中央政治局常委、国务院副总理韩正2021年1月3日在住房和城乡建设部召开座谈会。他强调，要贯彻落实党的十九届五中全会精神，坚定不移落实房地产长效机制，谋划好"十四五"时期住房工作，加强住房保障体系建设，有效扩大保障性租赁住房供给。

国务院决策部署，紧紧围绕稳地价、稳房价、稳预期的调控目标，坚持因城施策、一城一策，夯实城市主体责任，加强房地产金融调控，房地产工作取得了明显成效。要牢牢坚持"房子是用来住的，不是用来炒的"定位，不把房地产作为短期刺激经济的手段，时刻绷紧房地产市场调控这根弦，从实际出发不断完善政策工具箱，推动房地产市场平稳健康发展。要加强"十四五"时期住房发展顶层设计，研究好住房市场和住房保障两个体系，更好发挥规划的导向作用。完善相关法规和政策，加强日常监管，促进住房租赁市场健康发展。

韩正强调，要以保障性租赁住房为着力点，完善基础性制度和支持政策，加强住房保障体系建设。要处理好基本保障和非基本保障的关系，尽力而为，量力而行，着力解决困难群体和新市民住房问题。要处理好政府和市场的关系，既强化政府保障作用，也要积极运用市场化手段。要处理好中央和地方的关系，坚持不搞"一刀切"，鼓励和指导城市政府因地制宜，完善住房保障方式，落实好城市主体责任。

资料来源：佚名. 房地产调控，最新定调来了 [EB/OL]. (2021-01-07). https://www.163.com/dy/article/FT0OB4IC05509UST.html.

9.3 房地产经济可持续发展

9.3.1 房地产经济可持续发展的内涵

可持续发展思想，是在当代经济社会发展的实践中逐步形成和发展起来的。在相当长的时间里，人们认为只有经济的增长是发展，人们一味追求经济的快速增长，特别是第二次世界大战以后，工业发展非常迅速，生产力水平大幅度提高。这种高速增长一方面创造了前所未有的经济奇迹，同时也对人类生存环境造成了巨大影响：水、空气、土壤以及生物中的污染物已达到危险的程度；生物界的生态平衡受到严重的扰乱；一些不可再生的资源受到破坏并陷于枯竭；人为的环境，特别是生活和工作环境里存在着危害人类身体、精神和社会健康的严重缺陷。面对经济社会发展中的问题，特别是资源和环境问题，人们逐步深刻地认识到，为了人类社会发展的长远利益，必须使人口、资源、环境、经济、社会得到协调发展。可持续发展的思想就是在这种背景下逐步形成和发展起来的。

可持续发展思想的内涵可以归结为经济持续、生态持续和社会持续三个方面，即以自然资源的可持续利用和良好的生态环境为基础，以经济可持续发展为前提，以谋求社会的全面进步为目标，既要满足当代人的需要，也不能使后代人失去生存发展的机会。

根据可持续发展的基本思想，房地产经济可持续发展的基本含义为：房地产经济发展既要满足当代人对住房以及从事其他社会经济活动所需房地产的需要，又要满足子孙后代的需要，既符合局部人口的利益，又不对其他人的需求利益造成损害和威胁。具体地说，房地产经济可持续发展的根本要求，就是在进行住宅与房地产开发建设时，主要做到以下几点：

（1）充分考虑人口的因素，树立以人为本的思想。

（2）合理利用各种资源，对土地资源、空间资源、建材资源等自然资源进行可持续性开发利用，不能进行掠夺性开发。

（3）注意环境保护，房地产经济发展和生态环境之间必须保持平衡。

（4）房地产经济和国民经济其他产业之间、房地产业各类物业之间协调发展。

（5）建立健全房地产市场体系，保证资源的有效配置和高效使用。

（6）建立具有科学性、系统性和可持续性的房地产经济宏观调控体系，实现整个房地产业自身经济的良性循环。

房地产经济可持续发展的主要任务就是最终建立适合现代化城市协调发展的开发模式，实现房地产经济和人口、资源、环境协调发展，力求取得生态效益、经济效益和社会效益的有机统一，使房地产业实现生态可持续、经济可持续和社会可持续。

拓展阅读 9-3

王韶：房地产可持续发展要从生态、生活、生产出发

9.3.2　房地产经济可持续发展的原则

房地产经济可持续发展必须遵循以下原则：

（1）合理发展性原则

可持续发展并不意味着停止发展，而是合理地发展。事物总在不断的发展变化中，只有房地产经济不断发展，才能满足社会经济的需求，只是在发展中要注意发展的合理性，不做掠夺性开发。

（2）生态性原则

房地产经济发展是以各种资源和环境为条件、前提的，特别是土地资源和水资源。所以，房地产经济在创造人为环境时，必须与自然环境形成一种和谐的稳定关系，维护生态平衡。而且生态资源、自然环境也有其特有的价值，良好的生态环境不仅有利于房地产的可持续发展，而且也提高了房地产本身的价值。

（3）持续性原则

持续性原则要求房地产经济发展的规模、速度与自然资源和生态环境的承载力相适应，减少房地产经济发展对自然环境和人为环境的影响，实现房地产经济长期、稳定和健康的发展。

（4）公平性原则

当代人与后代人之间应公平，在外在生态环境可接受的条件下，在满足当代人的生存和发展需求的同时，绝对不能损害满足后代人需求的自然资源与环境条件，为后代人保留充分利用自然资源的公平权利，但也不能为了后代人而让当代人贫困。当代人之间也应公平，贫富悬殊、两极分化的现象不可能实现可持续发展。

（5）适度消费性原则

适度消费模式，是在一定生产力水平和资源的状况下，既不过分节俭也不过分奢侈浪费的一种消费模式。我国尚处在发展阶段，并且人均资源相对不足，人均耕地面积只相当于世界平均水平的1/3，人均森林面积不足世界平均水平的1/6，我国经济社会资源发展的这种状况，决定了只能选择适度消费的发展模式，才能促进房地产经济的可持续发展。

（6）协调性原则

房地产业是一个关联度很高的行业，必须在环境保护、经济发展、社会进步与生态优化之间保持协调，绝对不能出现由于一个方面的发展而损害了另一个方面发展的局面。也只有这样，房地产经济才能得到发展。

9.3.3　房地产经济可持续发展的内容

9.3.3.1　生态可持续

房地产业发展中的生态可持续要求在房地产开发中要避免掠夺式利用自然资源，要实现自然资源的集约利用，为后代留下生存空间；同时，要创造良好的生态环境。

（1）要严格控制城市用地规模，提高土地利用率，实现土地的集约利用。因为我国人口众多，人均耕地面积相对较小，所以城市房地产开发要立足于土地的节约利用，而不能盲目效仿欧美等发达国家，走城市空间布局低密度郊区化的路子，这样必然会减少城市周围的耕地面积。

（2）保护生态环境。现代化城市是一个以人为主体，以空间环境利用为特点，以聚集经济效益为目的，集约人口、社会、经济、科学、文化的空间地域大系统。城市生态经济系统是一个自然和社会的复合人工生态系统。这个系统是一个以人为主体的开放式生态系统，必须从城市生态经济系统以外输入大量的生产资料和生活资料，从城市生态系统以内输出废弃物。同时，城市又是一个不完整的人工生态系统，因为城市缺乏第一生产者，即绿色植物，所以一个不完整的生态系统对周围其他生态系统具有很大的依赖性。人们既可以从正面保护城市生态，增强城市生态系统自然再生能力和保持生态经济平衡，也可以从负面破坏城市生态平衡，干扰城市生态系统的正常运行，最终制约城市经济的可持续发展。为了保护和维持城市自然生态系统，只有在房地产开发建设中做到环境效益、经济效益和社会效益的有机统一，才能促进房地产业的可持续发展。改善生态环境首先要积极发展绿化，增加城市自净能力，其次要保护好城市中原有的自然生态系统和城市自然景观，如水体、山体、林地等，同时要加强对重点敏感景观地段（如生态脆弱区）的保护，加强自然保护区的建设，保护生物多样性，提高和增强区域的生态环境功能。

（3）建设绿色住宅。首先，在建筑材料的利用方面贯彻可持续发展思想，要求建筑材料的生产和采购要符合建筑物长期、安全、清洁的使用要求，节约材料使用量，使用可循环再生的无害材料、新型环保节能的替代品。其次，城市住宅等建筑物要有包括能源、水、气、声、光、热、绿色、环境、建材、废弃物处理等基本要求，做到节约能源、尽量使用清洁能源，如最大可能地利用太阳能、风能、水能、生物能、地热等，有雨水收集利用和排水深度净化、循环利用系统；室内自然通风，自然采光，建筑设计冬暖夏凉，有良好的自然空调效果；另外，做到垃圾分类收集，废弃物收集达到100%。

（4）要加强环保法律建设和提高公民的参与意识。首先，要完善法律法规体系，消除在生态保护等方面存在的立法空白；其次，要严格执行法律法规，加强环境执法队伍建设，提高执法能力；最后，要强化全民环境意识，加强环保宣传和示范工作，在全社会营造良好的爱护环境、建设环境、保护环境的氛围。

9.3.3.2　经济可持续

房地产经济可持续是指房地产业的开发与投资要与整个国民经济发展速度相适应，房地产供求基本平衡，大部分的房地产企业资金实现良性循环，使整个房地产业的再生产过程能够顺利进行。

房地产生产是一个复杂的过程，而房地产业的产业关联度很强，房地产业经济能否实现良性循环，涉及面极其广泛。

（1）要建立完善的房地产市场体系，同时加强对房地产业发展的宏观调控，使房地产市场供给结构合理，防止房地产开发过热，出现大起大落。

（2）要完善房地产金融体系。房地产业是一个资金密集型产业，金融的介入是房地产业发展必不可少的条件。

（3）建立公正、公开、透明的土地有形市场。

（4）促进房地产中介服务业的发展，如房地产咨询评估业、房地产经纪、代理等业务的健康发展。

（5）提高物业管理水平，推进现代化、专业化、市场化的物业管理方式。

9.3.3.3　社会可持续

房地产业发展中的社会效益和社会公平是房地产业经济可持续发展的基础。

（1）调整房地产产品结构，满足不同层次人的不同需要。房地产企业在开发房地产产品过程中，主要受经济利益的驱动，建造经济收益较高的高档房地产产品，针对中低收入者的中低价位的住宅产品不足，从而造成了房地产产品结构的不合理。这就需要政府利用各种调控手段对房地产结构进行调整。

（2）完善住房社会保障体系，切实解决低收入家庭的住房问题。住房社会保障体系是房地产市场发展中必须重视和研究解决的一个重要课题。要构建和完善弱势群体住房的社会保障体系，使更多的低收入家庭能享受到社会救助政策，适当建设经济适用房和廉租房。

（3）加强对城市历史文化遗产的保护。城市的古老建筑中沉淀了人类历史的文化遗产，这些建筑常常位于现代城市中心或城市繁华地段。在现代房地产开发过程中，由于受经济利益的驱动，这些历史文化古迹常常受到破坏。这就需要政府制定详细的文物保护规划来保护历史文化遗产。

思政拓展与思考

住建部2022年重点工作

住建部表示，2022年要重点抓好六方面的工作：

2022年1月20日，全国住房和城乡建设工作会议在北京召开。住建部表示：2021年，房地产长效机制得到稳妥实施，建立了部省市调控责任机制，加强政策协调联动。2022年要重点抓好六方面的工作：

一是加强房地产市场调控。毫不动摇坚持房子是用来住的、不是用来炒的定位，不把房地产作为短期刺激经济的工具和手段，保持调控政策连续性、稳定性，增强调控政策协调性、精准性。

二是推进住房供给侧结构性改革。坚持租购并举，多主体供给、多渠道保障，优化住房供应结构。大力增加保障性租赁住房供给；完善城镇住房保障体系；加快发展长租房市场；健全住房公积金缴存、使用、管理和运行机制。

三是实施城市更新行动。将实施城市更新行动作为推动城市高质量发展的重大战略举措，健全体系、优化布局、完善功能、管控底线、提升品质、提高效能、转变方式。开展城市体检评估，指导各地制定和实施城市更新规划，有计划有步骤推进各项任务。

四是实施乡村建设行动。以农房和村庄建设现代化为着力点，加快建设美丽宜居乡村。

五是落实碳达峰碳中和目标任务。出台城乡建设领域碳达峰实施方案，指导各地制订细化方案，推动城乡建设绿色发展。

六是推动建筑业转型升级。坚持守底线、提品质、强秩序、促转型，提高建筑业发展质量和效益；加快培育建筑产业工人队伍；健全建筑工程质量安全保障体系，完善工程质量评价制度。

资料来源：金融界. 楼市大消息！住建部明确了！关于2022年房地产调控［EB/OL］.［2022-01-21］. https://news.fang.com/open/42819772.html.

后疫情时代，中国2021年房地产长效机制得到稳妥实施，建立了部省市调控责任机制，加强政策协调联动，使得我国房地产行业在全球经济下行压力下依旧运行稳健，显然，这是我国相关部门有机联动，科学制定房地产宏观调控政策的必然结果。请根据上面的材料内容，结合2021年我国房地产宏观调控的政策和成果，谈谈住建部重点要抓好的工作是否有其必要性，并辩证思考，如果没有房地产宏观调控，我国的房地产市场将会是一番怎样的景象。

本章小结

房地产宏观调控，就是指以政府为主体，通过经济的、法律的，并辅之以行政的手段，对整个房地产行业和房地产经济运行所进行的宏观指导、监督、调节和控制，以发挥房地产经济在国民经济中应有的作用，保证其健康发展。宏观调控是房地产资源优化配置的需要；房地产业的特殊性更需要加强宏观管理；我国房地产业在国民经济中的重要地位和作用，也决定了必须对它实施政府宏观调控；我国房地产经济发展的现状也要求对它实施政府宏观调控。我国政府对房地产市场进行宏观调控的目标分为根本性目标、中长期目标和短期目标。房地产宏观调控的主要手段包括经济政策、行政政策和启发引导政策。房地产宏观调控是以经济政策（主要是货币政策、财政政策等）进行调节，以行政政策（主要是规划手段、计划手段等）进行管理和指导，以启发引导手段（主要是信息引导、舆论导向等）进行引导，使房地产业与国民经济协调发展，良性互动，为人民生活水平提高和社会发展提供更好的条件。房地产经济可持续发展的基本含义：房地产经济发展既要满足当代人对住房以及从事其他社会经济活动所需房地产的需要，又要满足子孙后代的需要，既符合局部人口的利益又不对其他人的需求利益造成损害和威胁。房地产经济可持续发展必须遵循以下原则：合理发展性原则、生态性原则、持续性原则、公平性原则、适度消费性原则、协调性原则。房地产经济可持续发展的内容包括：生态可持续、经济可持续、社会可持续。

关键概念

房地产宏观调控　房地产经济可持续发展

基础知识练习

一、单项选择题

1.宏观经济调控的主体是（　　）。

A.企业　　　　　　B.个人　　　　　　C.政府　　　　　　D.集体

2.房地产宏观调控的（　　）就是最终目标，我国政府制定房地产宏观调控政策的根本目的就是使我国人民安居乐业，实现全体人民居者有其屋的理想。

A.中长期目标　　　B.短期目标　　　　C.根本性目标　　　D.长远目标

3.（　　）主要包括计划手段、规划手段和行政管理手段。

A.财政政策　　　　B.行政政策　　　　C.土地政策　　　　D.启发引导政策

4.（　　）是指运用信息、社会舆论、说服教育等方式对房地产市场主体行为施加影响，从而达到调控房地产市场的目的。

A.财政政策　　　　B.行政政策　　　　C.土地政策　　　　D.启发引导政策

5.房地产业发展中的社会效益和社会公平是房地产业经济可持续发展的（　　）。

A.支柱　　　　　　B.基础　　　　　　C.上层建筑　　　　D.顶端

二、多项选择题

1.宏观调控的内容包括（　　）。

A.经济总量　　　　B.经济关系　　　　C.经济内涵　　　　D.经济结构

2.我国政府对房地产市场进行宏观调控的目标分为（　　）。

A.整体性目标　　　B.短期目标　　　　C.中长期目标　　　D.根本性目标

3.规划手段可以分为（　　）层次。

A.城市规划　　　　　　　　　　　　　B.土地利用总体规划

C.区域规划　　　　　　　　　　　　　D.国土规划

4.房地产经济可持续发展必须遵循（　　）。

A.合理发展性原则　　　　　　　　B.生态性原则

C.持续性原则　　　　　　　　　　D.适度消费性原则

5.房地产经济可持续的内容包括（　　　）。

A.生态可持续　　　B.经济可持续　　　C.社会可持续　　　D.文化可持续

三、简答题

1.简述房地产宏观调控的必要性。

2.简述房地产宏观调控的目标。

3.简述房地产宏观调控的手段。

4.简述房地产经济可持续发展的内涵。

5.简述房地产经济可持续发展的内容。

实践操作训练

[实训情境设计]

房地产业的发展对我国国民经济的发展起着不可或缺的作用，分析我国对房地产宏观调控是非常有必要的。

[实训任务要求]

1.将全班同学分成若干小组，每个小组人数不超过5人，每组选派组长一名。实训采用组长负责制。

2.每个小组收集不少于3条我国近两年内出台的土地和住房政策，并对收集的政策进行分析，确定其属于宏观调控的哪些手段。

3.以小组为单位，将上述信息制作成PPT。

4.每个小组利用10分钟以内的时间对实训成果进行汇报并接受其他同学和老师的提问。

[实训提示]

主要针对当前的房地产市场形势，收集国家进行宏观市场调控出台的各类土地和房地产政策。参考教材内容"9.2 房地产宏观调控的手段"。

[实训效果评价]

房地产宏观调控手段评价表

评价项目	分值	得分	备注
时效性（两年以内）	20		
能够对收集的制度政策进行有效的解读、分析，确定其属于哪些手段	30		
PPT制作规范、条理清晰	20		
态度端正、准备充分、表达流利	30		
实训效果总体评价	100		

综合实训

[实训情境设计]

房地产经济学是研究房地产经济行为的学科，学生学完本门课程，应该能够对房地产市场中常见的经济行为进行简单的、系统的经济分析，实现理论知识到实践技能的转变。

[实训任务要求]

1.每位同学独立完成一份本市一个在售居住类房地产项目的分析报告。

2.该报告就如下方面对所选择的房地产项目进行分析：

（1）项目概况介绍；

（2）项目的经济学原理；

（3）该项目区位选择考虑的因素；

（4）该项目要面临的主要调控政策；

（5）该项目面对的主要需求群体分析；

（6）该项目的价格构成分析；

（7）该项目的风险分析；

（8）该项目的前景预测。

3.可以板书，也可以利用PPT，学生自行选择。

4.课后收集整理资料，课内完成介绍和应用推广，每个小组用时不超过10分钟。

[实训提示]

参考每章实训题的提示，由教师进行指导。

[实训效果评价]

房地产经济学综合实训评分表

评价项目	分值	得分	备注
报告文本规范，书写工整	30		
分析条理清楚，项目齐全，恰当应用专业知识	40		
具有独创性	30		
实训效果总体评价	100		

主要参考文献

[1] 谢经荣. 房地产经济学 [M]. 北京：中国人民大学出版社，2021.

[2] 陈淮. 广厦天下：房地产经济学ABC [M]. 北京：企业管理出版社，2021.

[3] 盛松成. 房地产与中国经济 [M]. 北京：中信出版集团，2021.

[4] 刘亚臣. 房地产经济学 [M]. 大连：大连理工大学出版社，2009.

[5] 仇保兴. 中国房地产调控政策研究 [M]. 北京：中国建筑工业出版社，2021.

[6] 张洪力. 房地产经济学（第2版）[M]. 北京：机械工业出版社，2020.

[7] 张文洲. 房地产经济学 [M]. 武汉：武汉理工大学出版社，2020.

[8] 郑忠华. 房地产、金融中介和中国经济波动 [M]. 长春：东北师范大学出版社，2019.

[9] 吕风勇. 房地产与中国宏观经济 历史与未来 [M]. 广州：广东经济出版社，2019.

[10] 裴玮. 房地产经济 [M]. 北京：中国建筑工业出版社，2018.

[11] 宋贝贝. 房地产经济的宏观调控研究 [M]. 延吉：延边大学出版社，2018.

[12] 鲜颖，何一舟，刘泽汀. 房地产经济学 [M]. 长沙：湖南师范大学出版社，2018.

[13] 房地产泡沫、金融危机与中国宏观经济政策的调整 [M]. 长春：吉林大学出版社，2018.

[14] 郑新妹. 现代房地产经济学研究与问题透视 [M]. 北京：北京工业大学出版社，2018.

[15] 杜冰，薛立. 城市与房地产经济学 [M]. 大连：大连理工大学出版社，2018.

[16] 贾庆英. 房地产与宏观经济稳定 [M]. 北京：经济科学出版社，2017.

[17] 董藩，丁宏，陶斐斐. 房地产经济学 第2版 [M]. 北京：清华大学出版社，2017.

[18] 李娇. 我国房地产税合并征收的经济效应研究 [M]. 长春：东北师范大学出版社，2017.

[19] 孙永正. 中国房地产经济问题透视 [M]. 杭州：浙江大学出版社，2017.

[20] 刘亚臣，杜冰. 房地产经济学 [M]. 大连：大连理工大学出版社，2013.

[21] 谭善勇. 房地产投资分析 [M]. 北京：机械工业出版社，2012.

[22] 王文群. 房地产经济学 [M]. 北京：经济管理出版社，2003.

[23] 高群，樊群. 房地产经济学 [M]. 北京：机械工业出版社，2013.

［24］南旭光，周效华. 经济学与社会生活［M］. 北京：外语教学与研究出版社，2012.

［25］李晶. 中国房地产税收制度改革研究［M］. 大连：东北财经大学出版社，2012.

［26］王岐山. 中国房地产金融全书［M］. 北京：中国社会出版社，1997.

［27］董藩，王家庭. 房地产金融［M］. 大连：东北财经大学出版社，2008.

［28］张文洲. 房地产经济学［M］. 武汉：武汉理工大学出版社，2014.

［29］张红. 房地产经济学［M］. 北京：清华大学出版社，2005.

［30］王克忠. 房地产经济学教程［M］. 上海：复旦大学出版社，1999.

［31］梁小民. 经济学是什么［M］. 北京：北京大学出版社，2001.

［32］华伟. 房地产经济学［M］. 上海：复旦大学出版社，2004.

［33］杨慎. 房地产与国民经济［M］. 北京：中国建筑工业出版社，2002.

［34］殷虹，张卫东. 房地产金融［M］. 北京：首都经济贸易大学出版社，2004.